国語2年

東京書籍版
新編 新しい 国語

教科書ぴったりトレーニング

▶ 3分でまとめ動画

		教科書ページ	ぴったり1 じゅんび	ぴったり2 れんしゅう	ぴったり3 たしかめのテスト
教科書 上	はなしたい、ききたい、すきな　こと	12〜13	2		
	風の　ゆうびんやさん	14〜25	4	6	10〜13
	としょかんへ　行こう／かん字の　書き方 はたらく　人に　話を　聞こう	26〜37	▶ 8		
	たんぽぽ	38〜49	14	16	20〜23
	かんさつした　ことを　書こう／かたかなで　書く　ことば	50〜55	18		
	名前を　見て　ちょうだい	56〜73	24	26	30〜33
	じゅんじょ／こんな　ことを　して　いるよ 話そう、二年生の　わたし	74〜85	▶ 28		
	どうぶつ園の　かんばんと　ガイドブック 言いつたえられて　いる　お話を　知ろう 本は　あたらしい　せかいへの　入り口	86〜107	34	36	38〜41
	いろんな　おとの　あめ／空に　ぐうんと　手を　のばせ みんなで　話し合おう	108〜117	42		44〜45
	ニャーゴ	118〜131	46	48	52〜55
	ものの　名前を　あらわす　ことば 絵を　見て　お話を　書こう	132〜139	50		
教科書 下	ビーバーの　大工事	8〜20	56	58〜61	66〜69
	本で　しらべる／「どうぶつカード」を　作ろう 主語と　じゅつ語	21〜31	▶ 62		
	町で　見つけた　ことを　話そう／なかまに　なる　ことば 「ありがとう」を　つたえよう	32〜45	▶ 64		
	かさこじぞう	46〜63	70	72〜75	78〜81
	人が　する　ことを　あらわす　ことば 本の　中の　友だち	64〜70	76		
	むかしから　つたわる　言い方 かん字の　読み方と　おくりがな	72〜79	82		92〜95
	あなの　やくわり	80〜91	84	86	
	はんたいの　いみの　ことば／同じ　ところ、ちがう　ところ	92〜95	▶ 88		
	くらべて　つたえよう／声に　出して　みよう たからものを　しょうかいしよう	96〜109	▶ 90		
	ことばあそびを　楽しもう／お手紙	110〜131	96	98	102〜104
	にた　いみの　ことば／ことばの　アルバム	132〜137	100		

巻末	夏のチャレンジテスト	ないた　赤おに	とりはずして お使いください
	冬のチャレンジテスト	いなばの　白うさぎ	
	春のチャレンジテスト	おちば	
	学力しんだんテスト	パンダの手には、かくされたひみつがあった！	
別冊	丸つけラクラクかいとう		

はなしたい、ききたい、すきな こと

めあて
★じぶんの すきな ことの つたえかたや、ともだちの すきな ことの ききかたを かんがえよう。

がくしゅうび 月 日
教科書 上12〜13ページ
答え 2ページ

1 それぞれの しつもんの こたえと して あう ほうに、○を つけましょう。

① あなたは、どんな ことが すきですか。
ア（　）きのう、えを かきました。
イ（　）わたしは、えを かく ことが すきです。

② あなたは、きのう どこへ いきましたか。
ア（　）どうぶつえんへ いきました。
イ（　）きょうは どうぶつえんへ いきます。

2 あなたの すきな ことは なんですか。二つか 三つ、かきましょう。

【れい】・休みじかんに そとで あそぶ こと。

ふろく　とりはずしておつかいください。

漢字せんもんドリル

2年生で　ならう　かん字

テストに　よく　出る　もんだいに　ちょうせんしよう！

もくじ	このふろくのページ
1 あ行の　かん字 か行の　かん字①	2～3
2 か行の　かん字②	4～5
3 か行の　かん字③ さ行の　かん字①	6～7
4 さ行の　かん字②	8～9
5 さ行の　かん字③ た行の　かん字①	10～11
6 た行の　かん字②　な行の　かん字 は行の　かん字①	12～13
7 は行の　かん字②　ま行の　かん字 や行の　かん字　ら行・わ行の　かん字	14～15
8 二年生で　ならった　かん字	16～17
答え	18～19

2年　　組

1 あ行の かん字 引・羽・雲・園・遠
か行の かん字① 何・科・夏・家・歌・画・回・会・海・絵・外・角・楽・活・間・丸・岩・顔

／100

テストによくでる1位《い》

1 ――線の かん字の 読みがなを 書こう。 一つ3点(24点)

① すきな 曲《きょく》を 歌う。（　　）
② 遠足に 出かける。（　　）
③ とくいな 科目《もく》。（　　）
④ あさから 外出《しゅつ》する。（　　）
⑤ 目を 三角に する。（　　）
⑥ 人間の くらし。（　　）
⑦ 画家に なる。（　　）
⑧ 家と へいの 間。（　　）

2 □に 合う かん字を 書こう。 一つ4点(56点)

① はいいろの □□《あまぐも》。
② □《いえ》で すごす。

3 つぎの ――線を、かん字と おくりがなで 書こう。 一つ2点(20点)

① ひき算を する。（　　）
② みんなで うたう。（　　）
③ たのしい 一日。（　　）
④ まるい ボール。（　　）

③ ぼくの　すきな　□《うた》。

④ 映《えい》□《が》を　見る。

テストによくでる2位《い》

⑤ に　□《がお》□《え》を　かく。

⑥ ようち□《えん》の　子ども。

⑦ □《なん》□《かい》も　見る。

⑧ □《なつ》の　はじめ。

⑨ 大きな　□《うみ》。

⑩ □《おん》□《がく》を　きく。

テストによくでる3位《い》

⑪ □《いわ》□《やま》に　のぼる。

⑫ とりの　□《はね》。

⑬ しずかな　□《せい》□《かつ》。

⑭ □《かい》ぎに　出る。

⑤ テレビを　たのしむ。（　　）（　　）

⑥ つなを　ひく。（　　）（　　）

⑦ 目が　まわる。（　　）（　　）

⑧ えきまでは　とおい。（　　）（　　）

⑨ ともだちに　あう。（　　）（　　）

⑩ コマを　まわす。（　　）（　　）

2 か行の かん字②

汽・記・帰・弓・牛・魚・京・強・教・近・兄・形・計・元・言・原・戸・古・午・後・語・工・公

／100

1 ――線の かん字の 読みがなを 書こう。 一つ3点(24点)

① 後を つける。（　）

② 子牛が 生まれる。（　）

③ 父が 上京する。（　）

④ 好《す》きな 教科は 音楽だ。（　）

⑤ 元気に なる。（　）

⑥ 黒字を 計上する。（　）

⑦ へやの 戸を あける。（　）

⑧ みんなに 公開《かい》する。（　）

2 □に 合う かん字を 書こう。 一つ4点(56点)

テストに よくでる 1位《い》

① □□《きしゃ》に のる。

② □□《ごご》の おやつ。

3 つぎの ――線を、かん字と おくりがなで 書こう。 一つ2点(20点)

① 家に かえす。（　）

② 家に かえる。（　）

③ 風が つよまる。（　）

④ つよい 人。（　）

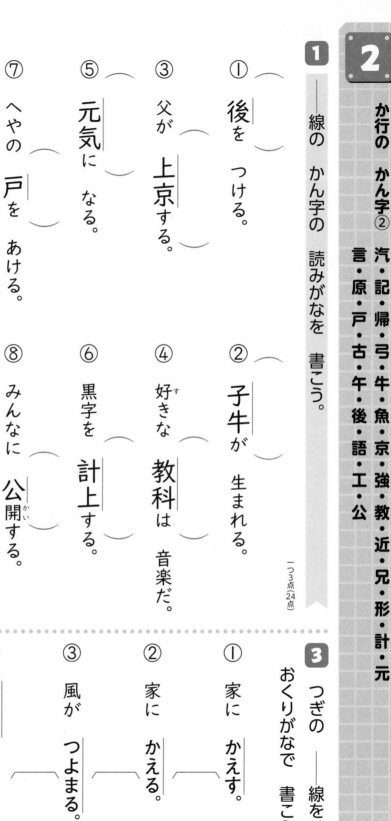

③ □《こざかな》の　フライ。

④ 力が　□《つよ》い。

テストによくでる2位《い》

⑤ □《ごがく》を　まなぶ。

⑥ □《こう》事《じ》を　する。

⑦ □《にっき》を　かく。

⑧ □《あに》と　あそびに　いく。

⑨ □《げんき》な　男の子。

⑩ □《あと》を　ついて　くる。

テストによくでる3位《い》

⑪ 長い　□《ゆみ》を　ひく。

⑫ 気持《も》ちを　□《い》う。

⑬ 丸い　□《かたち》を　かく。

⑭ □《はら》っぱを　かけ回る。

---

⑤ うしろを　あるく。（　　）

⑥ 字を　おしえる。（　　）

⑦ きょりが　ちかい。（　　）

⑧ 何か　いう。（　　）

⑨ ふるい　やしき。（　　）

⑩ ちかくを　通る。（　　）

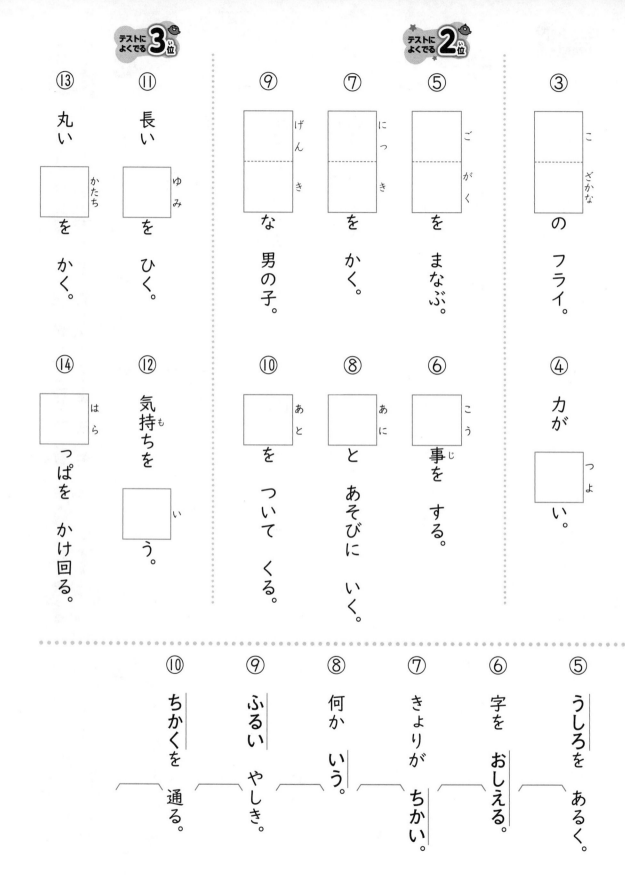

テストによくでる1位《い》

3 か行の かん字③ さ行の かん字①

広・交・光・考・行・高・黄・合・谷・国・黒・今
才・細・作・算・止・市・矢・姉・思・紙・寺

／100

1 ――線の かん字の 読みがなを 書こう。 一つ3点(24点)

① 白紙《はく》に（　　）もどす。

② 今、（　　）帰って きた。

③ 考えを（　　）のべる。

④ 山国で（　　）そだつ。

⑤ 今後の（　　）よてい。

⑥ うつくしい 光。（　　）

⑦ 市場で（　　）はたらく。

⑧ 弓矢の（　　）名人。

2 □に 合う かん字を 書こう。 一つ4点(56点)

① アメリカとの □□《がいこう》。

② □《き》色い たんぽぽ。

3 つぎの ――線を、かん字と おくりがなで 書こう。 一つ2点(20点)

① ひろい（　　）家に すむ。

② 足を とめる。（　　）

③ しっかり 話しあう。（　　）

④ 歌を つくる。（　　）

テストによくでる2位《い》

③ □□《たにがわ》を　ながめる。

④ □□《こくご》の　本。

⑤ サイズを　□《あ》わせる。

⑥ □《ぎょう》列《れっ》に　ならぶ。

⑦ □□《てんさい》と　よばれる。

⑧ □□《けいさん》が　はやい。

⑨ □《あね》が　ピアノを　ひく。

⑩ □□《しろくろ》を　つける。

テストによくでる3位《い》

⑪ □《こく》板《ばん》を　けす。

⑫ 走り□《たか》とび

⑬ 古い　お□《てら》。

⑭ うすい　□《かみ》を　きる。

⑤ くろい　雲が　ひろがる。（　　）（　　）

⑥ よく　かんがえる。（　　）（　　）

⑦ ほそい　ひもで　むすぶ。（　　）（　　）

⑧ うれしく　おもう。（　　）（　　）

⑨ たかい　山に　のぼる。（　　）（　　）

⑩ 気が　あう　人。（　　）（　　）

テストに よくでる 1位《い》

4 さ行の かん字②

自・時・室・社・弱・首・秋・週・春・書・少・場・色・食・心・新・親・図・数・西・声・星・晴

／100

1 ――線の かん字の 読みがなを 書こう。

一つ3点(24点)

① 自国語を 話す。（　　）

② 力を 弱める。（　　）

③ 春に さく 花。（　　）

④ 多数《た》の 声が 上がる。（　　）

⑤ 食べ物《もの》を 買う。（　　）

⑥ 雨の 場合は 休みだ。（　　）

⑦ 心に ちかう。（　　）

⑧ 手首を つかむ。（　　）

2 □に 合う かん字を 書こう。

一つ4点(56点)

① 小さな 町□□《こうば》。

② □□《なないろ》の にじ。

3 つぎの ――線を、かん字と おくりがなで 書こう。

一つ2点(20点)

① よわい 音が 出る。（　　）

② いきおいが よわまる。（　　）

③ すくない 人数で かつ。（　　）

④ すこしだけ もつ。（　　）

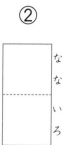

③ □《ず》で　しめす。

④ □□《しんこう》を　ふかめる。

テストによくでる2位《い》

⑤ □□《じかん》を　はかる。

⑥ □□《かいしゃ》で　はたらく。

⑦ □□《こんしゅう》の　できごと。

⑧ □□《としょ》いいん

⑨ □《あき》めいて　くる。

⑩ □《こころ》に　強く　ねがう。

テストによくでる3位《い》

⑪ □□《にしぐち》から　出る。

⑫ □《ほし》が　かがやく。

⑬ □□《おおごえ》で　さけぶ。

⑭ □□《きょうしつ》に　入る。

---

⑤ ノートに　字を　かく。（　　）

⑥ 十まで　かぞえる。（　　）

⑦ べんとうを　たべる。（　　）

⑧ あたらしい　年。（　　）

⑨ よく　はれた　日。（　　）

⑩ 魚が　えさに　くいつく。（　　）

5 さ行の かん字③ 切・雪・船・線・前・組・走
た行の かん字① 多・太・体・台・地・池・知・茶・昼・長・鳥・朝・直・通・弟・店

／100

1 ――線の かん字の 読みがなを 書こう。 一つ3点(24点)

① 組合に 入る。（　　）

② 地上に 出る。（　　）

③ 朝の できごと。（　　）

④ 船から 手を ふる。（　　）

⑤ 体そうを する。（　　）

⑥ 兄弟は なかよしだ。（　　）

⑦ 店で 本を 買う。（　　）

⑧ 昼ねを する。（　　）

2 □に 合う かん字を 書こう。 一つ4点(56点)

テストに よくでる 1位《い》

① □□《たいせつ》な ともだち。

② □《ゆき》がっせんを する。

3 つぎの ――線を、かん字と おくりがなで 書こう。 一つ2点(20点)

① リボンを きる。（　　）

② すわって 足を くむ。（　　）

③ 一生けんめい はしる。（　　）

④ 人数が おおい。（　　）

テストによくでる2位《い》

③ □《いけ》に　いる　魚。

④ □□《ひるまえ》に　帰る。

⑤ □《あさ》ごはんを　食べる。

⑥ □□《ごぜん》七時

⑦ □《おとうと》は　かしこい。

⑧ 大きな　□《からだ》。

⑨ □《せん》を　かく。

⑩ □□《ちゃいろ》の　ぼうし。

テストによくでる3位《い》

⑪ 大きな　□《ふね》に　のる。

⑫ 生き物の　□《とお》り道。

⑬ めずらしい　□《とり》。

⑭ □《だい》の　上に　のる。

---

⑤ ふとい　えだを　切る。（　　）

⑥ あなに　糸を　とおす。（　　）

⑦ 新しい　ことを　しる。（　　）

⑧ ながい　夏が　おわる。（　　）

⑨ まちがいを　なおす。（　　）

⑩ 車が　たくさん　とおる。（　　）

テストに よくでる 1位《い》

6 た行の かん字② 点・電・刀・冬・当・東・答・頭・道・同・読　な行の かん字 内・南・肉
は行の かん字① 馬・売・買・麦・半・番・父・風・分

／100

1 ——線の かん字の 読みがなを 書こう。 一つ3点(24点)

① 刀を ふり回す。（　　）

② もうすぐ 冬だ。（　　）

③ 東京で くらす。（　　）

④ 答えを 見つける。（　　）

⑤ 風に あおられる。（　　）

⑥ 道を まちがえる。（　　）

⑦ 馬に またがる。（　　）

⑧ 南から やって くる。（　　）

2 □に 合う かん字を 書こう。 一つ4点(56点)

① テストの □□《てんすう》。

② □《あたま》を かかえる。

3 つぎの ——線を、かん字と おくりがなで 書こう。 一つ2点(20点)

① ボールが あたる。（　　）

② といかけに こたえる。（　　）

③ もんだいの こたえ。（　　）

④ おなじ 大きさの 絵。（　　）

③ □□《でんわ》を　かける。

④ □□《はんぶん》だけ　もらう。

テストに よくでる 2位《い》

⑤ □□《どくしょ》を　楽しむ。

⑥ □□《ほんとう》の　こと。

⑦ □□《いちばん》に　おきる。

⑧ □□《やまみち》を　あるく。

⑨ あたたかい　□□《みなみかぜ》。

⑩ コップの　□《うち》がわ。

テストに よくでる 3位《い》

⑪ □□《こむぎ》の　さいばい。

⑫ □《にく》を　食べる。

⑬ □《おな》じ　色の　服《ふく》。

⑭ □□《ちちおや》は　先生だ。

⑤ 思い切って　かう。（　　）

⑥ くりかえし　よむ。（　　）

⑦ たまごを　うる。（　　）

⑧ 二人で　わける。（　　）

⑨ 答えが　わかる。（　　）

⑩ まとに　あてる。（　　）

テストに よくでる 1位《い》

7 は行の かん字② 聞・米・歩・母・方・北　ま行の かん字 毎・妹・万・明・鳴・毛・門
や行の かん字 夜・野・友・用・曜　ら行・わ行の かん字 来・里・理・話

／100

1 ——線の かん字の 読みがなを 書こう。 一つ3点(24点)

① 友だちを つくる。（　　）
② お米を たく。（　　）
③ 北を 目指《ざ》す。（　　）
④ 一万円さつ（　　）
⑤ 明け方に 出かける。（　　）
⑥ 門の 前で 待《ま》つ。（　　）
⑦ 野原を さまよう。（　　）
⑧ 理科の べんきょう。（　　）

2 □に 合う かん字を 書こう。 一つ4点(56点)

① □《よる》に なる。
② □□《まいあさ》の ランニング。

3 つぎの ——線を、かん字と おくりがなで 書こう。 一つ2点(20点)

① いけんを きく。（　　）
② 校内を あるく。（　　）
③ 声が きこえる。（　　）
④ あかるい（　　） 気分に なる。

テストによくでる3位《い》　テストによくでる2位《い》

③ 名前を □《き》く。

④ □□《らいしゅう》 外出《しゅつ》する。

⑤ 西の □□《ほうがく》。

⑥ □《はは》から 教えられる。

⑦ □□《よなか》に おきる。

⑧ □□《しんゆう》が いる。

⑨ □□《ようび》を きく。

⑩ □《よう》心《じん》ぶかい 人。

⑪ うまれた □《さと》に 帰る。

⑫ おもしろい □《はなし》。

⑬ □《いもうと》と でかける。

⑭ □□《けむし》の 多い 木。

⑤ 夜が あける。（　　）

⑥ 子犬が なく。（　　）

⑦ かねが 三回 なる。（　　）

⑧ 遠くから くる。（　　）

⑨ ゆっくりと はなす。（　　）

⑩ あるきながら はなす。（　　）

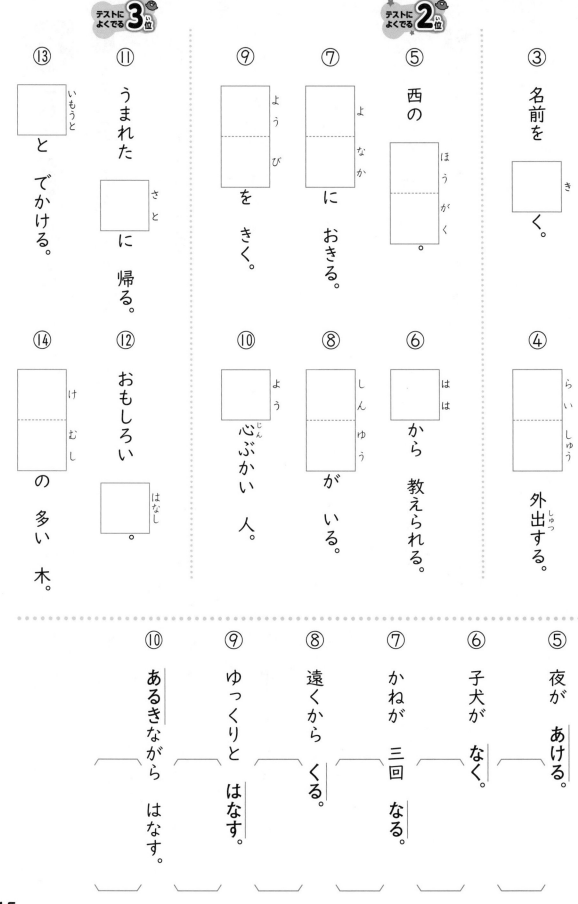

8 二年生で ならった かん字

／100

1 ――線の かん字の 読みがなを 書こう。 一つ2点(16点)

① どんよりした 雨雲。（　　）

② 自分の 気持ちを 言う。（　　）

③ 工事《じ》の 音が する。（　　）

④ 生活を よく する。（　　）

⑤ 谷川の そばを 歩く。（　　）

⑥ アメリカとの 外交。（　　）

⑦ 大切な 家ぞく。（　　）

⑧ 午前八時に 出かける。（　　）

2 □に 合う かん字を 書こう。 一つ3点(24点)

① □《みち》を ひたすら 進《すす》む。

② 本が □《う》れる。

4 つぎの ――線を、かん字と おくりがなで 書こう。 一つ4点(40点)

① 楽しく うたう。（　　）

② 家まで とおい。（　　）

③ 学校から ちかい。（　　）

④ 声が きこえる。（　　）

③ 学校の 正《せい》□《もん》。

④ □□《りか》を 勉強する。

⑤ □□《さんかく》に おる。

⑥ □《あと》から ついて いく。

⑦ □□《げんき》に なる。

⑧ □□《ゆみや》の れんしゅう。

3 つぎの かん字には 同じ ぶぶんが あります。それを □に 書こう。

一つ5点(20点)

① 週・近・遠 … □

② 汽・海・池 … □

③ 計・記・語 … □

④ 図・回・国 … □

⑤ 力が よわい。（　　）

⑥ あたらしい 年に なる。（　　）

⑦ 運動場《うんどうじょう》を はしる。（　　）

⑧ まちがいを なおす。（　　）

⑨ おなじ 物《もの》を 買う。（　　）

⑩ あかるい 気分に なる。（　　）

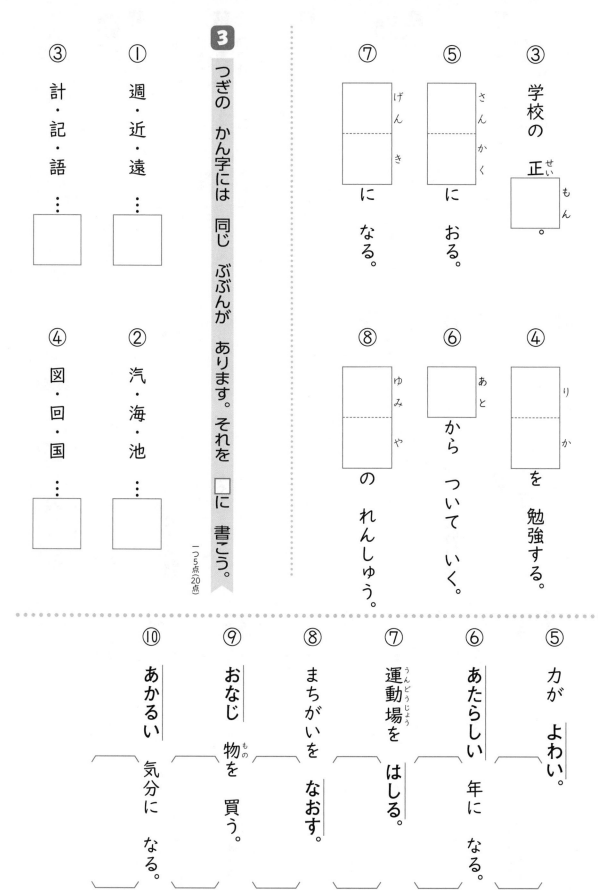

答え

1　2・3ページ

1
①うた　②えんそく　③か　④がい　⑤さんかく　⑥にんげん　⑦がか　⑧あいだ

2
①雨雲　②家　③歌　④画　⑤顔絵　⑥園　⑦何回　⑧夏　⑨海　⑩音楽　⑪岩山　⑫羽　⑬生活　⑭会

3
①引き　②歌う　③楽しい　④丸い　⑤楽しむ　⑥引く　⑦回る　⑧遠い　⑨会う　⑩回す

2　4・5ページ

1
①あと　②こうし　③じょうきょう　④きょうか　⑤げんき　⑥けいじょう　⑦と　⑧こう

2
①汽車　②午後　③小魚　④強　⑤語学　⑥工　⑦日記　⑧兄　⑨元気　⑩後　⑪弓　⑫言　⑬形　⑭原

3
①帰す　②帰る　③強まる　④強い　⑤後ろ　⑥教える　⑦近い　⑧言う　⑨古い　⑩近く

3　6・7ページ

1
①し　②いま　③かんが　④やまぐに　⑤こんご　⑥ひかり　⑦いちば　⑧ゆみや

2
①外交　②黄　③谷川　④国語　⑤合　⑥行　⑦天才　⑧計算　⑨姉　⑩白黒　⑪黒　⑫高　⑬寺　⑭紙

3
①広い　②止める　③合う　④作る　⑤黒い　⑥考える　⑦細い　⑧思う　⑨高い　⑩合う

4　8・9ページ

1
①じこくご　②よわ　③はる　④すう　⑤た　⑥ばあい　⑦こころ　⑧てくび

2
①工場　②七色　③図　④親交　⑤時間　⑥会社　⑦今週　⑧図書　⑨秋　⑩心　⑪西口　⑫星　⑬大声　⑭教室

3
①弱い　②弱まる　③少ない　④少し　⑤書く　⑥数える　⑦食べる　⑧新しい　⑨晴れた　⑩食い

5　10・11ページ

1
①くみあい　②ちじょう　③あさ　④ふね　⑤たい　⑥きょうだい　⑦みせ　⑧ひる

2
①大切　②雪　③池　④昼前　⑤朝　⑥午前　⑦弟　⑧体　⑨線　⑩茶色　⑪船　⑫通　⑬鳥　⑭台

3
①切る　②組む　③走る　④多い　⑤太い　⑥通す　⑦知る　⑧長い　⑨直す　⑩通る

6　12・13ページ

1
①かたな　②ふゆ　③とうきょう　④こた

⑤かぜ ⑥みち
⑦うま ⑧みなみ

2
①点数 ②頭 ③電話 ④半分
⑤読書 ⑥本当 ⑦一番 ⑧山道
⑨南風 ⑩内 ⑪小麦 ⑫肉
⑬同 ⑭父親

3
①当たる ②答える ③答え ④同じ
⑤買う ⑥読む ⑦売る ⑧分ける
⑨分かる ⑩当てる

7 14・15ページ

1
①とも ②こめ
③きた ④いちまんえん
⑤あ ⑥もん
⑦のはら ⑧りか

2
①夜 ②毎朝 ③聞 ④来週
⑤方角 ⑥母 ⑦夜中 ⑧親友
⑨曜日 ⑩用 ⑪里 ⑫話
⑬妹 ⑭毛虫

3
①聞く ②歩く ③聞こえる ④明るい
⑤明ける ⑥鳴く ⑦鳴る ⑧来る
⑨話す ⑩歩き

8 16・17ページ

1
①あまぐも ②い
③こう ④せいかつ

---

⑤たにがわ ⑥がいこう
⑦たいせつ ⑧ごぜん

2
①道 ②売 ③門 ④理科
⑤三角 ⑥後 ⑦元気 ⑧弓矢

3
①辶 ②氵 ③言 ④口

4
①歌う ②遠い
③近い ④聞こえる
⑤弱い ⑥新しい
⑦走る ⑧直す
⑨同じ ⑩明るい

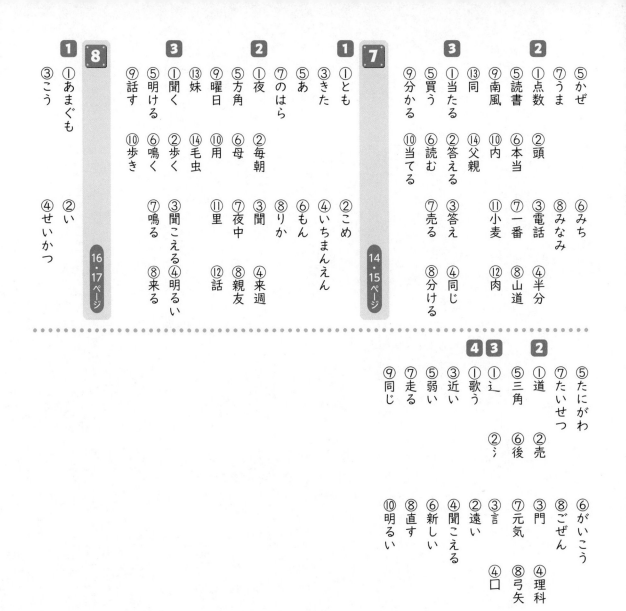

表

すきななまえをつけてね！

なまえ

ぴた犬（おとも犬）シールをはろう

シールの中からすきなぴた犬をえらぼう。

おうちのかたへ

がんばり表のデジタル版「デジタルがんばり表」では、デジタル端末でも学習の進捗記録をつけることができます。１冊やり終えると、抽選でプレゼントが当たります。「ぴたサポシステム」にご登録いただき、「デジタルがんばり表」をお使いください。LINE または PC・ブラウザを利用する方法があります。

LINE用　PC・ブラウザ用

★ぴたサポシステムご利用ガイドはこちら★
https://www.shinko-keirin.co.jp/shinko/news/pittari-support-system

スタート

はなしたい、ききたい、すきなこと～はたらく　人に　話を　聞こう

2～3ページ	4～5ページ	6～7ページ	8～9ページ	10～11ページ	12～13ページ	14～15ページ	16～17ページ
ぴったり1	ぴったり1	ぴったり2	ぴったり1	ぴったり3	ぴったり3	ぴったり1	ぴったり2
できたらシールをはろう	できたらシールをはろう	できたらシールをはろう	できたらシールをはろう	できたらシールをはろう	できたらシールをはろう	できたらシールをはろう	できたらシールをはろう

いろんな　おとの　あめ～みんなで　話し合おう

42～43ページ	44～45ページ
ぴったり1	ぴったり3
できたらシールをはろう	できたらシールをはろう

ニャーゴ～絵を　見て　お話を　書こう

46～47ページ	48～49ページ	50～51ページ	52～53ページ	54～55ページ
ぴったり1	ぴったり2	ぴったり1	ぴったり3	ぴったり3
できたらシールをはろう	できたらシールをはろう	できたらシールをはろう	できたらシールをはろう	できたらシールをはろう

ビーバーの　大工事～「ありがとう」を　つたえよう

56～57ページ	58～59ページ	60～61ページ	62～63ページ	64～65ページ	66～67ページ	68～69ページ	70～71ページ
ぴったり1	ぴったり2	ぴったり2	ぴったり1	ぴったり1	ぴったり3	ぴったり3	ぴったり1
できたらシールをはろう	できたらシールをはろう	できたらシールをはろう	できたらシールをはろう	できたらシールをはろう	できたらシールをはろう	できたらシールをはろう	できたらシールをはろう

～ことばの　アルバム

～101ページ	102～103ページ	104ページ
ったり1	ぴったり3	ぴったり3
できたらシールをはろう	できたらシールをはろう	できたらシールをはろう

ゴール

さいごまでがんばったキミは「ごほうびシール」をはろう！

ごほうびシールをはろう

（キリトリ線）
教科書ぴったりトレーニング　国語　2年　東京書籍版　折込①（オモテ）

『ぴたトレ』は教科書にぴったり合
できるよ。教科書も見ながら、
ぴた犬たちが勉強をサポートす

教科書ぴったりトレーニングの使い方

ふだんの学習《がくしゅう》

ぴったり1 じゅんび

めあて を　たしかめて、もんだいに　とりくも
はじめに　あたらしい　かん字や　ことばの　いみ
えるよ。ものがたりや　せつめい文は　3分でワン
ポイントを　つかもう。　QR コードから「3 分でまとめ動画」

※QR コードは株式会社デンソーウェーブ

ぴったり2 れんしゅう

ものがたりや　せつめい文の　もんだいを　れん
するよ。
ヒント を　見《み》ながら　といて　みよう。

ぴったり3 たしかめのテスト

「ぴったり1・2」が　おわったら、とりくんで
かんがえを　書《か》く　もんだいにも　チャレンジし
ふりかえり を　見て　前《まえ》に　もどって　か
よう。

実力《じつりょく》チェック

- 夏のチャレンジテスト
- 冬のチャレンジテスト
- 春のチャレンジテスト
- 2年 国語のまとめ 学力しんだんテスト

夏《なつ》休み、冬《ふゆ》休み、春《はる》休み前に
とりくんで　みよう。学期《がっき》や
学年の　おわりの　テストの
前に　やっても　いいね。

ふだんの　学
おわったら、
に　シール

別冊《べっさつ》

丸つけ ラクラクかいとう

赤字の　「答《こた》え」を　見て、答え合《あ》わせを　し
まちがえたり、わからなかったりした　もんだ
おうちの　人と　いっしょに　「てびき」を
見直《なお》そう。

おうちのかたへ

本書『教科書ぴったりトレーニング』は、教科書の要点や重要事項をつかむ「ぴったり１　じゅんび」、問題に慣れる「ぴったり２　れんしゅう」、テスト形式で学習事項が定着したか確認する「ぴったり３　たしかめのテスト」の３段階構成になっています。教科書の学習順序やねらいに完全対応していますので、日々の学習（トレーニング）にぴったりです。

「観点別学習状況の評価」について

学校の通知表は、「知識・技能」「思考・判断・表現」「主体的に学習に取り組む態度」の３つの観点による評価がもとになっています。

問題集やドリルでは、一般に知識を問う問題が中心になりますが、本書『教科書ぴったりトレーニング』では、次のように、観点別学習状況の評価に基づく問題を取り入れて、成績アップに結びつくことをねらいました。

ぴったり３　たしかめのテスト

●「思考・判断・表現」のうち、特に思考や表現（予想したり文章で説明したりすることなど）を取り上げた問題には「思考・判断・表現」と表示しています。

チャレンジテスト

●主に「思考・判断・表現」を問う問題かどうかで、分類して出題しています。

別冊『丸つけラクラクかいとう』について

おうちのかたへ では、次のようなものを示しています。

- **学習のねらいやポイント**
- **他の学年や他の単元の学習内容とのつながり**
- **まちがいやすいことやつまずきやすいところ**

お子様への説明や、学習内容の把握などにご活用ください。

内容の例

おうちのかたへ
物語を読むときには、登場人物の会話や行動に注目しましょう。「うまくできるかな（→不安）」「力いっぱい拍手をした（感動）」など、直接文章に書かれていない心情が会話や行動から読み取れることがあるからです。

教科書ぴったりトレーニング 国語 2年 がんばり表

いつも見えるところに、この「がんばり表」をはっておこう。
この「ぴたトレ」をがくしゅうしたら、シールをはろう！
どこまでがんばったかわかるよ。

名前を　見て　ちょうだい～話そう、二年生の　わたし

28～29ページ	26～27ページ	24～25ページ
ぴったり1	ぴったり2	ぴったり1
できたらシールをはろう	できたらシールをはろう	できたらシールをはろう

30～31ページ	32～33ページ
ぴったり3	ぴったり3
できたらシールをはろう	できたらシールをはろう

たんぽぽ～かたかなで　書く　ことば

22～23ページ	20～21ページ	18～19ページ
ぴったり3	ぴったり3	ぴったり1
できたらシールをはろう	できたらシールをはろう	できたらシールをはろう

どうぶつ園の　かんばんと　ガイドブック～本は　あたらしい　せかいへの　入り口

34～35ページ	36～37ページ	38～39ページ	40～41ページ
ぴったり1	ぴったり1	ぴったり3	ぴったり3
できたらシールをはろう	できたらシールをはろう	できたらシールをはろう	できたらシールをはろう

むかしから　つたわる　言い方～たからものを　しょうかいしよう

86～87ページ	84～85ページ	82～83ページ
ぴったり2	ぴったり1	ぴったり1
できたらシールをはろう	できたらシールをはろう	できたらシールをはろう

88～89ページ	90～91ページ	92～93ページ	94～95ページ
ぴったり1	ぴったり1	ぴったり3	ぴったり3
できたらシールをはろう	できたらシールをはろう	できたらシールをはろう	できたらシールをはろう

かさこじぞう～本の　中の　友だち

80～81ページ	78～79ページ	76～77ページ	74～75ページ	72～73ページ
ぴったり3	ぴったり3	ぴったり1	ぴったり2	ぴったり
できたらシールをはろう	できたらシールをはろう	できたらシールをはろう	できたらシールをはろう	できたらシールをはろう

ことばあそびを　楽しもう

96～97ページ	98～99ページ	10
ぴったり1	ぴったり2	ぴ
できたらシールをはろう	できたらシールをはろう	

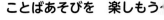

首 9画
シュ
くび
首《くび》

紙 10画
シ
かみ
手紙《てがみ》

作 7画
サク・サ
つくる
料理《りょうり》を作《つく》る

合 6画
ゴウ・ガッ・カッ
あう・あわす
あわせる
合計《ごうけい》

交 6画
コウ
まじわる・まじえる
まじる・まざる・まぜる
(かう)・(かわす)

交番《こうばん》

午 4画
ゴ
正午《しょうご》

形 7画

秋 9画
シュウ
あき
秋《あき》

寺 6画
ジ
てら
寺《てら》

算 14画
サン

谷 7画
(コク)
たに
谷川《たにがわ》

後 9画
ゴ・コウ
のち・あと
うしろ
(おくれる)
後《うし》ろ足

計 9画

週 11画
シュウ
来週《らいしゅう》

自 6画
ジ・シ
みずから
自分《じぶん》

止 4画
シ
とまる
とめる
止《と》まる

国 8画
コク
くに
外国《がいこく》

光 6画
コウ
ひかる
ひかり
光《ひかり》

語 14画
ゴ
かたる・かたらう

元 4画

春 9画
シュン
はる
春《はる》

時 10画
ジ
とき
時間《じかん》

市 5画
シ
いち
市場《いちば》

黒 11画
コク
くろ
くろい
黒《くろ》い 犬《いぬ》

考 6画
コウ
かんがえる
考《かんが》える

工 3画
コウ・ク
木工《もっこう》

言 7画

書 10画
ショ
かく
書《か》く

室 9画
シツ
(むろ)
室内《しつない》

矢 5画
(シ)
や
矢《や》

今 4画
コン
(キン)
いま
今《いま》、何時《なんじ》?

行 6画
コウ・ギョウ
(アン)
いく・ゆく
おこなう
学校《がっこう》に行《い》く

公 4画
コウ
(おおやけ)
公園《こうえん》

原 10画

少 4画
ショウ
すくない
すこし
少年《しょうねん》

社 7画
シャ
やしろ
会社《かいしゃ》

姉 8画
(シ)
あね
姉《あね》

さ～そ

才 3画
サイ
天才《てんさい》

高 10画
コウ
たかい・たか
たかまる
たかめる
高《たか》い ビル

広 5画
コウ
ひろい・ひろまる
ひろめる・ひろがる
ひろげる

広《ひろ》い にわ

戸 4画

火《ひ》が 弱《よわ》い

弱 10画
ジャク
よわい・よわる
よわまる
よわめる

思 9画
シ
おもう
思《おも》い出《で》

細 11画
サイ
ほそい・ほそる
こまか
こまかい
細《ほそ》い 糸《いと》

黄 11画
(コウ)・オウ
き・(こ)
黄色《きいろ》い 花《はな》

古 5画

教科書ぴったりトレーニング

国語 バッチリポスター

2年生で ならう かん字 ①

★2年生で ならう かん字を、五十音じゅんに ならべて います。（①と ②の、二回に 分けて います。）

★かん字ごとに、画数、読み方、書きじゅん（ひつじゅん）を しめして います。

★（ ）は、小学校では ならわない 読み方です。

まちがえやすい かん字は、☑に チェックを して おこう！

（切り取り線）

あ～お

引　4画　イン／ひく・ひける　つな引《ひ》き

羽　6画　（ウ）／は／はね　羽《はね》

雲　12画　ウン／くも　雲《くも》

園　13画　エン／（その）

遠　13画　エン・（オン）／とおい

か～こ

何　7画　（カ）／なに・なん　何《なに》を 食《た》べる？

科　9画　カ　科学《かがく》

夏　10画　カ・（ゲ）／なつ　夏《なつ》

家　10画　カ・ケ／いえ・や　家《いえ》

歌　14画　カ／うた・うたう

画　8画　ガ・カク　画数《かくすう》

回　6画　カイ・（エ）／まわる・まわす　目《め》が 回《まわ》る

会　6画　カイ・（エ）／あう　うんどう会《かい》

海　9画　カイ／うみ　海《うみ》

絵　12画　カイ・エ　絵画《かいが》

外　5画　ガイ・（ゲ）／そと・ほか／はずす／はずれる　外《そと》で あそぶ

角　7画　カク／かど・つの　しかの 角《つの》

楽　13画　ガク・ラク／たのしい／たのしむ

活　9画　カツ　活気《かっき》

間　12画　カン・ケン／あいだ・ま　中間《ちゅうかん》

丸　3画　ガン／まる／まるい／まるめる　丸太《まるた》

岩　8画　ガン／いわ　岩《いわ》

顔　18画　ガン／かお

汽　7画　キ　汽車《きしゃ》

記　10画　キ／しるす　記《き》じ

帰　10画　キ／かえる・かえす　家《いえ》に 帰《かえ》る

弓　3画　（キュウ）／ゆみ　弓《ゆみ》

牛　4画　ギュウ／うし　牛《うし》

魚　11画　ギョ／うお／さかな　魚《さかな》

京　8画　キョウ／（ケイ）　京都《きょうと》

強　11画　キョウ・（ゴウ）／つよい・つよまる／つよめる・（しいる）　強《つよ》い 風《かぜ》

教　11画　キョウ／おしえる／おそわる　教室《きょうしつ》

近　7画　キン／ちかい　近《ちか》い

兄　5画　（ケイ）／キョウ／あに　兄《あに》

形　ケイ・ギョウ／かた・かたち　形《かたち》

計　ケイ／はかる／はからう　時計《とけい》

元　ゲン・ガン／もと　元気《げんき》

言　ゲン・ゴン／いう・こと　言《い》う

原　ゲン／はら　草原《くさはら》

戸　コ／と　戸《と》

古　コ／ふるい／ふるす　古《ふる》い 本《ほん》

弟
7画

店
8画

点
9画

電
13画

刀
2画

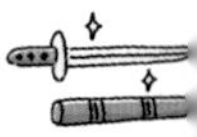

冬
5画

当
6画

東
8画

トウ
ひがし

東京《とうきょう》

答
12画

トウ
こたえる
こたえ

答《こた》え

頭
16画

トウ・ズ・(ト)
あたま・(かしら)

同
6画

ドウ
おなじ

同《おな》じ

道
12画

ドウ・(トウ)
みち

道《みち》

読
14画

ドク・トク
トウ
よむ

な～の

内
4画

ナイ
(ダイ)
うち

内《うち》がわ

南
9画

ナン・(ナ)
みなみ

南《みなみ》の しま

肉
6画

ニク

肉《にく》

は～ほ

馬
10画

バ
うま・(ま)

馬《うま》

売
7画

バイ
うる
うれる

花《はな》を 売《う》る

買
12画

バイ
かう

買《か》いもの

麦
7画

(バク)
むぎ

麦《むぎ》

半
5画

ハン
なかば

半年《はんとし》

番
12画

バン

じゅん番《ばん》

父
4画

フ
ちち

父《ちち》

風
9画

フウ・(フ)
かぜ・かざ

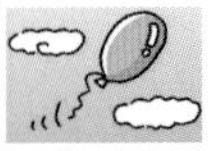

風船《ふうせん》

分
4画

ブン・フン・ブ
わける・わかれる
わかる・わかつ

半分《はんぶん》

聞
14画

ブン・(モン)
きく・きこえる

米
6画

ベイ・マイ
こめ

米《こめ》

歩
8画

ホ・(ブ)・(フ)
あるく
あゆむ

歩《ある》く

母
5画

ボ
はは

母《はは》

方
4画

ホウ
かた

学校《がっこう》への 行《い》き方《かた》

北
5画

ホク
きた

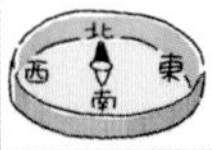

北《きた》

ま～も

毎
6画

マイ

毎日《まいにち》

妹
8画

(マイ)
いもうと

妹《いもうと》

万
3画

マン・(バン)

万年筆《まんねんひつ》

明
8画

メイ・ミョウ
あかり・あかるい・あかるむ
あからむ・あきらか・あける
あく・あくる・あかす

明《あか》るい 電気《でんき》

鳴
14画

メイ
なく・なる・ならす

毛
4画

モウ
け

毛糸《けいと》

門
8画

モン
(かど)

門《もん》

や～よ

夜
8画

ヤ
よ・よる

夜《よる》

野
11画

ヤ
の

野山《のやま》

友
4画

ユウ
とも

友《とも》だち

用
5画

ヨウ
もちいる

画用紙《がようし》

曜
18画

ヨウ

ら～ろ

来
7画

ライ
くる
(きたる)
(きたす)

来《く》る

里
7画

リ
さと

山里《やまざと》

理
11画

リ

理科《りか》の 本《ほん》

わ

話
13画

ワ
はなす
はなし

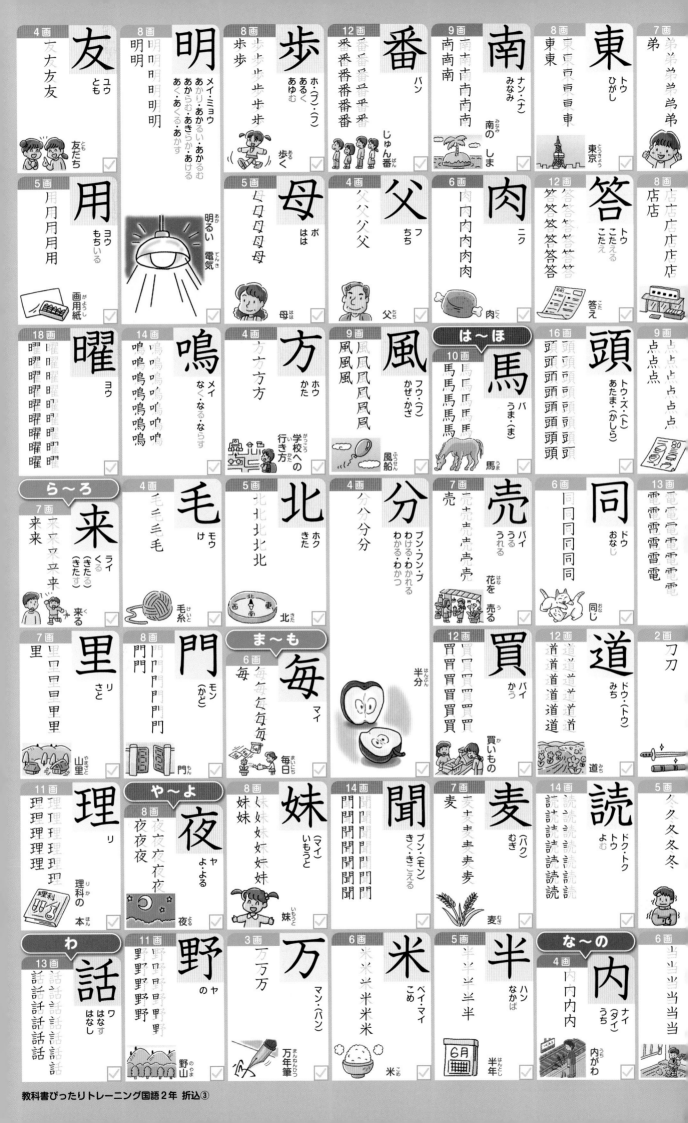

教科書ぴったりトレーニング

国語 バッチリポスター

2年生で ならう かん字②

★2年生で ならう かん字を、五十音じゅんに ならべて います。（①と ②の、二回に 分けて います。）

★かん字ごとに、画数、読み方、書きじゅん（ひつじゅん）を しめして います。

★（ ）は、小学校では ならわない 読み方です。

まちがえやすいかん字は、☑にチェックをしておこう！

（切り取り線）

場 12画 ジョウ ば
場場場場場場場場場場場場

広場《ひろば》 ☐

数 13画 スウ・（ス） かず・かぞえる
数数数数数数数数数数数数数
☐

船 11画 セン ふね・ふな
船船船船船船船船船船船

船《ふね》 ☐

体 7画 タイ・（テイ） からだ
体体体体体体体

体《からだ》をきたえる ☐

長 8画 チョウ ながい
長長長長長長長長

かみが長《なが》い ☐

弟 （テイ）・ダイ （デ） おとうと
弟《おとうと》 ☐

色 6画 ショク シキ いろ
色色色色色色

色《いろ》えんぴつ ☐

西 6画 セイ・サイ にし
西西西西西西

西《にし》の空《そら》 ☐

線 15画 セン
線線線線線線線線線線線線線線線
☐

台 5画 ダイ・タイ
台台台台台

ふみ台《だい》 ☐

鳥 11画 チョウ とり
鳥鳥鳥鳥鳥鳥鳥鳥鳥鳥鳥

鳥《とり》 ☐

店 テン みせ
店《みせ》 ☐

食 9画 ショク・（ジキ） くう （くらう） たべる
食食食食食食食食食

たくさん食《た》べる ☐

声 7画 セイ （ショウ） こえ （こわ）
声声声声声声声

声《こえ》 ☐

前 9画 ゼン まえ
前前前前前前前前前

三年前《さんねんまえ》 ☐

地 6画 チ・ジ
地地地地地地

地面《じめん》 ☐

朝 12画 チョウ あさ
朝朝朝朝朝朝朝朝朝朝朝朝

朝日《あさひ》 ☐

点 テン
点数《てんすう》 ☐

心 4画 シン こころ
心心心心

心《こころ》 ☐

星 9画 セイ・（ショウ） ほし
星星星星星星星星星
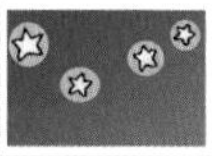
星《ほし》 ☐

組 11画 ソ くむ・くみ
組組組組組組組組組組組

ふたり組《ぐみ》 ☐

池 6画 チ いけ
池池池池池池

池《いけ》 ☐

直 8画 チョク・ジキ ただちに・なおす なおる
直直直直直直直直

時計《とけい》を直《なお》す ☐

電 デン
☐

新 13画 シン あたらしい あらた （にい）
新新新新新新新新新新新新新
☐

晴 12画 セイ はれる はらす
晴晴晴晴晴晴晴晴晴晴晴晴

晴《は》れる ☐

走 7画 ソウ はしる
走走走走走走走

走《はし》る ☐

知 8画 チ しる
知知知知知知知知

知《し》る ☐

刀 トウ かたな
刀《かたな》 ☐

親 16画 シン おや・したしい したしむ
親親親親親親親親親親親親親親親親
☐

切 4画 セツ・（サイ） きる・きれる
切切切切

親切《しんせつ》 ☐

た～と

多 6画 タ おおい
多多多多多多

人《ひと》が多《おお》い ☐

茶 9画 チャ・（サ）
茶茶茶茶茶茶茶茶茶

お茶《ちゃ》 ☐

通 10画 ツウ・（ツ） とおる・とおす かよう
通通通通通通通通通通

なみ木道《きみち》を通《とお》る ☐

冬 トウ ふゆ
冬《ふゆ》 ☐

図 7画 ズ・ト （はかる）
図図図図図図図

図書《としょ》かん ☐

雪 11画 セツ ゆき
雪雪雪雪雪雪雪雪雪雪雪

雪《ゆき》だるま ☐

太 4画 タイ・タ ふとい ふとる
太太太太

太《ふと》る ☐

昼 9画 チュウ ひる
昼昼昼昼昼昼昼昼昼

昼間《ひるま》 ☐

当 トウ あたる あてる
当番《とうばん》 ☐

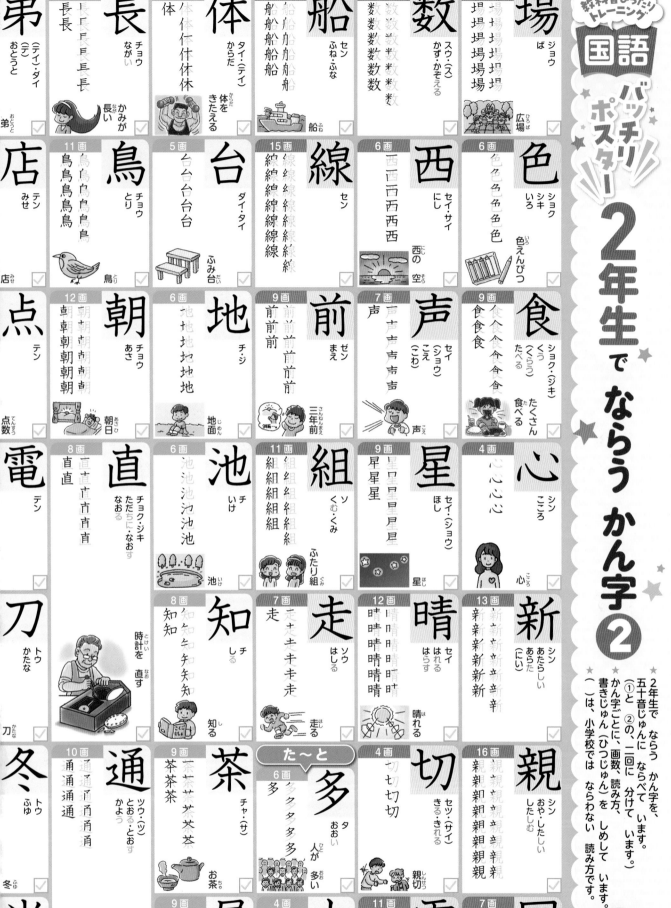

3 ふたりの やりとりを よんで、こたえましょう。

ともだち　田中さん

田中さんは、**どんな こと**が すきなの。

わたしは、四《よ》つばの クローバーを さがす ことが すきなんだ。

そうなんだ。**どこで さがして いるの。**

ひがしこうえんだよ。すべりだいの まわりに、クローバーが たくさん 生えて いるんだ。

へえ、**ひがしこうえん**か。あそこなら、たくさん クローバーが 生えて いるから、四つばも すぐに 見つかりそうだね。

それがね、三《み》つばは たくさん 生えて いるけれど、四つばは すくないんだ。でも、なんかいも 見つけた ことが あるよ。

すごいね。田中さんは、四つばさがしの 名人なんだね。

「はなしたい、ききたい、すきな こと」より

---

① 田中さんは、なにを さがすのが すきだと いって いますか。一つに ○を つけましょう。

ア（　）三つばの クローバー。

イ（　）四つばの クローバー。

② 見つけやすい ほうに ○を つけましょう。

ア（　）三つばの クローバー。

イ（　）四つばの クローバー。

③ ともだちが、だいじな ことばを くりかえして いる 文を、かきぬきましょう。

（　　　　　　　　）

④ ともだちの ききかたに あう ほうに、○を つけましょう。

ア（　）しつもんしたり おどろいたり しながら きいて いる。

イ（　）メモを とりながら、だまって きいて いる。

お話を 音読しよう

風の ゆうびんやさん

たけした ふみこ

めあて

★お話に 出て くる 人ぶつの ようすを おもいうかべよう。
★人ぶつの ようすが きく 人に つたわるように、音読して みよう。

がくしゅうび 月 日

教科書 上14～25ページ

答え 2ページ

かきトリ 新しい かん字

教科書16ページ	風	フウ・かぜ	9かく
18ページ	元	ゲン・もと	4かく
18ページ	読	ドク・よむ	14かく
19ページ	言	ゲン・いう・こと	7かく
21ページ	光	コウ・ひかる・ひかり	6かく
22ページ	話	はなし・はなす	13かく
23ページ	丸	まる・まるい・まるめる	3かく
23ページ	声	こえ	7かく

「光る」は、「光かる」では ない ことに 気を つけよう。

1 （　）に 読みがなを かきましょう。

① ●上●下（　　）の うごき。

② きれいな ●花（　　）だん。

③ 一日●中（　　）

④ せきを ●空（　　）ける。

●読みかたが あたらしい 字

2 □に かん字を、（　）に かん字と ひらがなを かきましょう。

① □□《げんき》な 人。

② □《まる》を つける。

③ □《こえ》が たかい。

④ （　　）《ひかる》 ほし。

3 正しい　いみに　○を　つけましょう。

① にもつを　はいたつする。
ア（　）うって　あるく。
イ（　）くばって　とどける。

② ちっとも　ねむく　ない。
ア（　）すこしだけ。
イ（　）すこしも。

③ ぜひ　さんかしたい。
ア（　）かならず。
イ（　）みんな　いっしょに。

④ お気に入りの　ふくで　いそいそと　出かける。
ア（　）うれしそうに。
イ（　）あわてて。

⑤ 本に　しおりを　はさむ。
ア（　）あいだに　入れる。
イ（　）そっと　なでる。

⑥ 言いまちがえた　ことに　気が　つく。
ア（　）かんがえる。
イ（　）わかる。

3分で　ワンポイント

だれに　どんな　手がみが　とどいたか、たしかめよう。

★うけとった　人ぶつと　とどいた　手がみを、せんで　むすびましょう。

あげはちょう・	・まごたちからの　はがき
おじいさん犬・	・パーティーの　しょうたいじょう
すずめたち・	・小さな　みどりいろの　ふうとう
くも・	・学校が　はじまる　おしらせ

お話を 音読しよう

風の ゆうびんやさん

文しょうを 読んで、こたえましょう。

「犬さん、ゆうびんです。」

にわの 犬ごやの、おじいさん犬の ところには、はがきが とどきました。

「ほう。となり町に ひっこして いった、まごたちからだ。みんな 元気に くらして います、か。うん。よかった、よかった。」

犬は、目を ほそくして、なんども なんども はがきを 読みなおします。

「すずめさん、ゆうびんです。」

こんどの 手がみは、やねの 上。でも、風の じてん車は、どこにでも はいたつします。

「すずめの 学校が はじまる おしらせよ。」

手がみを 読んで、すずめの おかあさんが 言いました。

「学校って、なあに。なに する ところなの。」

この はる 生まれた 子すずめたちが

1 ゆうびんやさんが、はいたつした ばしょ 三つに ○を つけましょう。

ア（　）にわの 犬ごや。

イ（　）となり町。

ウ（　）やねの 上。

エ（　）みどりの 木かげを くぐった ところ。

2 犬が「目を ほそく」した ことに ついて こたえましょう。

① はがきを 読んだ 犬の 気もちに あう もの 一つに ○を つけましょう。

ア（　）うれしい　イ（　）しんぱいだ

ウ（　）かなしい　エ（　）ざんねんだ

② ①の 気もちの りゆうを 七字で かきぬきましょう。

まごたちが □□□□□□□ いる ことが わかったから。

がくしゅうび　月　日

教科書 上14～24ページ

答え 3ページ

ききました。

「みんなで　あそんだり、うたを　うたったり　するのよ。それから、じょうずな　とびかたとか、えさの　さがしかたとか、いろんな　ことを　ならうのよ。」

「わあ、おもしろそう。早く　いきたいな。」

子すずめたちは、みじかい　はねを　ひろげて、おかあさんの　まわりを　ぴょんぴょん　とびまわりました。

リンリン。じてん車の　ベルを　ならして、ゆうびんやさんは、みどりの　木かげを　くぐります。

「くもさん、ゆうびんです。

おや、くもさんは、おひるね中だ。」

ゆうびんやさんは、くもの　すの　はしっこに、小さな　みどりいろの　ふうとうを、ていねいに　はさみました。くもが　目を　さましたら、すぐ　気が　つくように。

たけした　ふみこ「風の　ゆうびんやさん」より

3 すずめたちに　とどいた　手がみには、なにが　かいて　ありましたか。七字で　かきぬきましょう。

□□□□□□□ おしらせ。

4 「この　はる　生まれた　子すずめたち」の　からだの　ようすが　わかる　ぶぶんを　六字で　かきぬきましょう。

□□□□□□

ヒント　まだ　小さい　ことが　わかる　ぶぶんだよ。

5 ゆうびんやさんが　くもへの　手がみを　くもの　すの　はしっこに　はさんだのは、なぜですか。一つに　○を　つけましょう。

ア（　）くもが　こわくて、ちかづけない　ため。

イ（　）くもが　ねて　いて、おく　ばしょが　ない　ため。

ウ（　）目を　さました　くもが、すぐ　気が　つくように　する　ため。

ヒント　さいごの　二ぎょうを　読もう。

3分でまとめ

としょかんへ 行こう
かん字の 書き方
はたらく 人に 話を 聞こう

めあて
★としょかんに ある 本の さがし方を たしかめよう。
★かん字の ひつじゅんや 画数《かくすう》を たしかめよう。
★だいじな ことを おとさず 聞く ほうほうを まなぼう。

がくしゅうび
月　日
教科書
上26〜37ページ
答え
3ページ

かきトリ 新しい かん字

かん字	読み	画数	教科書
行	ギョウ・いく	6かく	26ページ
分	ブン・フン・わける・わかれる・わかる・わかつ	4かく	26ページ
記	キ	10かく	29ページ
書	ショ・かく	10かく	32ページ
方	ホウ・かた	4かく	32ページ
作	サク・つくる	7かく	32ページ
点	テン	9かく	32ページ
線	セン	15かく	32ページ
画	カク・ガ	8かく	32ページ
数	スウ・かず・かぞえる	13かく	33ページ
聞	きく・きこえる	14かく	34ページ
何	なに・なん	7かく	35ページ
考	かんがえる	6かく	35ページ

1 （　）に 読みがなを 書きましょう。

① 日記（　　）を 書く。
② 夕方（　　）に なる。
③ はこを 作（　　）る。
④ すぐに 行（　　）く。

2 □に かん字を、（　）に かん字と ひらがなを 書きましょう。

① □□（てんせん）
② かん字の □□（かくすう）。
③ あめを （わける）。
④ よく （かんがえる）。

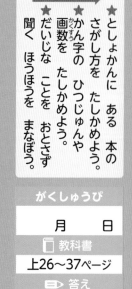

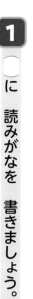

としょかんへ　行こう

3 つぎの　本は　としょかんの　どの　たなに　ありますか。記ごうを　えらびましょう。

① ひつじに　ついての　本。（　）
② かぐやひめの　お話の　本。（　）
③ たんぽぽに　ついての　本。（　）

ア 文学の　たな。
イ しぜんかがくの　しょくぶつの　たな。
ウ しぜんかがくの　どうぶつの　たな。

かん字の　書き方

4 つぎの　ことばに　あう　いみを、記ごうで　えらびましょう。

① 画（　）　② ひつじゅん（　）
③ 画数（　）

ア かん字の　書き方の　きまった　じゅんじょ。
イ かん字を　作る　点や、ひとつづきで　書く　線。
ウ かん字を　作る　点や　線の　数。

はたらく　人に　話を　聞こう

5 はたらく　人に　話を　聞く　とき、気を　つける　ことを　一つ　えらんで、○を　つけましょう。

ア（　）あってから　あいさつする　まえに「ありがとうございました。」と　言う。
イ（　）ていねいな　ことばで　話す。
ウ（　）しつもんを　おわる　とき「よろしく　おねがいします。」と　言う。

6 だいじな　ことを　聞きとる　とき、正しく　ない　ことを　一つ　えらんで、×を　つけましょう。

ア（　）聞きたい　ことは　何かを　しっかり　考えて　おく。
イ（　）しりたい　ことに　ついて　しつもんを　考えて　おく。
ウ（　）その　ばで　おもいついた　ことだけを　しつもんするように　する。
エ（　）だいじな　ことばに　ちゅういして　聞くように　する。

お話を 音読しよう

風の ゆうびんやさん

～はたらく 人に 話を 聞こう

時間 20分
／100
ごうかく 80点
がくしゅうび 月 日
教科書 上14～37ページ
答え 4ページ

文しょうを 読んで、こたえましょう。 思考・判断・表現

「すずめさん、ゆうびんです。」

こんどの 手がみは、やねの 上。でも、風の じてん車は、どこにでも はいたつします。

「すずめの 学校が はじまる おしらせよ。」

手がみを 読んで、すずめの おかあさんが 言いました。

「学校って、なあに。なに する ところなの。」

この はる 生まれた 子すずめたちが ききました。

「みんなで あそんだり、うたを うたったり するのよ。それから、じょうずな とびかたとか、えさの さがしかたとか、いろんな ことを ならうのよ。」

「わあ、おもしろそう。早く いきたいな。」

子すずめたちは、みじかい はねを ひろげて、おかあさんの まわりを ぴょんぴょん

よく出る

1 「すずめさん」が いる ばしょを 四字で 書きぬきましょう。 10点

よく出る

2 「すずめの 学校」で する こと すべてに ○を つけましょう。 ぜんぶ できて 15点

ア（ ）みんなで えさを たべる。

イ（ ）いろんな ことを ならう。

ウ（ ）じょうずに とぶ とりを 見る。

エ（ ）あそんだり うたったり する。

3 「早く いきたいな。」と いう 子すずめたちの 気もちが 分かる 一つの 文を、書き出しましょう。 15点

とびまわりました。

リンリン。じてん車の　ベルを　ならして、ゆうびんやさんは、みどりの　木かげを　くぐります。

「くもさん、ゆうびんです。おや、くもさんは、おひるね中だ。」

ゆうびんやさんは、くもの　すの　はしっこに、小さな　みどりいろの　ふうとうを、ていねいに　はさみました。くもが　目を　さましたら、すぐ　気が　つくように。

でも、しらない　人が　見たら、ぎんいろに　光る　くもの　すに、小さな　はっぱが　ひっかかって　いるだけだと　おもうかも　しれません。

はいたつする　手がみは、まだ　まだ　たくさん　あります。風の　ゆうびんやさんは、口ぶえを　ふきながら、元気よく　はしって　いきます。

たけした　ふみこ「風の　ゆうびんやさん」より

考えを書こう　できたらスゴイ！

4　「くもさん」への　手がみは　どこに　はさみましたか。□に　あうように　六字で　書きぬきましょう。　10点

くもの　□□□□□□

5　くもへの　手がみに　ついて　こたえましょう。

①　何に　見えますか。六字で　書きぬきましょう。　10点

□□□□□□

②　①のように　見えるのは　なぜですか。　20点

くもへの　手がみが、

（　　　　　　　　）

6　「風の　ゆうびんやさん」は　どんな　人ぶつだと　おもいますか。　20点

［　　　　　　　　］

人ぶつだと　おもいます。

ぴったり3
たしかめのテスト②

お話を　音読しよう
風の　ゆうびんやさん　～　はたらく　人に　話を　聞こう

時間 20分

／100

ごうかく 80点

がくしゅうび　月　日

教科書　上14～37ページ

答え　4ページ

1 （　）に　読みがなを　書きましょう。　一つ3点(24点)

①（　　）読書　の　じかん。

②（　　）つよい　風。

③（　　）木　かげで　休む。

④（　　）三画　の　字。

⑤（　　）こん虫　さいしゅう

⑥（　　）あかるい　光線。

⑦（　　）何　かを　ふんだ。

⑧（　　）空　きかん

2 □に　かん字を　書きましょう。　一つ4点(16点)

①　わけを　□《はな》す。

②　音がくを　□《き》く。

③　つづけて　□《い》う。

④　文を　□《つ》くる。

3 （　）に　かん字と　ひらがなを　書きましょう。　一つ4点(12点)

①　川を　（　　）《のぼる》。

②　すぐ　（　　）《わかる》。

③　せなかを　（　　）《まるめる》。

4 としょかんの　本に　ついて、こたえましょう。

一つ2点(4点)

① どんな　じゅんじょで　ならんで　いますか。
正しい　ほうに　○を　つけましょう。

ア（　）左から　右、上から　下の　じゅん。
イ（　）右から　左、上から　下の　じゅん。

② いくつの　なかまに　わけられて　いますか。
正しい　ほうに　○を　つけましょう。

ア（　）1るいから　5るいまでの　五の　なかま。
イ（　）0るいから　9るいまでの　十の　なかま。

5 つぎの　かん字の　画数を、かん字で　書きましょう。

一つ3点(18点)

① 女（　　）画　② 金（　　）画
③ 年（　　）画　④ 水（　　）画
⑤ 子（　　）画　⑥ 糸（　　）画

6 [　]の　かん字を、たて画から　書きはじめる　ものと　よこ画から　書きはじめる　ものに　わけましょう。

かん字一つ4点(24点)

・たて画から（　　　　）
・よこ画から（　　　　）

上　目　木　口　町　花

7 はたらく　人に　はなしを　きく、はじめの　ばめんです。（　）に　入る　ことばを　一つ　えらびましょう。

2点

きょうは、きゅうしょくしつの　しごとに
ついて、おはなしを　きかせて　ください。
（　　　）

ア（　）よろしく　おねがいします。
イ（　）ありがとうございました。

たんぽぽの ひみつを 見つけよう

たんぽぽ

◎めあて
★せつめいの 文しょうに 書いて ある ことを たしかめよう。
★せつめいの じゅんじょを たしかめよう。

がくしゅうび 月 日
教科書 上38～49ページ
答え 5ページ

かきトリ 新しい かん字

漢字	教科書	読み	画数
夜	42ページ	ヤ よる・よ	8かく
間	42ページ	カン・ケン あいだ・ま	12かく
多	43ページ	おおい	6かく
少	43ページ	すくない・すこし	4かく
毛	44ページ	け	4かく
当	44ページ	トウ あたる・あてる	6かく
時	46ページ	ジ とき	10かく
活	48ページ	カツ	9かく
科	48ページ	カ	9かく
来	49ページ	ライ くる	7かく
門	49ページ	モン	8かく

1 （　）に 読みがなを 書きましょう。

① ●正月（　）の かざり。
② ●女子（　）の チーム。
③ 数を ●数（　）える。
④ 小学生の ●男子（　）。

●読み方が あたらしい 字

2 □に かん字を、（　）に かん字と ひらがなを 書きましょう。

① □□《けいと》で あむ。
② □《もん》が あく。
③ □□□《せいかつか》
④ 光が （　　）《あたる》。

3 正しい いみに ○を つけましょう。

① 夕方に なり、日が かげる。

ア（　）あたりが まっくらに なる。

イ（　）日ざしが よわく なる。

② 木の ねが はる。

ア（　）ひろがって のびる。

イ（　）小さく かたまる。

③ バナナの みが じゅくす。

ア（　）くさる。

イ（　）じゅうぶんに みのる。

4 上の ことばと はんたいの いみの ことばを 下から えらんで 線で むすびましょう。

① ながい　・　　・ とじる

② ひらく　・　　・ ひくい

③ たかい　・　　・ みじかい

④ 多い　・　　・ ちかく

⑤ とおく　・　　・ 少ない

3分で ワンポイント

せつめいの じゅんじょを たしかめよう。

★ たんぽぽが めを 出すまでの じゅんじょに なるよう、（　）に ばんごうを 書きましょう。

ア（　）わた毛《げ》が 風に ふきとばされます。

イ（　）くきが おき上がって、たかく のびます。

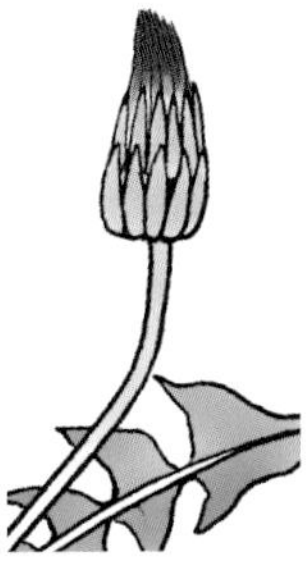

ウ（1）花が さきます。

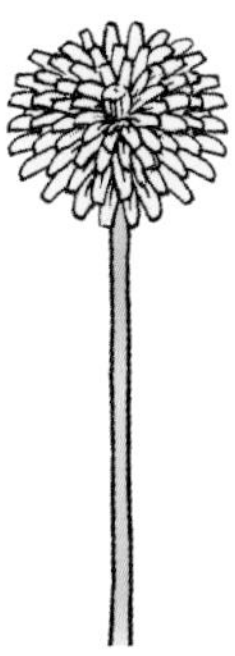

エ（　）みが じゅくして、わた毛が ひらきます。

オ（　）わた毛が 土に おちて、たねが めを 出します。

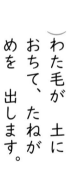

たんぽぽの ひみつを 見つけよう

たんぽぽ

文しょうを 読んで、こたえましょう。

はるの はれた 日に、花が さきます。花は、夕方 日が かげると、とじて しまいます。夜の 間、ずっと とじて います。つぎの 日、日が さして くると、また ひらきます。

花を よく 見て みましょう。

一つの 花のように 見えるのは、小さな 花の あつまりなのです。小さな 花を 数えて みたら、百八十も ありました。これより

1 たんぽぽの 花は いつ さきますか。七字で 書きぬきましょう。

□□□□□□□

2 たんぽぽの 花に ついて、あう もの 一つに ○を つけましょう。

ア（　）夜の 間は ずっと とじて いる。

イ（　）あたたかい 日は ずっと ひらいて いる。

ウ（　）一日中 ひらいて いる。

3 たんぽぽの 花が ひらく ことには、何が かんけいして いますか。かん字 一字で 書きぬきましょう。

花に □ が さす こと。

ヒント どんな ときに 花が ひらくのかな。

がくしゅうび　月　日
教科書 上38〜48ページ
答え 5ページ

多い　ものも、少ない　ものも　あります。この小さな　花に、みが　一つずつ　できるように　なって　います。

花が　しぼむと、みが　そだって　いきます。みが　じゅくすまで、花の　くきは、ひくく　たおれて　います。

みが　じゅくして　たねが　できると、くきは　おき上がって、たかく　のびます。

はれた　日に、わた毛《げ》が　ひらきます。たかく　のびた　くきの　上の　わた毛には、風が　よく　当たります。わた毛は、風に　ふきとばされます。かるくて　ふわふわした　わた毛は、風に　のって、とおくに　行く　ことが　できます。

わた毛が　土に　おちると、わた毛に　ついて　いる　たねが、やがて　めを　出します。たんぽぽは、そこで　ねを　はって、そだって　いきます。

ひらやま　かずこ「たんぽぽ」より

4 「一つの　花のように　見える」ものは、何ですか。四字で　書きぬきましょう。

小さな　花の　□□□□　。

5 「花が　しぼむ」と、何が　そだちますか。

（　　　　）が　そだつ。

6 みが　じゅくすまでの　花の　くきの　ようすに　あう　もの　一つに　○を　つけましょう。

ア（　）たおれて　いる。
イ（　）おき上がって　いる。
ウ（　）かれて　いる。

ヒント　21～24ぎょう目を　よく　読もう。

7 「わた毛が　土に　おちる」と　どう　なりますか。

たねが　やがて（　　　　）。

ぴったり1 じゅんび

かんさつした ことを 書こう
かたかなで 書く ことば

めあて
★み の回りの ものを かんさつした メモの 書き方を まなぼう。
★かたかなで 書く ことばを しろう。

がくしゅうび 月 日
教科書 上50〜55ページ
答え 6ページ

かきトリ 新しい かん字

教科書	かん字	読み	かく数
50ページ	回	カイ まわる・まわす	6かく
51ページ	高	コウ たかい・たか たかまる・たかめる	10かく
51ページ	黄	き	11かく
51ページ	色	ショク いろ	6かく
54ページ	外	ガイ はずれる・はずす そと	5かく
54ページ	国	コク くに	8かく
54ページ	地	チ・ジ	6かく
54ページ	前	ゼン まえ	9かく

「黄」の ひつじゅんに 気を つけよう。

1 （ ）に 読みがなを 書きましょう。

① ◆二人（ ）で おどる。
② 子どもと ◆大人（ ）。
③ こまを 回（ ）す。
④ ◆一人（ ）で 行く。

◆とくべつな 読み方の ことば

2 □に かん字を、（ ）に かん字と ひらがなを 書きましょう。

① □□《きいろ》の ふく。
② □□《がいこく》
③ □《まえ》に 出る。
④ （ ）《たかい》ビル。

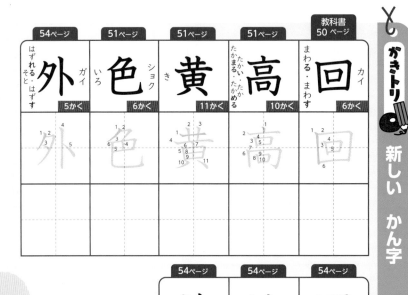

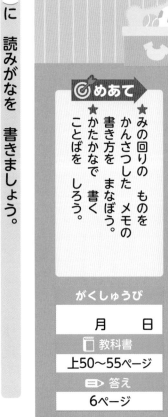

3 かんさつした　ことを　くわしく　書いて　いる　ほうに、○を　つけましょう。

①（　）土の　中から　めが　出て、はっぱが　ひらいた。

②（　）土の　中から　めが　出て、大きさの　ちがう　黄みどり色の　はっぱが　二まい　ひらいた。

4 にて　いる　ものに　たとえて　書いて　いる　ほうに、○を　つけましょう。

①（　）くろい　糸のような　あしが　たくさん　生えて　いる。

②（　）あしは　たくさん　生えて　いて、ぜんぶ　くろい。

5 かたかなで　書く　ことが　多い　ほうに、○を　つけましょう。

①（　）ようすを　あらわす　ことば。

②（　）音を　あらわす　ことば。

6 ことばの　書き方が　正しい　ほうを　□で　かこみましょう。

①（スペイン・すぺいん）に　行く。

②（けえき・ケーキ）を　たべる。

③ ねこが　（にゃあ・ニャー）と　なく。

7 つぎの　かたかなの　ことばに　あう　なかまを、□から　えらんで、記ごうで　書きましょう。

① ピヨピヨ・ワンワン　（　）

② ブラジル・パリ　（　）

③ キャベツ・テニス　（　）

④ ガタガタ・ドスン　（　）

ア　外国の　地名
イ　ものの　音
ウ　外国から　来た　ことば
エ　どうぶつの　なき声

たんぽぽの ひみつを 見つけよう
たんぽぽ ～ かたかなで 書く ことば

時間 20分

／100

ごうかく 80点

がくしゅうび　月　日

教科書 上38～55ページ

答え 6ページ

文しょうを 読んで、こたえましょう。　思考・判断・表現

花が しぼむと、みが そだって いきます。みが じゅくすまで、花の くきは、ひくく たおれて います。

みが じゅくして たねが できると、くきは おき上がって、たかく のびます。

はれた 日に、わた毛《げ》が ひらきます。たかく のびた くきの 上の わた毛には、風が よく 当たります。わた毛は、風に ふきとばされます。かるくて ふわふわした

よく出る

1 「わた毛が ひらきます。」と ありますが、わた毛が ひらくのは どんな 日ですか。書きぬきましょう。　10点

（　　　　）

2 「たかく のびた くき」には、どんな よい ことが ありますか。一つに ○を つけましょう。　20点

ア（　）わた毛に 光が よく 当たる こと。

イ（　）わた毛に 風が よく 当たる こと。

ウ（　）わた毛に 雨が よく 当たる こと。

3 「わた毛」に ついて、こたえましょう。

① とくちょうを、八字で 書きぬきましょう。　15点

□□□□□□□□ して いる。

わた毛は、風に のって、とおくに 行く ことが できます。
　わた毛が 土に おちると、わた毛に ついて いる たねが、やがて めを 出します。たんぽぽは、そこで ねを はって、そだって いきます。

ひらやま かずこ「たんぽぽ」より

よく出る

② ①の とくちょうから 何が できますか。　一つ10点(20点)

［　　］に のって、［　　　］に 行く ことが できる。

できたらスゴイ！

4 たんぽぽが めを 出すまでの じゅんに １〜４の ばんごうを 書きましょう。　ぜんぶ できて 15点

ア（　）わた毛が 土に おちる。
イ（　）わた毛が 風に ふきとばされる。
ウ（　）わた毛に ついて いる たねが めを 出す。
エ（　）わた毛が ひらく。

考えを書こう

5 「たんぽぽ」の ねが はる ばしょは どこですか。□の ことばを ぜんぶ つかって 書きましょう。　20点

（　　　　　　　　　　）ばしょ。

わた毛　め　土　たね　出した　おちた

ふりかえり ４が 分からない ときは、15ページの 3分でワンポイント に もどって かくにんしよう。

たんぽぽ ～ かたかなで 書く ことば

たんぽぽの ひみつを 見つけよう

時間 20分

／100

ごうかく 80点

がくしゅうび 月 日

教科書 上38～55ページ

答え 7ページ

1 （ ）に 読みがなを 書きましょう。 一つ3点（21点）

① 正門（ ） から 入る。

② おそい 時間（ ）。

③ 黄色（ ） く ぬる。

④ 地（ ） きゅうぎ

⑤ 毛玉（ ） が できる。

⑥ 前（ ） の ほう。

⑦ ま 一文字（ ） に 口を むすぶ。

2 □に かん字を 書きましょう。 一つ4点（16点）

① □□《にんげん》 と 犬。

② □《よる》 に なる。

③ □《ふたり》 でうたう。

④ □□《せいかつ》 する

3 （ ）に かん字と ひらがなを 書きましょう。 一つ4点（16点）

① 水が （ ）《すくない》。

② 本が （ ）《おおい》。

③ お金を （ ）《かぞえる》。

④ 目が （ ）《まわる》。

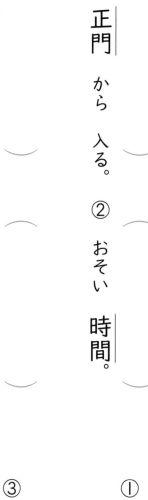

4 正しい いみに ○を つけましょう。 一つ3点(12点)

① 雨が ふりはじめ、やがて 風も 出て きた。

ア（　）すぐに。

イ（　）そのうち。

② この はこは じょうぶだ。

ア（　）しっかりして いる ようす。

イ（　）やわらかい ようす。

③ へやの 中に 日が さす。

ア（　）たいようの 光が 当たる。

イ（　）たいようの 光が よわく なる。

④ わた毛《げ》が 風に のる。

ア（　）風に さからって すすむ。

イ（　）風に はこばれて すすむ。

5 数字を 「一」「二」「三」「四」「五」 のように 書く ほうに、○を つけましょう。 5点

ア（　）たて書きの とき。

イ（　）よこ書きの とき。

6 かたかなで 書く ことばを すべて かたかなに かえ、文を 書きなおしましょう。 ぜんぶ できて 一つ10点(30点)

① いぎりすや あめりかでは、えいごが 話されて います。

（　　　　　　　　　　）

② おとした こっぷが がちゃんと われた。

（　　　　　　　　　　）

③ からすが かあかあ なき、車が びゅんびゅん はしる。

（　　　　　　　　　　）

ぴったり1 じゅんび

すきな 場めんを 見つけよう

名前を 見て ちょうだい

めあて

★お話の 場めんが どこで かわるか 考えよう。

★すきな 場めんを えらんで みよう。

がくしゅうび　月　日

教科書 上56～73ページ

答え 7ページ

かきトリ 新しい かん字

野	ヤ・の	11かく	教科書59ページ
原	ゲン・はら	10かく	59ページ
頭	あたま	16かく	60ページ
答	こたえる・こたえ	12かく	60ページ
牛	うし	4かく	62ページ
場	ば	12かく	70ページ
会	カイ・あう	6かく	70ページ
思	おもう	9かく	71ページ
今	コン・いま	4かく	73ページ
社	シャ	7かく	73ページ
親	シン・おや・したしい・したしむ	16かく	73ページ
友	ユウ・とも	4かく	73ページ
明	メイ・あかるい・あかるむ・あからむ・あかり・あける・あく・あくる・あかす	8かく	73ページ
計	ケイ・はかる・はからう	9かく	73ページ
算	サン	14かく	73ページ

1 □に 読みがなを 書きましょう。

① 元どおり

② 間もなく 来る。

③ 休日に なる。

④ 空中に うかぶ。

⑤ 風せんを とばす。

⑥ 方がくを しる。

⑦ 火の 気が ない。

⑧ 大きな はっ見。

❶ 読み方が あたらしい 字

2

□に かん字を、（　）に かん字と ひらがなを 書きましょう。

① □□《けいさん》を する。　② □《おや》と 話す。

③ □□《のはら》で あそぶ。　④ □《いま》から 行く。

⑤ そう（　　　）《おもう》。　⑥ といに（　　　）《こたえる》。

3

つぎの 文の（　）に あう ことばを［　］から えらび、記ごうを 書きましょう。

① からだを（　）ふるわせる。

② 土けむりが（　）上がる。

③ 時間に なり、（　）ゲームを やめる。

ア もうもうと　イ しぶしぶ
ウ ぶるっと

3分で ワンポイント

お話の じゅんじょを たしかめよう。

★お話の じゅんばんに なるように、○に 1～4の ばんごうを 書きましょう。

きつねが ぼうしを かぶりました。

大男が ぼうしを ながめます。

えっちゃんが ぼうしを かぶって 出かけます。

牛が ぼうしを かぶりました。

すきな 場めんを 見つけよう

名前を 見て ちょうだい

文しょうを 読んで、答えましょう。

「それ、あたしのよ。」

「ぼくのだよ。」

牛の 頭を ゆびさして、えっちゃんと きつねが 言いました。すると、ふりむいた 牛は、すまして 答えました。

「わたしのですよ。」

そこで、えっちゃんと きつねは、いっしょに 言いました。

「名前を 見て ちょうだい。」

牛は、しぶしぶ ぼうしを ぬいで、名前の ところを 見せました。

「ほうら、わたしの 名前だよ。は、た、な、か、も、う、こ。」

なるほど、牛の 言う とおり。本当に そう 見えます。

「へんねえ。」

えっちゃんと きつねが かおを

1 「牛の 頭」の 上に あった ものは 何ですか。三字で 書きぬきましょう。

2 「名前を 見て ちょうだい。」と 言われた とき、牛は どう しましたか。

牛は（　　　　）、えっちゃんたちに、名前の ところを 見せた。

3 「へんねえ。」と ありますが、なぜ へんに 思ったのですか。一つに ○を つけましょう。

ア（　）牛が ぼうしを わたそうと しないから。

イ（　）きつねの 名前が 書かれて いたから。

ウ（　）牛の 名前が 書かれて いるように 見えたから。

エ（　）えっちゃんたちが かおを 見あわせたから。

ヒント 「へんねえ。」の 前の ぶぶんを 読もう。

がくしゅうび 月 日
教科書 上56～72ページ
答え 8ページ

見あわせた　とき、つよい　風が　ふいて　きて、また、ぼうしを　さらって　いきました。

「こら、ぼうし、まてえ。」

　えっちゃんと　きつねと　牛は　はしりだしました。ぼうしは、リボンを　ひらひらさせながら、七色の　林の　方へ　とんで　いきます。

　えっちゃんたちが、その　林に　入って　いくと、木よりも　高い　大男が、どかんと　すわって　いました。そして、ぼうしを　りょう手で　もって、ふしぎそうに　ながめて　いました。

「それ、あたしのよ。」

「ぼくのだよ。」

「わたしのですよ。」

　えっちゃんと　きつねと　牛は、いっしょに　言いました。

「名前を　見て　ちょうだい。」

　すると、大男は、えっちゃんたちを　じろりと　見下ろしました。それから、あっという間に　ぱくん。ぼうしを　口の　中に　入れました。そして、すまして　答えました。

「たべちゃったよ。だから、名前もたべちゃった。」

あまん　きみこ「名前を　見て　ちょうだい」より

4 「つよい　風が　ふいて　きて」、ぼうしは　どこに　とんで　いきましたか。四字で　書きぬきましょう。

□□□□の　方

5 「大男」に　ついて、答えましょう。

① どんな　ようすですか。

（　　　　）大男で、どかんと　すわって　いる。

ヒント　「大男」と　いう　ことばの　前と　あとから　読みとろう。

② 大男が　した　こと　すべてに、○を　つけましょう。

ア（　）ぼうしを　口の　中に　入れた。

イ（　）ぼうしを　えっちゃんに　かえした。

ウ（　）ぼうしの　名前を　たしかめた。

エ（　）ぼうしを　ふしぎそうに　ながめた。

ぴったり1 じゅんび

じゅんじょ
こんな ことを して いるよ
話そう、二年生の わたし

3分でまとめ

◎めあて
★つたえ方の じゅんじょを 考えよう。
★組み立てを 考えて 文しょうを 書こう。
★だいじな 点が つたわる くふうを 考えよう。

がくしゅうび　月　日
教科書 上74～85ページ
答え 8ページ

かきトリ 新しい かん字

教科書76ページ	76ページ	78ページ	82ページ	83ページ
組 くむ・くみ 11かく	家 カ いえ 10かく	自 ジ 6かく	心 シン こころ 4かく	教 キョウ おしえる・おそわる 11かく

「心」は、画数が 少ないですが、書く ときは バランスに 気を つけましょう。

1 （　）に 読みがなを 書きましょう。

① 五行目（　　）を 読む。　② 三人分（　　）たべる。

③ 生（　　）クリームが たくさん のった ケーキ。

● 読み方が あたらしい 字

2 □に かん字を、（　）に かん字と ひらがなを 書きましょう。

① □《いえ》の 中。　② あたたかい □《こころ》。

③ かたを （　　）《くむ》。　④ 人に （　　）《おしえる》。

じゅんじょ

3 つぎの　文しょうの（　）に　あう　ことばを　（　）から　えらんで、記ごうを　書きましょう。

かいものを　する　ときの　ことを　話します。

（　）、かう　ものを　きめます。（　）、それを　もって　レジへ　行き、お金を　はらいます。（　）、おつりや　レシートを　うけとります。

ア　まず　イ　さいごに　ウ　つぎに

話そう、二年生の　わたし

4 だいじな　ところが　つたわるように　話すには、どう　しますか。二つに　〇を　つけましょう。

ア（　）思いついた　ときに　話す。

イ（　）つたえたい　ことを　たしかめて　話す。

ウ（　）なるべく　早口で　話す。

エ（　）ゆっくりと　大きな　声で　話す。

オ（　）できるだけ　小さな　声で　話す。

こんな　ことを　して　いるよ

5 つぎの　文しょうの　①～③の　ぶぶんに　書かれて　いる　ことを、（　）から　えらんで　記ごうを　書きましょう。

①わたしは、家で　しょっきあらいを　して　います。②しょっきあらいを　する　ときは、まず、あぶらの　よごれを　かみで　ふきとります。つぎに、しょっきを　水で　ぬらします。スポンジに　せんざいを　つけて、一つずつ　ていねいに　しょっきを　あらいます。さいごに、あわを　きれいに　ながして、水きりかごに　入れます。③しょっきあらいは　だいすきな　おてつだいです。これからも　がんばります。

①（　）②（　）③（　）

ア　つたえたい　ことに　ついての　くわしい　ないよう。
イ　書いた　人の　思いや　考え。
ウ　何に　ついて　つたえるかと　いう　こと。

すきな 場めんを 見つけよう

名前を 見て ちょうだい

～ 話そう、二年生の わたし

時間 20分

／100

ごうかく 80点

がくしゅうび 月 日

教科書 上56～85ページ

答え 9ページ

文しょうを 読んで、答えましょう。 思考・判断・表現

大男は、したなめずりを して、じろりじろり 見下ろしながら、言いました。

「もっと 何か たべたいなあ。」

牛が、あとずさりを しながら、ぶつぶつ つぶやきました。

「早く かえらなくっちゃ。いそがしくて、いそがしくて。」

牛は、くるりと むきを かえると、風のように はしって いって しまいました。

すると、きつねも、あとずさりを しながらつぶやきました。

「早く かえらなくっちゃね。いそがしくて、いそがしくて。」

きつねも、くるりと むきを かえると、風のように はしって いって しまいました。

けれども、えっちゃんは かえりませんでした。

1 「つぶやきました。」に ついて、答えましょう。

① 牛と きつねは、どんな ことを つぶやきましたか。せつ明しましょう。 一つ10点(20点)

（　　　　）から、早く（　　　　）と いう こと。

② この ときの 牛と きつねの 気もちに あう もの 一つに ○を つけましょう。 7点

ア（　）とても いそがしいから、かえりたい。

イ（　）とても こわいので、早く にげたい。

ウ（　）おなかが すいて、何か たべたい。

よく出る

2 牛と きつねが とても はやく はしる ようすを あらわした ことばを 五字で 書きぬきましょう。 5点

□□□□□ はしって いった。

3 「えっちゃんは かえりませんでした。」と

むねを　はって、大男を　きりりと　見上げて言いました。

「あたしは　かえらないわ。だって、あたしのぼうしだもん。」

すると、えっちゃんの　からだから　湯気《ゆげ》がもうもうと　出て　きました。そして、ぐわあんと大きく　なりました。

「たべるなら　たべなさい。あたし、おこっているから、あついわよ。」

湯気を　立てた　えっちゃんの　からだが、また、ぐわあんと　大きく　なりました。そうして、大男と　おなじ　大きさに　なって　しまいました。

えっちゃんは、たたみのような　手のひらをまっすぐ　のばして　言いました。

「あたしの　ぼうしを　かえしなさい。」

大男は、ぶるっと　みぶるいを　しました。ぶるぶる　ふるえながら、空気の　もれる風せんのように、しぼんで、しぼんで、しぼんで、とうとう　見えなく　なって　しまいました。

あまん　きみこ「名前を　見て　ちょうだい」より

ありますが、なぜですか。　一つ10点（30点）

自分の（　　　）を（　　　）から（　　　）ので。

できたらスゴイ!

4 えっちゃんの　からだに　ついて、答えましょう。

① からだから　何が　出て　きましたか。　6点

（　　　）

② なぜ、①が　出て　きたのですか。　7点

えっちゃんが（　　　）から。

5 ふとい　字で　書かれた　ぶぶんは、どのように読むと　よいですか。一つに　○を　つけましょう。　5点

ア（　）小さな　声で、よわよわしく　読む。

イ（　）ふつうの　声で、ゆっくりと　読む。

ウ（　）大きな　声で、力づよく　読む。

考えを書こう

6 大男が　しぼんで　見えなく　なったのは、なぜだと　思いますか。　一つ10点（20点）

・大きく　なった（　　　）が（　　　）から。

すきな 場めんを 見つけよう

名前を 見て ちょうだい
～ 話そう、二年生の わたし

時間 20分
／100
ごうかく 80点

がくしゅうび 月 日
教科書 上56～85ページ
答え 9ページ

1 （ ）に 読みがなを 書きましょう。 一つ4点(32点)

① 自分で 考える。（ ）
② 大きな 会社。（ ）
③ 当日の よてい。（ ）
④ 心に のこる。（ ）
⑤ 計画を 立てる。（ ）
⑥ 家の やね。（ ）
⑦ すな場で あそぶ。（ ）
⑧ 牛の ちち。（ ）

2 □に かん字を 書きましょう。 一つ4点(16点)

① □《とも》だちと 話す。
② □《あたま》の 上。
③ ひとり□《ごと》
④ 人の □《おや》。

3 〔 〕に かん字と ひらがなを 書きましょう。 一つ4点(8点)

① しばいが おわり、まくが 〔 〕《おりる》。
② 〔 〕《あかるい》 声で わらう。

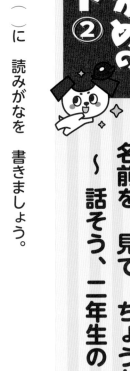

4 文しょうを 読んで、答えましょう。 10点

ぼくは、家で おふろそうじを して います。
おふろそうじを する ときは、まず、水で おふろを ぬらします。つぎに、せんざいを つけた スポンジで、おふろを こすります。力を 入れて こすると、あわが たくさん 出ます。

「こんな ことを して いるよ」より

・ここに 書いて いない ことを 一つ えらび、○を つけましょう。

ア（　）家で して いる こと。
イ（　）くわしい せつ明。
ウ（　）自分の 気もち。

5 じゅんじょどおりに 書く とき、はじめに つかう ことばを 一つ えらびましょう。 8点

ア（　）それから　イ（　）まず
ウ（　）さいごに

6 思考・判断・表現

つぎの うちの どちらかを えらび、みんなの 前で 話す ための メモを 書き出しましょう。 ①8点 ②10点 ③8点(26点)

・小学生に なってから、心に のこって いる できごと。
・見た ことの ある ゆめ。

①どんな できごと（ゆめ）か。

②その ときの くわしい ようす。

③その ときの 気もち。

ぴったり1 じゅんび

二つの 文しょうを くらべよう

どうぶつ園の かんばんと ガイドブック

言いつたえられて いる お話を 知ろう

本は あたらしい せかいへの 入り口

めあて
★二つの 文しょうの ちがいや よい ところを 考えよう。
★むかしから つたわる お話を 読もう。
★いろいろな 本を 読もう。

がくしゅうび　月　日
教科書 上86～107ページ
答え 10ページ

かきトリ 新しい かん字

教科書	かん字	読み	かく数
88ページ	園	エン	13かく
88ページ	知	しる	8かく
89ページ	体	タイ・からだ	7かく
89ページ	長	チョウ・ながい	8かく
89ページ	太	タ・ふとい・ふとる	4かく
93ページ	肉	ニク	6かく
94ページ	同	おなじ	6かく

「長」の ひつじゅんに 気を つけよう。

1 （　）に 読みがなを 書きましょう。

① 森林（　　）を あるく。　② 手を 下（　　）げる。

③ 草原（　　）で ねころぶ。

「くさはら」では ない 読み方を 書く。

● 読み方が あたらしい 字

2 □に かん字を、（　）に かん字と ひらがなを 書きましょう。

① □《からだ》を ゆらす。　② やき□《にく》を たべる。

③ （　　）《おなじ》色。　④ しっぽが（　　）《ふとい》。

3

「神話《しんわ》」とは 何ですか。あう ほうに ○を つけましょう。

ア（　）むかしから 言いつたえられて いる いろいろな 神《かみ》さまの お話。

イ（　）むかしの 人たちが いろいろな 神さまに つたえた お話。

4

正しい いみに ○を つけましょう。

① 来たのは たった 三人だった。

ア（　）数が 少ない ようす。

イ（　）数が 多い ようす。

② ずかんを 読む。

ア（　）社会の できごとを 知らせる いんさつぶつ。

イ（　）ものや ことがらに ついて ずや しゃしんで せつ明して いる 本。

③ むかしの ものを はっくつする。

ア（　）土の 中から ほり出す こと。

イ（　）ならべて 見せる こと。

3分で ワンポイント

二つの 文しょうの ちがいを くらべよう。

★上と 下を 線で むすびましょう。

知りたいと 思った ものごとを、さらに くわしく 知る ことが できるように なって いる 本。

ある ものごとに ついて、おおまかに 知る ことが できるように、みじかい 文が 書かれた もの。

かんばん

ガイドブック

言いつたえられて いる お話を 知ろう

文しょうを 読んで、答えましょう。

だいだらぼう

むかしむかし、だいだらぼうと いう 大男が いたんだと。

だいだらぼうが すんで いたのは、内原《うちはら》の 大足《おおだら》と いう ところだった。村の みなみに 高い 山が あって、あさと 夕方しか 日が 当たんねえもんで、村の 人たちは こまって おったんだと。

だいだらぼうは、村人の ために、あせだくに なって 山を うごかして、とうとう きたの 方へ うつして しまったと。

1 「だいだらぼう」に ついて、あう もの 一つに ○を つけましょう。

ア（　）いじの わるい 人だった。

イ（　）うみの ちかくに すんで いた。

ウ（　）とても 大きい 男の 人だった。

2 「村の 人たち」が こまって いたのは なぜですか。一つに ○を つけましょう。

ア（　）あさと 夕方に だいだらぼうが 来るから。

イ（　）だいだらぼうが わるさを するから。

ウ（　）ひる間は 村に 日が 当たらないから。

ヒント あさと 夕方は どうだったのかな。

3 だいだらぼうが 「村人の ために」 した ことは、何ですか。書きぬきましょう。

村の みなみに ある 高い [　　] を [　　　　] へ うつした。

がくしゅうび　月　日

教科書 上98〜99ページ

答え 10ページ

「たまげた、すげえ　力だ。」
村人たちは　目を　丸く
して　おどろいて、とても
よろこんだと。この　山が
朝房山《あさぼうやま》なんだとよ。
　ところが、山を　うごかす
とき、だいだらぼうが
ゆびで　土を　ほったんで、
その　あとさ　水たまりが
できっちまった。
「こりゃ、どうしたもんだっぺ。」
と　考えた　だいだらぼうは、
その　水が　ながれるように
川を　作って、
その　下の　方さ
みずうみを　一つ
作ったんだと。
それが　今の　千波湖《せんばこ》なんだそうだ。

（いませ　ふみや「だいだらぼうの　お話」
「言いつたえられて　いる　お話を　知ろう」より）

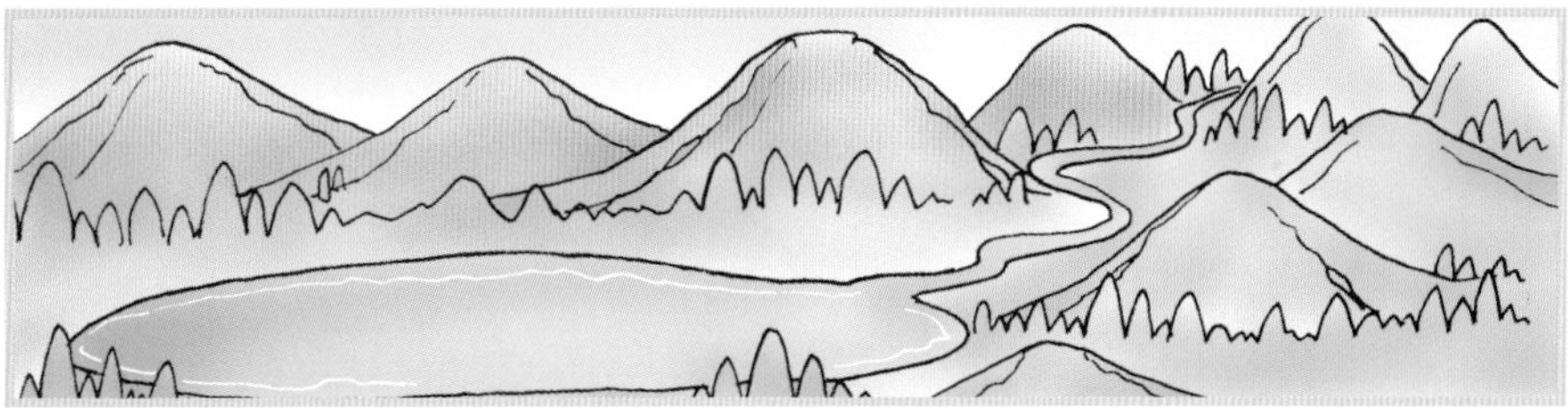

4 **3**を　した　とき、だいだらぼうは　どんな　ようすでしたか。四字で　書きぬきましょう。

□□□□に　なって　いた。

5 「目を　丸く」した　村人たちの　気もちに　あう　もの　一つに、○を　つけましょう。

ア（　）とても　おどろき、うれしく　なった。
イ（　）おどろき、そして　こまった。
ウ（　）力の　つよさに　こわく　なった。

6 だいだらぼうは　なぜ　川と　みずうみを　作ったのですか。

（　　　　）ときに　できた
（　　　　）を　ながす　ため。

ヒント
「水たまり」を　どう　したいのかを　考えよう。

二つの 文しょうを くらべよう

どうぶつ園の かんばんと ガイドブック
～本は あたらしい せかいへの 入り口

時間 20分

／100

ごうかく 80点

がくしゅうび 月 日

教科書 上86～107ページ

答え 11ページ

二つの 文しょうを 読んで、答えましょう。 思考・判断・表現

アフリカゾウの かんばんの せつ明

体の とくちょう

太い あし、大きな 耳、長い はな

「どうぶつ園の かんばんと ガイドブック」より

アフリカゾウの ガイドブックの せつ明

体の とくちょう

体の とくちょうは、太い あし、大きな 耳、長い はなを もって いる ことです。

あしは、大きな 体を ささえる ために、太く なって います。かかとの 中には、しぼうで できた クッションが あり、おもい

1 上の 二つの 文しょうでは、何に ついて せつ明して いますか。 一つ15点(30点)

（　　　　）の 体の（　　　　）。

できたらスゴイ!

2 アフリカゾウの 耳が 大きく なって いるのは なぜですか。一つに ○を つけましょう。 15点

ア（ ）大きくて おもい 体を ささえる ため。

イ（ ）おんどが 上がった 体を ひやす ため。

ウ（ ）草を あつめたり、水を すいこんだり する ため。

体を　ささえて　います。その　クッションが　ある　ため、あし音も　ほとんど　しません。耳は、体を　ひやす　ために、大きく　なって　います。体が　あつく　なると、耳を　うごかして、体の　おんどを　下げます。

　はなは、いろいろな　ことに　つかう　ために、長く　なって　います。ゾウの　はなは　きん肉で　できて　いるので、じゆうじざいに　うごかす　ことが　できます。はなで　草を　あつめて　つかんだり、水を　すいこんで　口に　入れたり　する　ことが　できます。あいさつを　したり　あそんだり　する　ときにも、はなを　つかいます。

「どうぶつ園の　かんばんと　ガイドブック」より

よく出る

3 アフリカゾウが　あいさつを　したり　あそんだり　する　ときには、何を　つかいますか。　20点

（　　　　）

4 みじかく　まとまって　いるのは　どちらの　文しょうですか。○を　つけましょう。　15点

ア（　）かんばんの　せつ明

イ（　）ガイドブックの　せつ明

考えを書こう

5 ガイドブックは、どんな　ときに　読む　ものですか。（　）に　あうように　十字ぐらいで　書きましょう。　20点

水ぞくかんの　かんばんで、ペンギンの　たべものに　ついて　知りました。もっと（　　　　）ので、ガイドブックを　読む　ことに　します。

ふりかえり　5が　分からない　ときは、35ページの　3分でワンポイント　に　もどって　かくにんしよう。

二つの 文しょうを くらべよう

どうぶつ園の かんばんと ガイドブック
～ 本は あたらしい せかいへの 入り口

時間 20分

／100

ごうかく 80点

がくしゅうび　月　日

教科書 上86～107ページ

答え 11ページ

1 （　）に 読みがなを 書きましょう。　一つ5点（25点）

① 体（　）を あらう。　② はじめて 知（　）った。

③ ふゆに そなえて 太（　）る どうぶつ。

④ いもうとが ようち園（　）に かよう。

⑤ きん肉（　）を きたえて いる 人。

2 □に かん字を 書きましょう。　一つ6点（12点）

① □□《しんりん》の 空気は きれいだ。

② ひろい □□《そうげん》で あそぶ。

3 （　）に かん字と ひらがなを 書きましょう。　一つ7点（21点）

① （　）《おなじ》日。　② ねつが （　）《さがる》。

③ （　）《ながい》はしを わたる。

4 正しい いみに ○を つけましょう。

一つ10点(20点)

① ひまわりの とくちょうを しらべよう。

ア（　）ほかと ちがって いる ところ。

イ（　）ほかと にて いる ところ。

② じゆうじざいに 空を とぶ。

ア（　）がんばって する ようす。

イ（　）思う とおりに する ようす。

5 つぎの いみを あらわす ことばは 何ですか。［　］から えらび、記ごうを 書きましょう。

一つ6点(12点)

① あとの 文しょうに 書いて ある ことが 分かるように みじかく まとめた ことば。（　　）

② ことがらの いみが 分かるように のべる こと。（　　）

ア せつ明　イ やくわり　ウ 見出し

6 つぎの 文しょうは、アフリカゾウに ついての ガイドブックの せつ明です。［　］に あう 見出しは 何ですか。一つに ○を つけましょう。

10点

［　　　　］

りくに すんで いる どうぶつの 中で、もっとも 大きい どうぶつです。体の 長さは 四メートルから 六メートル あり、体の おもさは 四トンから 七トン あります。

「どうぶつ園の かんばんと ガイドブック」より

ア（　）体の 大きさ

イ（　）たべもの

ウ（　）体の とくちょう

エ（　）すんで いる 場しょ

この 本の おわりに ある「夏の チャレンジテスト」を やって みよう！

ぴったり1 じゅんび

しを 読もう
いろんな おとの あめ
空に ぐうんと 手を のばせ
みんなで 話し合おう

めあて
★場めんを 思いうかべて しを 読もう。
★ことばを つないで 話し合う ほうほうを 考えよう。

がくしゅうび 月 日
教科書 上108～117ページ
答え 12ページ

がきトリ 新しい かん字

教科書112ページ 合《ガッ》 あう・あわす あわせる 6かく

114ページ 楽《ガク》 たのしい・たのしむ 13かく

115ページ 雪《セツ》 ゆき 11かく

1 （　）に 読みがなを 書きましょう。

① くつが 足に 合（　）わなく なって きた。
② おばは 大学（　）の 先生だ。

●読み方が あたらしい 字

2 □に かん字を、（　）に かん字と ひらがなを 書きましょう。

① □《ゆき》が つもる。
② （　）《たのしい》話。
③ みんなが かおを （　）《あわせる》。

みんなで 話し合おう

3 しつもんする ときに つかう ことばを 一つ えらんで、○を つけましょう。

・この 中で どの おかしが すきですか。

ア（　）この
イ（　）中で
ウ（　）どの
エ（　）おかしが

4 しを　読んで、答えましょう。

空に　ぐうんと　手を　のばせ

しんざわ　としひこ

空に　ぐうんと　手を　のばせ
わたぐも
すじぐも
かきわけて
でっかい　おひさま
つかまえろ

海《うみ》に　ぐうんと　手を　のばせ
大波《なみ》
小波《なみ》
かきわけて
でっかい　くじらを
つかまえろ

横《よこ》に　ぐうんと　手を　のばせ
だれかと　しっかり
手を　つなげ
ぐるっと
地球《きゅう》を
かかえちゃえ

(1) 「ぐうんと」は、どんな　ようすを　あらわして　いますか。一つに　○を　つけましょう。

ア（　）大きく　いきを　すう　ようす。
イ（　）大きく　せのびを　する　ようす。
ウ（　）思いきり　手を　のばす　ようす。

(2) どこに　「手を　のばせ」と　言って　いますか。三つ　書きましょう。

（　　　　）
（　　　　）
（　　　　）

(3) 「手を　つなげ」と　ありますが、手を　つないで　何を　するように　言って　いますか。しから　書きぬきましょう。

（　　　　）

(4) この　しを　読む　ときは、どのように　読みますか。正しい　もの　一つに　○を　つけましょう。

ア（　）ほかの　人に　よびかけるように　読む。
イ（　）うれしさが　つたわるように　読む。
ウ（　）がんばって　いる　ことが　つたわるように　読む。

しを 読もう いろんな おとの あめ ～ みんなで 話し合おう

時間 20分

／100

ごうかく 80点

がくしゅうび 月 日

教科書 上108～117ページ

答え 12ページ

1 しを 読んで、答えましょう。 思考・判断・表現

いろんな おとの あめ

きしだ えりこ

あめ あめ
いろんな おとの あめ

はっぱに あたって ぴとん
まどに あたって ぱちん
かさに あたって ぱらん
ほっぺたに あたって ぷちん
てのひらの なかに ぽとん
こいぬの はなに ぴこん
こねこの しっぽに しゅるん
かえるの せなかに ぴたん
すみれの はなに しとん
くるまの やねに とてん

あめ あめ あめ あめ
いろんな おとの あめ

よく出る

(1) この しは、いくつの まとまりから できて いますか。かん字で 書きましょう。 10点

（　　）つ

(2) 1行目の 「あめ あめ」が、13行目では 「あめ あめ あめ あめ」と なって いるのは、どんな ようすを あらわす ためですか。一つに ○を つけましょう。 10点

ア（　）あめが 上がった ようす。
イ（　）あめの しずくが そっと おちる ようす。
ウ（　）あめが やまずに ふりつづく ようす。

できたらスゴイ！

(3) この しには、何が えがかれて いますか。 一つ15点(30点)

（　　）ものに（　　）が あたり、（　　）が 出る ことを 楽しんで いる ようす。

2 （　）に 読みがなを 書きましょう。 一つ5点（10点）

① みんなで パズルを 楽（　　　）しむ。

② 雪（　　　）が とけるのを まつ。

3 □に かん字を、（　）に かん字と ひらがなを 書きましょう。 一つ5点（10点）

① タイミングを（　　　）《あわせる》。

② アイスクリームが □《だい》 すきだ。

4 「どの」や 「どうして」や 「どんな」は、つぎの ア・イの どちらですか。あう ほうに ○を つけましょう。 10点

ア（　）しつもんする ときに つかう ことば。
イ（　）答える ときに つかう ことば。

5 すきな 本に ついて、三人で 話しあって います。（　）に 入る ことばを 中村さんの 話から 書きぬきましょう。 一つ10点（20点）

中村さんは、この 本の どの 場めんが すきですか。

いちばん すきなのは、（　　　）が（　　　）を ならいはじめて、楽しそうに して いる 場めんです。

どうして、その 場めんが すきなのですか。

ぼくも さいきん ピアノを ならいはじめて、いつも 楽しく レッスンして いるので、ねこの 気もちが 分かったからです。

なるほど。中村さんも さいきん ピアノを ならいはじめたのですね。

ぴったり1 じゅんび

そうぞうを　ふくらませて　読もう

ニャーゴ

みやにし　たつや

めあて
★とうじょう人ぶつの　ようすや　気もちを　そうぞうしよう。

がくしゅうび　月　日
教科書　上118～131ページ
答え　13ページ

かきトリ　新しい　かん字

教科書120ページ	120ページ	121ページ	123ページ	124ページ	126ページ
顔　かお　18かく	食　ショク　たべる・くう　9かく	歩　あるく　8かく	走　はしる　7かく	止　とまる・とめる　4かく	弟　ダイ　おとうと　7かく

126ページ	131ページ	131ページ	131ページ	131ページ	131ページ
妹　いもうと　8かく	万　マン　3かく	切　セツ　きる・きれる　4かく	才　サイ　3かく	語　ゴ　14かく	台　ダイ・タイ　5かく

1　（　）に　読みがなを　書きましょう。

●読み方が　あたらしい　字　◆とくべつな　読み方の　ことば

① 一生（　　）けんめい
② 野生（　　）の　とら。
③ 少（　　）し　ねむる。
④ 今日（　　）は　すずしい。

2　□に　かん字を、（　）に　かん字と　ひらがなを　書きましょう。

① □《かお》見知り
② 五□《だい》の　車。
③ 弟が（　　）《はしる》。
④ 肉を（　　）《たべる》。

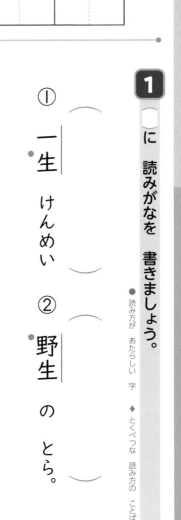

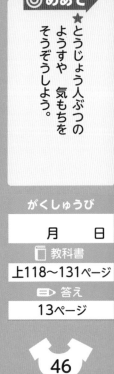

3 正しい　いみに　○を　つけましょう。

① あっという間に　食べて　しまった。

ア（　）だれにも　気づかれないように。

イ（　）ほんの　わずかな　うちに。

② ちっとも　前に　すすまない。

ア（　）もう　少し。

イ（　）まったく。

③ ひそひそ声で　そうだんする。

ア（　）ほかの　人に　聞こえないような　小さな　声。

イ（　）元気の　ない、ひくい　声。

④ 一とうが　当たるなんて　ついて　いる。

ア（　）うんが　いい。

イ（　）やくに　立つ。

3分で ワンポイント

人ぶつの　気もちを　そうぞうしよう。

★①～③に　合う　ねこの　気もちを　□の　中から　えらんで　記ごうを　書きましょう。

①（　）	子ねずみたちに　ニャーゴと　言ったら、「おじさん、だあれ。」と　聞かれた　とき。
②（　）	子ねずみたちに、ニャーゴと　こわい　顔で　さけんだ　とき。
③（　）	もらった　ももを　かかえ、子ねずみたちに、小さな　声で　ニャーゴと　答えた　とき。

ニャーゴ

そうぞうを ふくらませて 読もう

文しょうを 読んで、答えましょう。

「たまおじさん、ここで 何 してるの。」

「何って、べつに。」

ねこは、口を とがらせて 答えました。

「じゃあ、ぼくたちと いっしょに、おいしい ももを とりに 行かない。」

それを 聞いて、ねこは 思いました。

（おいしい ももか。うん、うん。その あとで この 三びきを。ひひひひ。今日は、なんて ついて いるんだ。）

ねこは、子ねずみたちを せなかに のせると、ももの 木の 方へ 走って いきました。

三びきの 子ねずみと ねこは、ももを 食べはじめました。

（うまい。でも、たくさん 食べたら いけないぞ。）

1 「たまおじさん」とは だれの ことですか。

2 「ねこは 思いました。」と ありますが、ねこが 思った こと 一つに ○を つけましょう。

ア（　）子ねずみたちと なかよく ももを 食べたい。

イ（　）ももって、どんな あじだろう。

ウ（　）ももと 子ねずみたち、どちらも 食べられそうだ。

3 「ひひひひ。」から、ねこの どんな 気もちが 分かりますか。一つ えらんで、○を つけましょう。

ア（　）やれやれ、どう しようか。

イ（　）しめしめ、うまく いきそうだ。

ウ（　）いやはや、なぜだろう。

ヒント　すぐ あとの ことばから 読みとろう。

おなか　いっぱいに　なったら、こいつらが
食べられなく　なるからな。ひひひひ。）
ねこは、ももを　食べながら　思いました。
ももを　食べおわると、三びきの
子ねずみと　ねこは、のこった
ももを　もって、かえって
いきました。
そして、あと　少しの　ところまで
来た　ときです。ねこは、ぴたっと
止まって、
ニャーゴ
できるだけ　こわい　顔で
さけびました。
そして、
「おまえたちを　食って　やる。」
と　言おうと　した　その
ときです。
ニャーゴ
ニャーゴ
ニャーゴ
三びきが　さけびました。

みやにし　たつや「ニャーゴ」より

4 「でも、たくさん　食べたら　いけないぞ。」と　ありますが、なぜですか。

ももを　たくさん　食べたら、
［　　　　　　　　］が
食べられなく　なって　しまうから。

5 「ねこは、ぴたっと　止まって」と　ありますが、ねこが　止まったのは　どこですか。合う　ほうに　○を　つけましょう。

ア（　）ももの　木の　ちかく。
イ（　）ねこと　子ねずみたちが　わかれる　ところの　手前。

6 ねこが　「こわい　顔」を　したのは　なぜですか。

じぶんが　子ねずみたちを
（　　　　　　　　）ことを
分からせる　ため。

ヒント　ねこが　言おうと　した　ことばに　ちゅうもくしよう。

ぴったり1 じゅんび

ものの 名前を あらわす ことば
絵を 見て お話を 書こう

めあて
★ものの 名前を あらわす ことばを あつめ、ふやして いこう。
★絵を 見て そうぞうを 広げ、お話を 考えて みよう。

がくしゅうび 月 日
教科書 上132～139ページ
答え 14ページ

かきトリ 新しい かん字

教科書134ページ	134ページ	136ページ
絵 エ 12かく	広 ひろげる・ひろい ひろまる・ひろめる ひろがる 5かく	図 ズ・ト 7かく

1 （ ）に 読みがなを 書きましょう。

① きりんの 絵（ ）を かく。

② 広（ ）い 野原で ピクニックを する。

2 □に かん字を、（ ）に かん字と ひらがなを 書きましょう。

① せかい □□《ちず》

② 本を （ ）《ひろげる》。

③ クレヨンで ぬり □《え》 を して あそぶ。

3 名前を　あらわす　ことばの　しりとりを　かんせいさせましょう。

① うみの　生きものの　名前

たい　→　いか　→　（　　）　→　（　　）

② どうぶつの　名前

たぬき　→　（　　）　→　ねこ

4 上の　ことばを　まとめて　よぶ　ことばは　どれですか。線で　つなぎましょう。

① ひまわり・さくら・あじさい・ゆり　・　　・　やさい

② さら・スプーン・コップ・ちゃわん　・　　・　花

③ キャベツ・なす・にんじん・トマト　・　　・　しょっき

5 ①、②、③、④と　つながった　場めんで、③で　おこる　できごとの　記ごうを　書きましょう。

①

②

③（　　　）

④

ア

イ

ウ

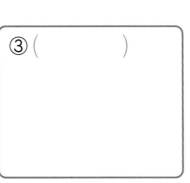

そうぞうを ふくらませて 読もう

ニャーゴ ～ 絵を 見て お話を 書こう

時間 20分
/100
ごうかく 80点

がくしゅうび 月 日
教科書 上118～139ページ
答え 14ページ

文しょうを 読んで、答えましょう。 思考・判断・表現

ニャーゴ
できるだけ こわい 顔で さけびました。
そして、
「おまえたちを 食って やる。」
と 言おうと した その ときです。
ニャーゴ
ニャーゴ
ニャーゴ
三びきが さけびました。

「へへへ、たまおじさんと はじめて 会った とき、おじさん、ニャーゴって 言ったよね。あの とき、おじさん、こんにちはって 言ったんでしょう。そして、今の ニャーゴが さよならなんでしょ。」

「おじさん、はい、これ おみやげ。」

「みんな 一つずつだよ。ぼくは、弟に おみやげ。」

「ぼくは、妹に。」

「ぼくは、弟に。たまおじさんは、弟か 妹 いるの。」

「おれの うちには、子どもが いる。」

よく出る

1 1行目の 「ニャーゴ」に ついて、答えましょう。

① この とき、ねこは どんな 顔でしたか。 10点

② この ときの ねこの 気もちに 合う もの 一つに ○を つけましょう。 10点

ア（ ）おまえたちと わかれたく ないよ！

イ（ ）おまえたちを びっくりさせて やろう！

ウ（ ）おれは おまえたちを 食いたいんだ！

2 6～8行目に 「ニャーゴ／ニャーゴ／ニャーゴ」と ありますが、子ねずみたちは どんな いみで さけびましたか。 10点

（ ）と いう いみ。

ねこは、小さな　声で　答えました。

「へえ、何びき。」

「四ひきだ。」

ねこが　そう　言うと、

「四ひきも　いるなら　一つじゃ足りないよね。ぼくの　あげる。」

「ぼくのも　あげるよ。」

「ぼくの　ももも。」

「ううむ。」

ねこは、大きな　ためいきを　一つ　つきました。

ねこは、ももを　かかえて　歩きだしました。

子ねずみたちが、手を　ふりながら　さけんでいます。

「おじさあん、また　行こうね。」

「やくそくだよう。」

「きっとだよう。」

ねこは、ももを　だいじそうに　かかえた　まま、
ニャーゴ
小さな　声で　答えました。

みやにし　たつや「ニャーゴ」より

3 「ぼくの　あげる。」に　ついて、答えましょう。

① 子ねずみは　ねこに　何を　あげましたか。　10点

（　　　　）

② なぜ　あげたのですか。　25点

ねこに、（　　　　　　　　）ことを知ったから。

できたらスゴイ!

4 「ううむ。」と　ありますが、この　ときの　ねこの　気もちは　どんな　ことから　分かりますか。　10点

（　　　　　　　）を　ついた　こと。

考えを書こう

5 さいごの　「ニャーゴ」には、ねこの　どんな　気もちが　あらわれて　いると　思いますか。　25点

子ねずみたちと（　　　　　　　　）という気もち。

ふりかえり　5が　分からない　ときは、47ページの　3分でワンポイント　に　もどって　かくにんしよう。

そうぞうを ふくらませて 読もう

ニャーゴ ～ 絵を 見て お話を 書こう

1 （　）に 読みがなを 書きましょう。 一つ4点（32点）

①（　）ゆっくり 歩く。

②（　）妹は 五さいだ。

③（　）時間を 計る。

④（　）外国語で 話す。

⑤（　）大切に つかう。

⑥（　）図で せつ明する。

⑦（　）雨天 ちゅうし

⑧（　）水を 足す。

2 □に かん字を、（　）に かん字と ひらがなを 書きましょう。 一つ4点（32点）

① □《さい》のうを のばす。

② □《あま》の川

③ □《おとうと》の 本。

④ □□□《いちまんえん》さつ

⑤ □□《まるた》をきる。

⑥ □《く》いしんぼう

⑦ 話が（　　）《ひろまる》。

⑧ すぐ（　　）《とまる》。

時間 20分

／100

ごうかく 80点

がくしゅうび　月　日

教科書 上118～139ページ

答え 15ページ

3 〔　〕に かん字と ひらがなを 書きましょう。

一つ4点(8点)

① 〔　　〕《すこし》読む。　② 犬が 〔　　〕《はしる》。

4 つぎの ことばを、四つずつ、三つの なかまに 分けて、記ごうを 書きましょう。

ぜんぶ できて 一つ5点(15点)

ア はる	イ キャベツ	ウ たぬき
エ なつ	オ きゅうり	カ コアラ
キ ひつじ	ク ふゆ	ケ うさぎ
コ レタス	サ にんじん	シ あき

① やさい　〔　・　・　・　〕

② きせつ　〔　・　・　・　〕

③ どうぶつ　〔　・　・　・　〕

5 思考・判断・表現

③の 場めんの お話を、二つの 文で 〔　〕に 書きましょう。□に 絵も かきましょう。

(13点)

① 目玉やきを 作ります。フライパンに わった たまごを 入れました。

② フライパンで しばらく たまごを やきます。

③ 〔　　　　〕

□

④ 「ごちそうさまでした。」つかった フライパンや おさらなどを あらいます。

ふりかえり ⑤が 分からない ときは、51ページの ⑤に もどって かくにんしよう。

ぴったり1 じゅんび

ビーバーの 大工事《じ》

ビーバーの ひみつを つたえよう

なかがわ しろう

◎めあて

★だいじな ことばを さがしながら 文を 読もう。
★ビーバーが すを 作る じゅんばんを たしかめよう。

がくしゅうび
月　日
教科書
下8〜20ページ
答え
15ページ

かきトリ 新しい かん字

教科書10ページ	10ページ	11ページ	12ページ
工（コウ・ク）3かく	北（ホク／きた）5かく	近（キン／ちかい）7かく	引（ひく・ひける）4かく

12ページ	12ページ	16ページ
後（ゴ／うしろ・あと）9かく	形（ケイ／かたち）7かく	内（うち）4かく

1 （　）に 読みがなを 書きましょう。

① ●家（　　）ぞくで 話す。

② ●夜空（　　）を 見上げる。

③ はさみで ●切（　　）る。

④ ◆上手（　　）に うたう。

● 読み方が あたらしい 字　◆ とくべつな 読み方の ことば

2 □に かん字を、（　）に かん字と ひらがなを 書きましょう。

① □□《きたかぜ》

② 丸い □《かたち》。

③ 線を （　　）《ひく》。

④ （　　）《うしろ》の 方。

3 正しい いみに ○を つけましょう。

① ダムを 作って 水を せき止める。

ア（　）うまく ながれるように する。

イ（　）ながれなどを 止める。

② プラスチックの いたを さしこむ。

ア（　）すき間に つきさすように 入れる。

イ（　）なげこむように 中に 入れる。

③ おもしを のせて、うごかないように する。

ア（　）バランスを とる ための もの。

イ（　）おさえて おく ための もの。

4 つながる ことばを 線で むすびましょう。

① かじを	・	・	立てる
② 木くずが	・	・	とる
③ 地ひびきを	・	・	する
④ ささえに	・	・	とびちる

3分で ワンポイント

せつ明の じゅんじょを たしかめよう。

★ビーバーが すを 作るまでの じゅんじょに なるよう、（　）に 2～5の ばんごうを 書きましょう。

ア（　）木を くわえた まま 川を およぐ。

イ（ 6 ）みずうみの まん中に、すを 作る。

ウ（　）木を 川の そこに さしこみ、ながれないように する。

エ（ 1 ）切りたおした 木を みじかく かみ切り、川まで 引きずる。

オ（　）ダムに よって、みずうみが できる。

カ（　）木と 石と どろを かためて いって、川の 中に ダムを 作る。

ぴったり2 れんしゅう①

ビーバーの ひみつを つたえよう

ビーバーの 大工事《じ》

文しょうを 読んで、答えましょう。

ここは、北アメリカ。大きな森の 中の 川の ほとりです。ビーバーが、木の みきをかじって います。

ガリガリ、ガリガリ。

すごい はやさです。木の根《ね》元には、たちまち 木のかわや 木くずが とびちり、みきの 回りが五十センチメートルいじょうもある 木が、ドシーンと地ひびきを 立てて たおれます。

近よって みますと、上あごの 歯《は》を 木の みきに当てて ささえに し、下あごのするどい 歯で、ぐいぐいと

1 「ビーバー」に ついて、答えましょう。

① どこに いますか。

（　　　　　）の 大きな森の 中の 川の ほとり。

② 何を して いますか。

（　　　　　）

2 「ガリガリ、ガリガリ。」「ドシーン、ドシーン。」は、何の 音ですか。ア～エの 記ごうを 書きましょう。

・（　）ガリガリ、ガリガリ
・（　）ドシーン、ドシーン

ア ポプラや やなぎの 木が たおれる 音。
イ 木の かわや 木くずが とびちる 音。
ウ 大工さんが、のみで 木を けずる 音。
エ ビーバーが 木の みきを かじる 音。

ヒント ——の 前や あとから、何の 音か たしかめよう。

がくしゅうび　月　日
教科書 下8～20ページ
答え 16ページ

かじって　いるのです。
するどくて　大きい　歯は、
まるで、大工さんの　つかう
のみのようです。
ドシーン、ドシーン。
あちらでも　こちらでも、
ポプラや　やなぎの　木が
つぎつぎに　たおされて
いきます。

なかがわ　しろう「ビーバーの　大工事」より

3 「地ひびき」と　ありますが、なぜ　地ひびきが　するのですか。

みきの　回りが　（　　　　）いじょうも　ある　大きな　木が　たおれるから。

4 ビーバーが　木を　かじる　ときの　せつ明で、正しい　もの　すべてに　○を　つけましょう。

ア（　）上あごの　歯だけで　かじって　いく。
イ（　）下あごの　歯で　ぐいぐいと　かじる。
ウ（　）上あごの　歯を　ささえと　して　いる。

ヒント　ビーバーの　歯の　つかい方を　読みとろう。

5 ビーバーの　歯は、どんな　ようすですか。八字で　書きぬきましょう。

ビーバーの ひみつを つたえよう

ビーバーの 大工事《じ》

文しょうを 読んで、答えましょう。

近よって みますと、上あごの 歯《は》を 木の みきに 当てて ささえに し、下あごの するどい 歯で、ぐいぐいと かじって いるのです。するどくて 大きい 歯は、まるで、大工さんの つかう のみのようです。

ドシーン、ドシーン。

あちらでも こちらでも、ポプラや やなぎの 木が つぎつぎに たおされて いきます。

1 ビーバーが 木を かじる とき、みきに 当て、ささえに する ものは 何ですか。

[　　　] の 歯

2 ビーバーの 歯は、何に たとえられて いますか。

（　　　　）

ヒント 「まるで」は、たとえる ときに つかう ことばだよ。

3 ビーバーが かじって たおす 木の 名前を、三字で 二つ 書きぬきましょう。

[　　　]・[　　　]

4 ビーバーは 木を 切りたおした あと、どう しますか。する こと すべてに ○を つけましょう。

ア（　）木を 川の 方に 引きずって いく。

がくしゅうび　月　日
教科書 下8〜20ページ
答え 16ページ

　ビーバーは、切りたおした　木を、さらに　みじかく　かみ切り、ずるずると　川の　方に　引きずって　いきます。そして、木を　しっかりと　くわえた　まま、上手に　およいで　いきます。

　ビーバーは、ゆびと　ゆびの　間に　じょうぶな　水かきが　ある　後ろあしで、ぐいぐいと　体を　おしすすめます。おは、オールのような　形を　して　いて、上手に　かじを　とります。

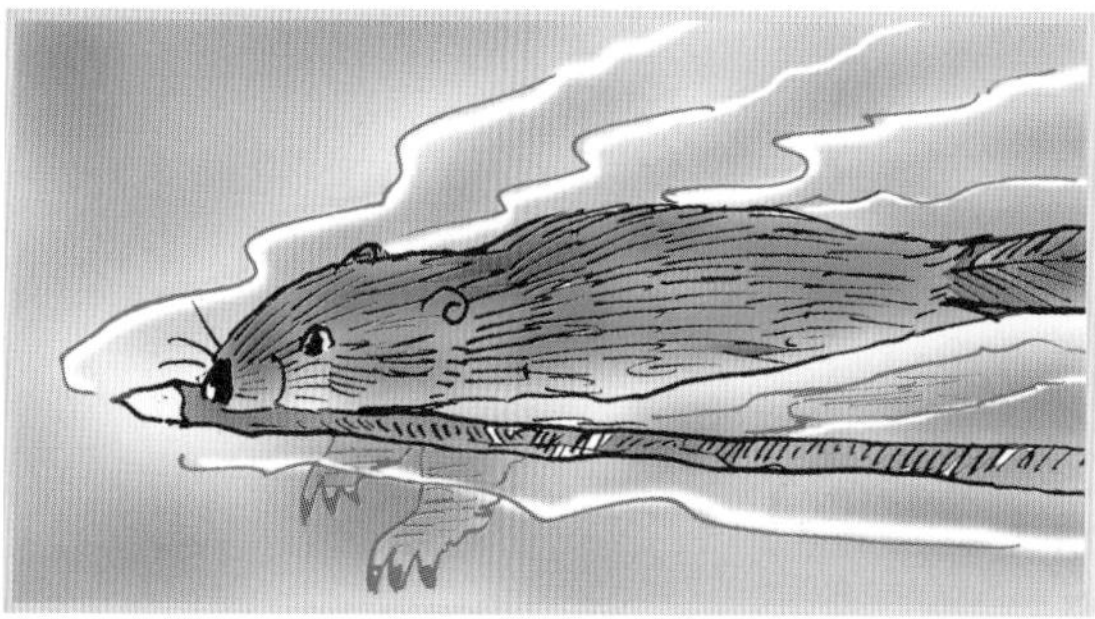

なかがわ　しろう「ビーバーの　大工事」より

イ（　）木の　はっぱを　食べる。
ウ（　）切りたおした　木を　ならべる。
エ（　）切りたおした　木を　みじかく　かみ切る。
オ（　）木を　くわえて　川を　およぐ。

5 ビーバーの　体に　ついて、答えましょう。

① 「後ろあし」の　ゆびと　ゆびの　間には、何が　ありますか。

（　　　　　　　　　　）

② 「お」は、どんな　形を　して　いますか。

（　　　　　　　　　　）

6 **5**のような　体の　とくちょうから、ビーバーは　どんな　ことが　できますか。六字で　書きましょう。

□□□□□□こと。

ヒント　体の　とくちょうが　何に　やく立つか　考えよう。

ぴったり1 じゅんび

本で　しらべる「どうぶつカード」を　作ろう
主《しゅ》語と　じゅつ語

3分でまとめ

◎めあて
★知りたい　ことを、本で　しらべて　みよう。
★しらべた　ことを　カードに　まとめよう。
★主語と　じゅつ語を　たしかめよう。

がくしゅうび　　月　　日
教科書　下21～31ページ
答え　17ページ

かきトリ　新しい　かん字

教科書25ページ	27ページ	27ページ	30ページ	30ページ	30ページ	30ページ
海 カイ うみ 9かく	新 あたらしい 13かく	強 キョウ つよい・つよまる・つよめる 11かく	鳴 なく・なる・ならす 14かく	雲 くも 12かく	晴 はれる・はらす 12かく	船 セン ふね 11かく

「鳴く」は、とりや　虫や　どうぶつが、声を　出す　ことを　あらわす　ことばです。

1　（　）に　読みがなを　書きましょう。

① 図書（　　）かんの　本。　② 大きな　船（　　）。

● 読み方が　新しい　字

2　□に　かん字を、（　）に　かん字と　ひらがなを　書きましょう。

① □（うみ）の　近く。
② 白い　□（くも）。
③ とりが（　なく　）。
④（　はれた　）空。
⑤（　あたらしい　）
⑥ 風が（　つよまる　）。

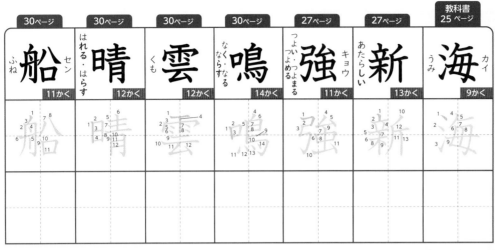

3 つぎの　「どうぶつカード」を　読んで、答えましょう。

アゴヒゲアザラシの　ひみつ

○知りたい　こと

[　　　　]

○本で　しらべて　分かった　こと

アゴヒゲアザラシの　ひげは、くらい　海で　えものを　さがす　ことに　やく立ちます。海てい　すれすれを　およぎながら、ひげで　えものを　見つけます。

「どうぶつの　くらし」42ページ　『どうぶつカード』を　作ろう」より

・[　]には　どんな　ないようが　入りますか。記ごうに　○を　つけましょう。

ア（　）アゴヒゲアザラシの　ひげは、何本くらい　あるのか。

イ（　）アゴヒゲアザラシの　ひげは、どんな　ことに　やく立つのか。

本で　しらべる

4 あさがおに　ついて　知りたい　ときは、どんな　本で　しらべますか。一つに　○を　つけましょう。

ア（　）きょうりゅうの　図かん。

イ（　）どうぶつの　図かん。

ウ（　）しょくぶつの　図かん。

5 文の　中の、「だれが・だれは」や、「何が・何は」に　当たる　ことばは、ア・イの　どちらですか。

ア（　）主語　イ（　）じゅつ語

主語と　じゅつ語

6 つぎの　文の　主語と　じゅつ語を　書きましょう。

① バスが　走る。

主語（　　）　じゅつ語（　　）

② カレーは、とても　おいしい。

主語（　　）　じゅつ語（　　）

③ わたしは、おばさんに　おみやげを　もらった。

主語（　　）　じゅつ語（　　）

ぴったり1 じゅんび

町で 見つけた ことを 話そう
なかまに なる ことば
「ありがとう」を つたえよう

3分でまとめ

めあて

★見つけた ことを つたえる ための 組み立てを 考えよう。
★なかまに なる ことばを さが《が》そう。
★手紙の 書き方を 知ろう。

がくしゅうび
月　日
教科書
下32〜45ページ
答え
17ページ

かきトリ 新しい かん字

店	テン　みせ	8かく	教科書33ページ
冬	トウ　ふゆ	5かく	33ページ
朝	チョウ　あさ	12かく	35ページ
週	シュウ	11かく	35ページ
市	いち	5かく	35ページ
茶	チャ	9かく	39ページ
春	シュン　はる	9かく	39ページ
角	カク　かど・つの	7かく	39ページ
夏	カ　なつ	10かく	40ページ
秋	シュウ　あき	9かく	40ページ
東	トウ　ひがし	8かく	40ページ
南	ナン　みなみ	9かく	40ページ
西	サイ　にし	6かく	40ページ
父	ちち	4かく	40ページ
母	はは	5かく	40ページ
兄	キョウ　あに	5かく	40ページ
姉	あね	8かく	40ページ
昼	チュウ　ひる	9かく	41ページ
紙	シ　かみ	10かく	42ページ
室	シツ	9かく	43ページ

1 （　）に 読みがなを 書きましょう。

●読み方が 新しい 字　◆とくべつな 読み方の ことば

① 四角形（　）の はこ。

② 東西南北（　）

③ お母（　）さんの 話。

④ お兄（　）さん

2

□に かん字を 書きましょう。

●読み方が 新しい 字

① □□《きょうしつ》に 入る。

② □《あさ》の 時間。

③ □□□□《しゅんかしゅうとう》

④ お□《ちゃ》

⑤ □《みせ》に 行く。

⑥ □《ひる》休み

なかまに なる ことば

3

つぎの ことばは 何の なかまですか。□から えらんで、記ごうを 書きましょう。

・お姉さん　・弟　・お父さん　（　　）

ア きせつ　イ 時　ウ 家ぞく

4

つぎの ことばの なかまを □から えらんで、記ごうを 書きましょう。

・赤　・黄　・白　（　　）

ア 日　イ 月　ウ 天　エ 青

町で 見つけた ことを 話そう

5

「はじめ」「中」「おわり」の 組み立てで 話す とき、正しい ものを 一つ えらびましょう。

ア（　）「はじめ」では、なるべく 早口で 話すように する。

イ（　）「中」では、何に ついて 話すのかを ざっと せつ明する。

ウ（　）「おわり」では、思った ことを 言う。

「ありがとう」を つたえよう

6

つぎの 手紙は、だれが だれに あてて 書いた 手紙ですか。

田村みすずさんへ
この前は、家によんでくれてありがとう。ケーキがとてもおいしかったよ。
こんどは、わたしの家にあそびに来てね。
林いずみ

（　　　）さんが
（　　　）さんに。

ビーバーの ひみつを つたえよう

ビーバーの 大工事《じ》 〜「ありがとう」を つたえよう

文しょうを 読んで、答えましょう。　思考・判断・表現

ダムが できあがって、水が せき止められると、その 内がわに みずうみが できます。

ビーバーは、その みずうみの まん中に、すを 作ります。

すは、ダムと 同じように、木と 石と どろを つみ上げて 作ります。それは、まるで、水の 上に うかんだ しまのようです。

すの 入り口は、水の 中に あり、ビーバーのように、

よく出る

1 ビーバーは どこに すを 作りますか。　10点

ダムの 内がわに できた みずうみの [　　　]。

2 ビーバーの すに ついて、答えましょう。

① どのように 作りますか。　10点

（　　　　　　　　）

② 何に たとえられて いますか。　10点

（　　　　　　　　）

3 「すの 入り口」に ついて、合う もの 一つに ○を つけましょう。　10点

ア（　）みずうみに うかぶ しまの 上に ある。

イ（　）およぎの 上手な どうぶつは 入れない。

ウ（　）みずうみの 水の 中に ある。

時間 20 分

／100

ごうかく 80 点

がくしゅうび　月　日

教科書 下8〜45ページ

答え 18ページ

およぎの　上手な
どうぶつで　ないと、
けっして　すの　中に
入る　ことは
できません。
　ビーバーが　ダムを
作るのは、それで
川の　水を
せき止めて
みずうみを　作り、
その　みずうみの
中に、てきに
おそわれない
あんぜんな　すを
作る　ためなのです。

なかがわ　しろう「ビーバーの　大工事」より

できたらスゴイ!

4 「それ」は、何を　さして　いますか。　20点

（　　　　　　　　）

5 ビーバーの　すが　あんぜんなのは　なぜですか。合う　もの　一つに　○を　つけましょう。　20点

ア（　）ダムと　同じ　木と　石と　どろで　できて　いるから。

イ（　）ダムが　とても　大きくて、そとから　てきが　入って　くる　ことが　できないから。

ウ（　）すの　入り口が　水の　中に　あり、およぎが　上手で　ないと　入る　ことが　できないから。

考えを書こう

6 ビーバーに　とって　「あんぜんな」　すとは　どのような　すだと　思いますか。　20点

［　　　　　　　　］す。

ふりかえり　①が　分からない　ときは、57ページの　3分でワンポイント　に　もどって　かくにんしよう。

ビーバーの ひみつを つたえよう

ビーバーの 大工事《じ》 ～「ありがとう」を つたえよう

時間 20分

／100

ごうかく 80点

がくしゅうび 月 日

教科書 下8～45ページ

答え 18ページ

1 （　）に 読みがなを 書きましょう。 一つ4点（32点）

① （　）手紙 を 書く。

② 中学生の お （　）姉 さん。

③ （　）音楽 の 時間。

④ （　）三分 だけ まつ。

⑤ （　）来週 の なかば。

⑥ お （　）父 さんと 話す。

⑦ ラジオ （　）体 そう

⑧ 線の （　）内 がわ。

2 □に かん字を、（　）に かん字と ひらがなを 書きましょう。 一つ4点（32点）

① □□《いちば》 に 行く。

② □《ふね》 に のる。

③ 男の □□《きょうだい》。

④ □《こう》 さくを する。

⑤ □《じ》 めんを ほる。

⑥ □□《こうちょう》 先生

⑦ □《うわ》 ばきを あらう。

⑧ 家の （　）《ちかく》。

3 つぎの　文の　主語《しゅ》と　じゅつ語を　書きましょう。　一つ6点(12点)

・先生は、むかしの　知り合いから　きのう　とどいた　手紙を、ゆっくりと　読みなおした。

主語（　　）

じゅつ語（　　）

4 つぎの　言い方で　足りない　ものは　何ですか。○を　つけましょう。　4点

・「この　中に　いる。」

ア（　）主語　イ（　）じゅつ語

5 つぎの　中から　人の　体を　あらわす　ことばを　二つ　えらんで　書きましょう。　一つ3点(6点)

まど　くつ　せなか　セーター
ふくらはぎ　いす　ポスト　やね

（　　）（　　）

6 見つけた　ことを　話す　ときの　組み立てを、線で　むすびましょう。　ぜんぶ　できて　6点

はじめ・　　・何に　ついて　話すのかを　言う。
中・　　・思った　ことを　言う。
おわり・　　・分かった　ことや　聞いた　ことを、くわしく　話す。

7 思考・判断・表現

つぎの　手紙の　□には、何を　書きますか。　8点

川田いちろうさんへ
先週は、町を　あんないしてくれて　ありがとう。おかげで、いろいろな　場しょを　知る　ことが　できたよ。
またあそぼうね。
□

（　　）

ふりかえり　6が　分からない　ときは、65ページの　5に　もどって　かくにんしよう。

ぴったり1 じゅんび

むかし話《ばなし》を しょうかいしよう

かさこじぞう

いわさき きょうこ

◎めあて

★むかし話を 読み、お話の 中から おもしろい ところを 見つけよう。

がくしゅうび　月　日

教科書 下46〜63ページ

答え 19ページ

かきトリ 新しい かん字

漢字	読み	画数	教科書
売	バイ／うる・うれる	7かく	教科書49ページ
買	バイ／かう	12かく	49ページ
道	みち	12かく	52ページ
米	こめ	6かく	56ページ
歌	うたう・うた	14かく	58ページ
戸	と	4かく	58ページ
曜	ヨウ	18かく	63ページ
午	ゴ	4かく	63ページ
谷	たに	7かく	63ページ
岩	ガン／いわ	8かく	63ページ
池	いけ	6かく	63ページ

1 （　）に 読みがなを 書きましょう。

① 町の ●中心（　　）。

② 村の ●外（　　）れ。

③ ●前●後（　　）を 見る。

④ ●雨戸（　　）を しめる。

● 読み方が 新しい 字

2 □に かん字を、（　）に かん字と ひらがなを 書きましょう。

① □《うた》を うたう。

② 大きな □《いわ》。

③ □□□《げつようび》

④ 本が （　　）《うれる》。

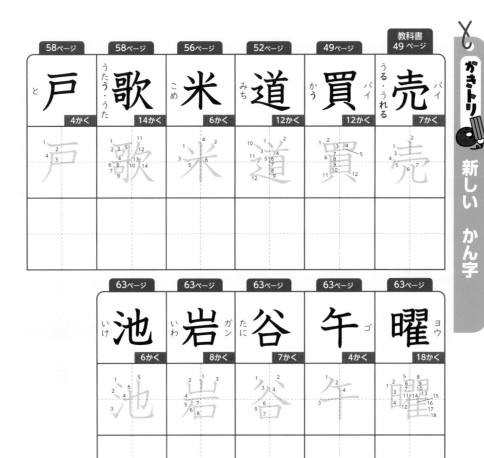

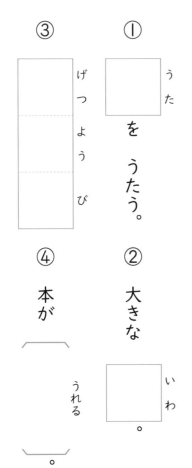

3 正しい いみに ○を つけましょう。

① 朝早くから せっせと はたらく。
ア（　）おおぜいで にぎやかに。
イ（　）休まないで、一生けんめいに。

② 行き止まりで しかたなく 引きかえした。
ア（　）ほかに ほうほうが なく。
イ（　）できるだけ 早く。

③ わらいだしそうに なるのを こらえる。
ア（　）人の せいに する。
イ（　）がまんする。

④ かすかな 音に 耳を すます。
ア（　）ちゅういぶかく 聞く。
イ（　）聞きのがす。

3分で ワンポイント

おこった できごとを まとめよう。

★いつ おこった ことか、［　］から えらんで、記ごうを 書きましょう。

大みそかの 日中	じいさまが 町へ すげがさを 売りに 行くが、すげがさは、一つも 売れなかった。
①（　）	かえる 道ばたに 立って いた じぞうさまに、じいさまは すげがさや 手ぬぐいを かぶせた。
②（　）	じいさまと ばあさまは、家で もちつきの まねごとを した。
③（　）	じぞうさまが もちや やさいなどを のせた そりを 引いて きた。

ア 真《ま》夜中　イ 日ぐれ　ウ 夜

むかし話を しょうかいしよう

かさこじぞう

文しょうを 読んで、答えましょう。

むかしむかし、ある ところに、じいさまと ばあさまが ありましたと。

たいそう びんぼうで、その 日 その 日を やっと くらして おりました。

ある 年の 大みそか、じいさまは ためいきを ついて 言いました。

「ああ、その へんまで お正月さんが ござらっしゃると いうに、もちこの ようい も できんのう。」

「ほんにのう。」

「何ぞ、売る もんでも あれば ええがのう。」

じいさまは、ざしきを 見回したけど、何にも ありません。

1 この 話に 出て くる 人ぶつを 二人 書きぬきましょう。

（　　　　）（　　　　）

2 「その 日 その 日を やっと くらして おりました。」と ありますが、どんな くらしですか。

とても □□□□ な くらし。

3 じいさまが 「ためいき」を ついたのは なぜですか。正しい もの 一つに ○を つけましょう。

ア（　）大みそかや 正月が すきでは ないから。
イ（　）正月に なるのに、いそがしいから。
ウ（　）正月に もちの ようい も できないから。

ヒント ——の あとの じいさまの ことばを 読もう。

がくしゅうび　月　日
教科書 下46〜62ページ
答え 19ページ

「ほんに、何にも　ありゃせんのう。」

ばあさまは　土間の　方を　見ました。すると、夏の　間に　かりとって　おいた　すげが　つんで　ありました。

「じいさま　じいさま、かさこ　こさえて、町さ　売りに　行ったら、もちこ　買えんかのう。」

「おお　おお、それが　ええ。そう　しよう。」

そこで、じいさまと　ばあさまは　土間に　下り、ざんざら　すげを　そろえました。そして、せっせと　すげがさを　あみました。

かさが　五つ　できると、じいさまは　それを　しょって、

「かえりには、もちこ　買って　くるで。にんじん、ごんぼも　しょって　くるでのう。」

と　言うて、出かけました。

いわさき　きょうこ「かさこじぞう」より

4　「土間」に　あった　ものは　何ですか。ア〜ウの　中から　一つ　えらびましょう。

（　　）

ア　もちこ　　イ　すげ　　ウ　かさこ

5　「そう　しよう。」と　ありますが、じいさまは、何を　しようと　言って　いますか。

［　　　］を　作って　［　　］へ　売りに　行き、［　　　］を　買おう。

ヒント　「そう」は　前の　ばあさまの　ことばを　さすよ。

6　「じいさまと　ばあさまは……そろえました。」と　ありますが、それは　何を　する　ためですか。

（　　　　　　）ため。

むかし話を しょうかいしよう

かさこじぞう

文しょうを 読んで、答えましょう。

いつのまにか、日も くれかけました。

じいさまは、とんぼり とんぼり 町を 出て、村の 外れの 野っ原《ぱら》まで 来ました。

風が 出て きて、ひどい ふぶきに なりました。

ふと 顔を 上げると、道ばたに じぞうさまが 六人 立って いました。

おどうは なし、木の かげも なし、ふきっさらしの 野っ原なもんで、じぞうさまは かたがわだけ 雪に うもれて いるのでした。

「おお、お気のどくにな。さぞ つめたかろうのう。」

じいさまは、じぞうさまの おつむの 雪を かきおとしました。

「こっちの じぞうさまは、ほおべたに しみを

1 ここでの 場めんに ついて、答えましょう。

① じいさまは どこに いますか。

② どんな 天気に なりましたか。

（　　　　　　）

2 「とんぼり とんぼり」から どんな ようすが 分かりますか。一つに ○を つけましょう。

ア（　）元気なく、しょんぼりして いる ようす。

イ（　）元気で、いきおいが ある ようす。

ウ（　）とても おちついて いる ようす。

3 「じぞうさまは かたがわだけ 雪に うもれて いるのでした。」と ありますが、なぜですか。

（　　　　）も（　　　　）も ない、ふきっさらしの 野っ原に 立って いるから。

がくしゅうび　月　日

教科書 下46〜62ページ

答え 20ページ

こさえて。それから、この　じぞうさまは
どうじゃ。はなから　つららを　下げて
ござらっしゃる。」
　じいさまは、ぬれて　つめたい　じぞうさまの
かたやら　せなやらを　なでました。
「そうじゃ。この　かさこを　かぶって　くだされ。」
　じいさまは、売りものの　かさを　じぞうさまに
かぶせると、風で　とばぬよう、しっかり　あごの
ところで　むすんで　あげました。
　ところが、じぞうさまの　数は　六人、かさこは
五つ。どうしても　足りません。
「おらので　わりいが、こらえて　くだされ。」
　じいさまは、自分の　つぎはぎの　手ぬぐいを
とると、いちばん　しまいの
じぞうさまに　かぶせました。
「これで　ええ、これで　ええ。」
　そこで、やっと　安《あん》心して、
うちに　かえりました。

いわさき　きょうこ「かさこじぞう」より

4 じぞうさまの　ようすに　ついて、合う　もの　すべてに　○を　つけましょう。

ア（　）足が　こおって　しまって　いる。
イ（　）ほおに　しみを　つくって　いる。
ウ（　）はなから　つららを　下げて　いる。
エ（　）頭に　雪を　かぶって　いる。

ヒント　じいさまの　こうどうや　ことばから　考えよう。

5 「安心して」と　ありますが、なぜですか。一つに　○を　つけましょう。

ア（　）ぜんぶの　じぞうさまに　かさを　かぶせる　ことが　できたから。
イ（　）じぞうさまに　おまいりできたから。
ウ（　）雪や　風が　すっかり　おさまったから。
エ（　）じぞうさまを　少しは　さむさから　まもる　ことが　できたから。

ヒント　じいさまが　した　ことから　考えよう。

ぴったり1 じゅんび

人が する ことを あらわす ことば
本の 中の 友だち

めあて
★人が する ことを あらわす ことばを つかって、文を 作ろう。
★本に 出て くる 人ぶつを えらんで、つたえよう。

がくしゅうび
月　日
教科書
下64～70ページ
答え
20ページ

かきトリ 新しい かん字

教科書 70ページ	70ページ	70ページ	70ページ
鳥《とり》 11かく	馬《うま》 10かく	首《くび》 9かく	番《バン》 12かく

「鳥」と「馬」には、形が にて いる ところが ありますね。

1 □に 読みがなを 書きましょう。

① かべに 図画を はる。

② 作文を 書く。

● 読み方が 新しい 字

2 □に かん字を 書きましょう。

① □《とり》の 鳴き声。

② □《うま》に のる。

③ □《くび》を のばす。

④ じゅん□《ばん》

3 絵を 見て、だれが 何を して いるか、□の 人を 主《しゅ》語に して、文を 作りましょう。

友だち

わたし

①　わたし を 主語に する。

（　　　　　　　　）

②　友だち を 主語に する。

（　　　　　　　　）

---

4 読んで おもしろかった 本に 出て きた、すきな 人ぶつを えらんで、カードに 書きましょう。

二年（　）くみ 名前（　　　　）

・すきな 人ぶつ	
・本の だい名	
・さくしゃ	
とくちょう	すきな ところ

むかし話を しょうかいしよう

かさこじぞう ～本の 中の 友だち

文しょうを 読んで、答えましょう。 思考・判断・表現

すると、真《ま》夜中ごろ、雪の 中を、

じょいやさ じょいやさ

と、そりを 引く かけ声が して きました。

「ばあさま、今ごろ だれじゃろ。長者《じゃ》どんの わかいしゅが 正月買いもんを しのこして、今ごろ 引いて きたんじゃろうか。」

ところが、そりを 引く かけ声は、長者どんの やしきの 方には 行かず、こっちに 近づいて きました。

耳を すまして 聞いて みると、

六人の じぞうさ
かさこ とって かぶせた
じさまの うちは どこだ
ばさまの うちは どこだ

と 歌って いるのでした。

そして、じいさまの

よく出る

1 「じょいやさ じょいやさ」に ついて、答えましょう。

① この 声は 何ですか。書きぬきましょう。 20点

② その 声は どこに むかって いますか。一つに ○を つけましょう。 10点

ア（　）長者どんの やしきの 方。

イ（　）じいさまと ばあさまの うちの 方。

ウ（　）じぞうさまが いる 方。

できたらスゴイ!

2 「歌って いる」歌から、じぞうさまが 何を して いる ことが 分かりますか。 20点

じぞうさまが、じいさまと ばあさまの うちを

（　　　　　　）こと。

3 「何やら おもい もの」に ついて、答えましょう。

① 「おもい」 ことが 分かる ことばを 八字で 書きぬきましょう。 10点

時間 20分

／100

ごうかく 80点

がくしゅうび 月 日

教科書 下46～70ページ

答え 21ページ

うちの　前で　止まると、何やら　おもい
ものを、
　ずっさん　ずっさん
と　下ろして　いきました。
　じいさまと　ばあさまが　おきて　いって、雨戸を
くると、かさこを　かぶった　じぞうさまと、
手ぬぐいを　かぶった　じぞうさまが、
　じょいやさ　じょいやさ
と、空ぞりを　引いて、かえって　いく
ところでした。
　のき下には、米の　もち、
あわの　もちの　たわらが
おいて　ありました。
　その　ほかにも、みそだる、
にんじん、ごんぼや
だいこんの　かます、
おかざりの　まつなどが
ありました。
　じいさまと　ばあさまは、
よい　お正月を　むかえる　ことが　できましたと。

いわさき　きょうこ「かさこじぞう」より

② それは　どこに　おいて　ありましたか。　10点

③ 「おもい　もの」は　何でしたか。一つに　○を　つけましょう。　10点

ア（　）雪と　空ぞり
イ（　）かさこと　手ぬぐい
ウ（　）もちの　たわらや　やさいなど

考えを書こう

4 じいさまと　ばあさまは、じぞうさまに　たいして　どう　思って　いると　思いますか。（　）に　合うように　書きましょう。　一つ10点（20点）

じぞうさまの　おかげで、よい（　　　）を　むかえる　ことが　できて、じぞうさまに（　　　）と　思う。

ぴったり3
たしかめのテスト②

むかし話を しょうかいしよう

かさこじぞう ～ 本の 中の 友だち

1 （　）に 読みがなを 書きましょう。 一つ4点(32点)

① やさいを 売る。

② 鳥が とぶ。

③ かたい 岩石。

④ 池の まわり。

⑤ 空っぽの はこ。

⑥ そうじ 当番

⑦ 歌が 聞こえる。

⑧ 犬の 首わ。

2 □に かん字を 書きましょう。 一つ4点(32点)

① □《こめ》を とぐ。

② □□《ごご》三時

③ □《みち》の 右がわ。

④ □《と》を あける。

⑤ □《とし》を こす。

⑥ □《しん》ぱいする

⑦ ふかい □《たに》。

⑧ □《が》用紙《ようし》

時間 20分

／100

ごうかく 80点

がくしゅうび
月　日

教科書
下46～70ページ

答え
21ページ

3 〔　〕に かん字と ひらがなを 書きましょう。 一つ4点(8点)

① くじが 〔　　　〕《はずれる》。 ② 糸を 〔　　　〕《かう》。

4 ［　］の 中から、人が する ことを あらわす ことばを 三つ えらんで、書きましょう。 一つ4点(12点)

大きい	えがく
子ども	とびら
読む	おいしい
冬休み	わらう

（　　　　）
（　　　　）
（　　　　）

5 今日の できごとを 思い出して、自分が した ことを 文に 書きましょう。 7点

〔　　　　　　　　　　　　〕

6 本の 中の 人ぶつを しょうかいする カードに 書かれた、①〜③の ことばの いみを あとから えらび、記ごうを 書きましょう。 一つ3点(9点)

①人ぶつ	ウーフ
②だい名	くまの子ウーフ
③作しゃ	かんざわとしこ
・すきな　ところ	

① （　　）
② （　　）
③ （　　）

ア お話を 書いた 人の こと。
イ お話に 出て くる 人の こと。
ウ 本などの 作ひんの 名前。

この 本の おわりに ある 「冬の チャレンジテスト」を やって みよう！

ぴったり1 じゅんび

むかしから つたわる 言い方
かん字の 読み方と おくりがな

めあて
★むかしから つたわる 言い方には どんな ものが あるかを 知ろう。
★おくりがなを 正しく つかえるように しよう。

がくしゅうび　月　日
教科書 下72～79ページ
答え 22ページ

かきトリ 新しい かん字

教科書79ページ
魚 ギョ さかな・うお 11かく

79ページ
電 デン 13かく

79ページ
細 ほそい・ほそる こまかい・こまか 11かく

1
（　）に 読みがなを 書きましょう。

① 田園（　　）の 風けい。
② 近くの 国（　　）。
③ 外（　　）から かえる。
④ 後（　　）から 行く。

●読み方が 新しい 字

2
□に かん字を、（　）に かん字と おくりがなを 書きましょう。

① □《さかな》を つる。
② □□《でんき》を けす。
③ □《かど》の 家。
④ 山を （　　）《くだる》。

●読み方が 新しい 字

3
むかしから つたわる 言い方

つぎの よび方を する 十二支《し》の どうぶつを えらんで、記ごうに ○を つけましょう。

① ね（ア ねこ　イ ねずみ）
② う（ア うま　イ うさぎ）
③ み（ア へび　イ みみず）
④ い（ア いぬ　イ いのしし）

4 「いろは歌」で、今の ひらがなと ちがう 文字が ある 二つの 行に ○を つけましょう。

いろはにほへと （　　）
ちりぬるを （　　）
わかよたれそ （　　）
つねならむ （　　）
うゐのおくやま （　　）
けふこえて （　　）
あさきゆめみし （　　）
ゑひもせす （　　）

5 「いろはかるた」に ついて、正しい ほうに ○を つけましょう。

ア（　　）「いろは歌」に つかわれて いる ひらがなが 一文字目に くる ことばを あつめた かるた。

イ（　　）地いきに つたわる 有名《ゆう》な 行事《じ》や 場しょ、人などを あつめた かるた。

6 線を 引いた ことばを、かん字と おくりがなを つかって 書きましょう。

①ア こまかい せつ明。（　　）
イ ほそい ペン。（　　）

②ア あかりを つける。（　　）
イ 夜が あける。（　　）
ウ あかるい へや。（　　）

③ア しっぱいを いかす。（　　）
イ ひよこが うまれる。（　　）
ウ 口ひげを はやす。（　　）

あなの やくわりを 考えよう

あなの やくわり

にいだ ゆみこ

めあて

★知って いる ことと むすびつけて 文しょうを 読もう。
★いろいろな あなの やくわりを 考えよう。

がくしゅうび　月　日

教科書 下80〜91ページ

答え 22ページ

がきトリ 新しい かん字

漢字	音	訓	画数	ページ
通	ツウ	とおる・とおす	10かく	教科書86ページ
汽	キ		7かく	91ページ
刀	トウ	かたな	2かく	91ページ
弓		ゆみ	3かく	91ページ
矢		や	5かく	91ページ
直	チョク	なおす・なおる	8かく	91ページ
里		さと	7かく	91ページ
寺		てら	6かく	91ページ
黒	コク	くろい・くろ	11かく	91ページ

「汽」と「気」を まちがえないよう 気を つけよう！

1 （　）に 読みがなを 書きましょう。

① 先（　）を 歩く。
② 木刀（　）を つかう。
③ 日直（　）の しごと。
④ 里（　）の まつり。

●読み方が 新しい 字

2 □に かん字を、（　）に かん字と おくりがなを 書きましょう。

① □□《きしゃ》に のる。
② □《てら》の 中。
③ □《ゆみ》と □《や》。
④ 人を（　）《とおす》。

3 正しい いみに ○を つけましょう。

① とらと ひょうを くべつする。

ア（　）はっきりした ちがいで 分ける。

イ（　）一つ一つ ばらばらに して 分ける。

② この プラグは ぬけにくい。

ア（　）ぜったいに ぬけない。

イ（　）なかなか ぬけない。

③ へやの すみに ほこりが たまる。

ア（　）出す ことが できなく なる。

イ（　）一かしょに あつまって 多く なる。

④ みの回りに ある ものの 名前。

ア（　）自分の 近く。

イ（　）目では 見えない ところ。

4 つながる ことばを 線で むすびましょう。

① やくわりが ・　　・ さしこむ

② 水を ・　　・ ある

③ コンセントに ・　　・ やる

3分で ワンポイント

それぞれの あなの やくわりを たしかめよう。

★上と 下を 線で むすびましょう。

五十円玉の あな ・

プラグの 先の あな ・

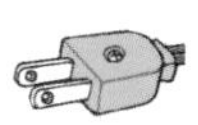

うえ木ばちの そこの あな ・

しょうゆさしの 二つの あな ・

・ プラグを ぬけにくく する。

・ いらない 水を 外に 出す。

・ 空気を 入れて しょうゆを 出す。

・ 百円玉と くべつする。

あなの やくわり

あなの やくわりを 考えよう

がくしゅうび　月　日
教科書 下80〜90ページ
答え 23ページ

文しょうを 読んで、答えましょう。

五十円玉の まん中には、あなが あいて います。これは、さわった ときに 百円玉と くべつする ための あなです。

むかしの 五十円玉には あなが なく、百円玉と 同じくらいの 大きさだったので、まちがえる 人が いました。

そこで、五十円玉に あなを あけ、さわった ときに くべつできるように したのです。

コンセントに さしこむ プラグの 先には、あなが あいて います。

これは、プラグを ぬけにくく する ための あなです。

1 まん中に あなが あいて いるのは、上の 文しょうの 中の どの お金ですか。

（　　　　）

2 1の お金に あなが あいて いるのは、何の ためですか。一つに ○を つけましょう。

ア（　）百円玉と くべつする ため。
イ（　）さわった ときに 楽しむ ため。
ウ（　）むかしの お金だと 分かる ため。

3 「むかしの 五十円玉」に ついて、正しい もの 一つに ○を つけましょう。

ア（　）百円玉とは 大きさも 色も ちがった。
イ（　）百円玉と まったく 同じ 絵がらだった。
ウ（　）百円玉と 同じくらいの 大きさで、あなが なかった。

4 お金に あなが あいて いると、どんな よい ことが ありますか。

コンセントの　中には　出っぱりが
あり、それが　プラグの　あなに
引っかかるように　なって　います。
この　ことに　より、プラグが
ぬけにくく　なるのです。

にいだ　ゆみこ「あなの　やくわり」より

20

（　　　　）だけで　お金の　しゅるいを
くべつできる　こと。

ヒント　「〜くべつできるように　した」と　あるね。

5 「コンセントに　さしこむ」ものを、何と　いいますか。三字で　書きぬきましょう。

6 「コンセントの　中」は　どう　なって　いますか。（　）に　当てはまる　ことばを　書きぬきましょう。

（　　　　）に
引っかかるように、（　　　　）
が　ある。

ヒント　この　ことで　プラグが　ぬけにくく　なって　いるよ。

ぴったり1 じゅんび

3分でまとめ

はんたいの いみの ことば 同じ ところ、ちがう ところ

めあて
★はんたいの いみの ことばを 知り、つかって みよう。
★にて いる ものの、同じ ところと ちがう ところを 考えよう。

がくしゅうび　月　日
教科書 下92～95ページ
答え 23ページ

かきトリ 新しい かん字

教科書92ページ	92ページ	93ページ	93ページ	93ページ
弱 ジャク よわい・よわる・よわまる・よわめる 10かく	遠 エン とおい 13かく	古 ふるい・ふるす 5かく	半 ハン 5かく	公 コウ 4かく

「弱」は、点の むきに ちゅういして 書こう。

1 （　）に 読みがなを 書きましょう。

● 読み方が 新しい 字　◆ とくべつな 読み方の ことば

① ◆時計（　）の はり。
② ◆下手（　）な 言いわけ。
③ 土地の ●売●買（　）。
④ ◆今年（　）の はじめ。

2 □に かん字を、（　）に かん字と おくりがなを 書きましょう。

① □□《はんぶん》
② □□《こうえん》の そば。
③ （　）《ふるい》切手。
④ 力を（　）《よわめる》。

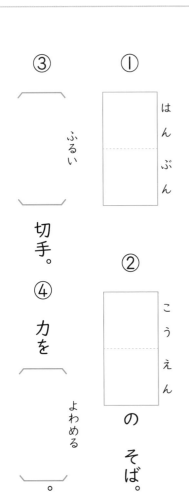

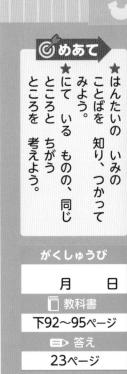

はんたいの　いみの　ことば

3 つぎの ――の ことばと はんたいの いみの ことばを、かん字と おくりがなで 書きましょう。

① 人数が 多い。（　　）

② ひくい 木。（　　）

③ 本を 売る。（　　）

④ せまい 道。（　　）

同じ　ところ、ちがう　ところ

4 つぎの 絵を 見て、同じ ところと ちがう ところに それぞれ ○を つけましょう。

① 同じ ところ　ア（　）色　イ（　）形

② ちがう ところ　ア（　）色　イ（　）形

---

5 つぎの ひょうを 見て、答えましょう。

	ヨーグルト 	バター 
何から できているか	ぎゅうにゅう	ぎゅうにゅう
色	白色	うすい黄色
おいておく ところ	れいぞうこ	れいぞうこ
あじ	すっぱい	少し しょっぱい
おもな 食べ方	そのまま 食べる	パンにぬる

① 何と 何を くらべて いますか。

（　　）と（　　）

② 同じ ところを 二つ えらんで、○を つけましょう。

ア（　）おいて おく ところ

イ（　）何から できて いるか

ウ（　）色

エ（　）あじ

ぴったり1
じゅんび

3分でまとめ

くらべて つたえよう
声に 出して みよう
たからものを しょうかいしよう

めあて
★くらべて せつ明する ほうほうを 知ろう。
★ことばの 音《おん》の 数や 音の 高さを 知ろう。
★つたえる じゅんばんを たしかめよう。

がくしゅうび　月　日
教科書　下96～109ページ
答え　24ページ

かきトリ 新しい かん字

教科書98ページ　理《リ》　11かく

103ページ　用《ヨウ》　5かく

1 ◯に 読みがなを 書きましょう。

●読み方が 新しい 字　◆とくべつな 読み方の ことば

① ◆今朝（　）の できごと。　② ひつじの ●角（　）。

③ ◆川原（　）を 歩く。　④ ◆七夕（　）の 夜。

⑤ ◆明日（　）は 早く おきよう。

2 □に かん字を、（　）に かん字と おくりがなを 書きましょう。

●読み方が 新しい 字

① □□□《が よう ●し》

② 字を（　）《●まなぶ》。

たからものを しょうかいしよう

3 たからものに ついて しょうかいする とき、「はじめ」「中」「おわり」の 「はじめ」で、どんな ことを 話しますか。

ア（　）どんな ところが 気に 入って いるか。

イ（　）たからものを これから どう したいか。

ウ（　）たからものは 何か。

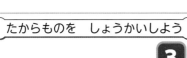

4 つぎの　ひょうを　見て、答えましょう。

	大だいこ	木きん
	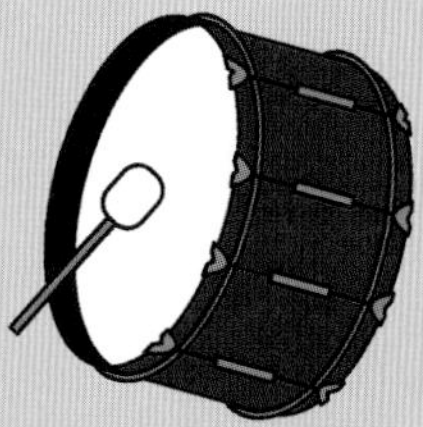 大だいこ	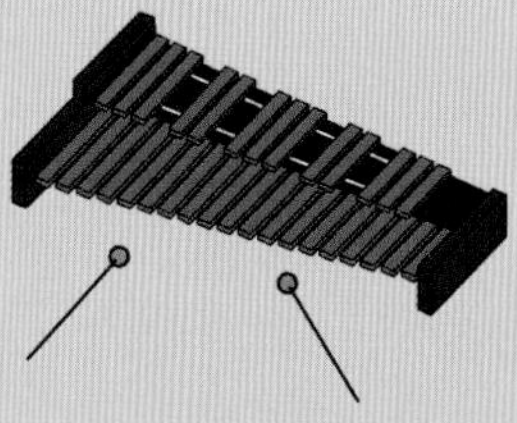 木きん
音の 出し方	ばちでたたく。	ばちでたたく。
音の ひびき	ドンドンと、力強い音が鳴る。	コンコンと、やさしい音が鳴る。
音の 高さ	音の高さは かわらない。	音の高さがかわる。

「くらべて　つたえよう」より

・大だいこと　木きんの　同じ　ところは　何ですか。一つに　○を　つけましょう。

ア（　　）音の　出し方
イ（　　）音の　ひびき
ウ（　　）音の　高さ

5 つぎの　文の　——の　ことばを　声に　出して　読む　とき、①と　②で　音《おん》の　高さが　高いのは　どちらですか。

ア（　　）は①し②を　つかって　食べる。
イ（　　）は①し②を　わたって　すすむ。

6 つぎの　中から、五つの　音で　できて　いる　ことばを　四つ　えらび、書きましょう。

みずたまり　うんどうかい　しゅくだい
しょくひん　きゅうきゅうしゃ　じてんしゃ
さっきょくか　きゅうしょく　れいぞうこ

（　　　　）（　　　　）
（　　　　）（　　　　）

ぴったり3

たしかめのテスト①

むかしから つたわる 言い方 ～たからものを しょうかいしよう

時間 20分

／100

ごうかく 80点

がくしゅうび　月　日

教科書 下72～109ページ

答え 24ページ

文しょうを 読んで、答えましょう。　思考・判断・表現

しょうゆさしには、二つの あなが あいて いる ものが あります。二つの うち、一つは、しょうゆを 出す ための あなで、もう 一つは、空気が 入る ための あなです。しょうゆが、小さい あなを 通って 出るには、空気の 通り道が ひつようです。あなが 一つしか ないと、

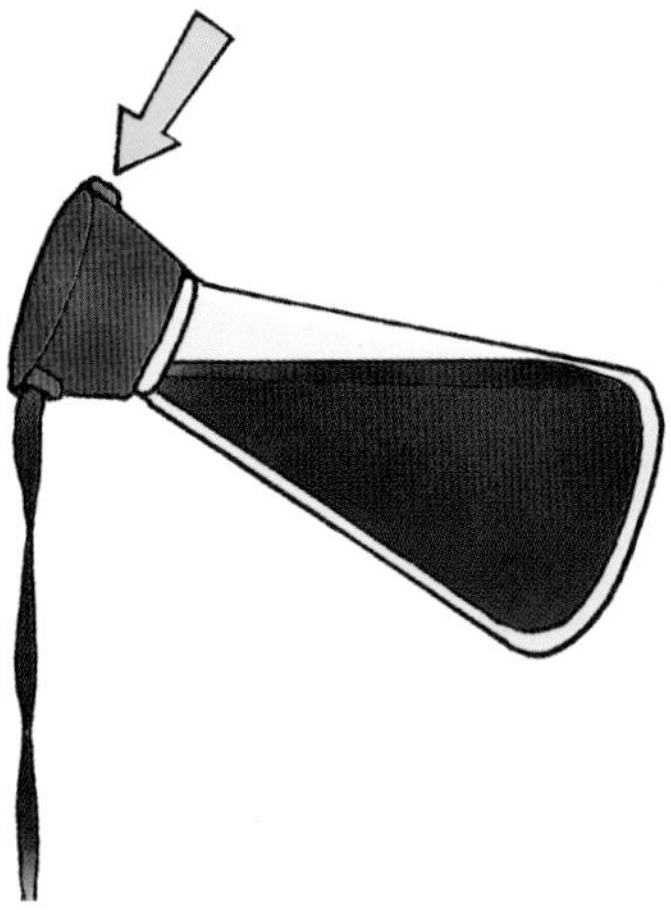

よく出る

1 「しょうゆさし」に ついて、答えましょう。

① 「しょうゆさし」には 何が ありますか。五字で 書きぬきましょう。　10点

② ①は 何の ために ありますか。二つ 書きましょう。　一つ10点(20点)

・（　　　）

・（　　　）

できたらスゴイ！

2 「空気の 通り道が ひつよう」で ある 理ゆうと して、正しい もの 一つに ○を つけましょう。　10点

ア（　）空気を おし出さなければ ならないから。

イ（　）空気の 力で しょうゆが 出て くるから。

空気が　入って
こないので、
しょうゆが　出なく　なって
しまうのです。

　このように、あなには、
ものを　つかいやすく
する　ための
いろいろな　やくわりが
あります。この　ほかにも、
みの回りには　あなの
あいて　いる　ものが
たくさん　あります。
みなさんも　あなを
さがして、どんな
やくわりが　あるか
考えて　みましょう。

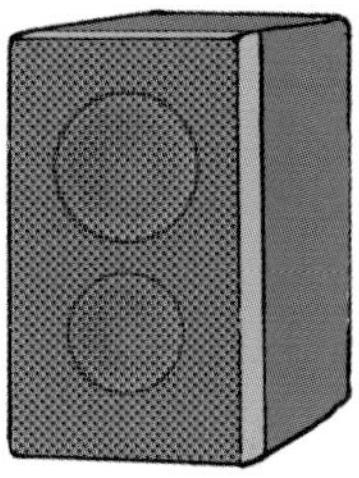

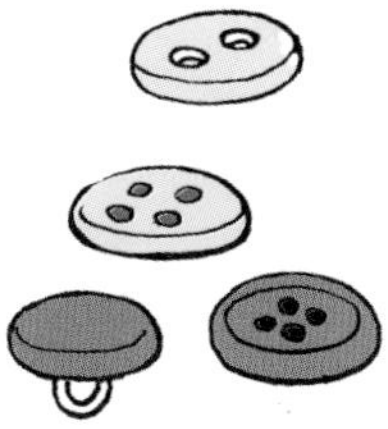

にいだ　ゆみこ「あなの　やくわり」より

ウ（　）空気が　ないと　しょうゆが　くさるから。

3　「あなが　一つ」の　場合、どう　なりますか。　20点

（　　　　　　　　）

4　「あな」には、何が　あると　言って　いますか。四字で　書きぬきましょう。　20点

いろいろな　□□□□。

考えを書こう

5　文しょうの　書き手が　読み手に　よびかけて　いる　一つの　文を　さがし、書きぬきましょう。　20点

（　　　　　　　　）

ふりかえり　①の　②が　分からない　ときは、85ページの　3分でワンポイント　に　もどって　かくにんしよう。

むかしから つたわる 言い方 ～ たからものを しょうかいしよう

時間 20分
／100
ごうかく 80点

がくしゅうび　月　日
教科書 下72～109ページ
答え 25ページ

1 （　）に 読みがなを 書きましょう。 一つ4点（28点）

① 強弱（　）を つける。
② 近（　）じょを 歩く。
③ 回数（　）が ふえる。
④ 遠足（　）に 行った。
⑤ 台風（　）の うごき。
⑥ 理（　）ゆうを 話す。
⑦ ぶたいの 上手（　）から とうじょうした。

2 □に かん字を 書きましょう。 一つ4点（16点）

① □□（さゆう）
② 二年□□（いちくみ）
③ □□（かわしも）に 行く。
④ □（くろ）い 鳥。

3 「小《しょう》の 月」は、「にしむくさむらい」と おぼえます。「小の 月」を 五つ えらんで、記ごうに ○を つけましょう。 一つ3点（15点）

ア 一月　イ 二月　ウ 三月
エ 四月　オ 五月　カ 六月
キ 七月　ク 八月　ケ 九月
コ 十月　サ 十一月　シ 十二月

4 おくりがなが 正しい ほうに ○を つけましょう。 一つ3点(6点)

① 「はれる」 ア( )晴る イ( )晴れる

② 「あたらしい」 ア( )新しい イ( )新らしい

5 はんたいの いみの ことばの くみあわせを 四つ えらび、○を つけましょう。 一つ3点(12点)

ア( )かたい↔やわらかい

イ( )大きい↔多い

ウ( )南↔北

エ( )はじまる↔おわる

オ( )くらい↔明るい

カ( )長い↔小さい

6 つぎの ——の ことばと はんたいの いみの ことばを 書きましょう。 一つ5点(10点)

① 今日は あつい 日だ。 ( )

② この 本は あつい。 ( )

7 かさと レインコートの もつ 同じ やくわりは 何ですか。一つに ○を つけましょう。 3点

ア( )日ざしが 強い ときに つかう。

イ( )海で あそぶ ときに つかう。

ウ( )雨が ふって いる ときに つかう。

8 「とうもろこし」と 音《おん》の 数が 同じ ことばを 二つ えらんで、○を つけましょう。 一つ3点(6点)

ア( )ほっかいどう

イ( )しょうぼうしゃ

ウ( )ちゅうがっこう

エ( )ひゃっかてん

9 つぎの 文の ——の ことばで、①を ②より 高く はつ音する ものを 一つ えらびましょう。 4点

ア( ) げんかんで く①つ②を ぬいだ。

イ( ) ら①く②に かつ ことが できた。

ウ( ) ぼくは 犬も ね①こ②も すきだ。

かんそうを　つたえ合おう

ことばあそびを　楽しもう

お手紙

アーノルド・ローベル　作
みき　たく　やく

めあて
★ことばあそびを　して、つかう　ことばが　できる　ことばを　ふやそう。
★人ぶつの　ようすや　場めんを　たしかめながら、お話を　読もう。

がくしゅうび　　月　　日
教科書　下110〜131ページ
答え　25ページ

かきトリ　新しい　かん字

教科書118ページ	119ページ	131ページ	131ページ	131ページ	131ページ
毎《マイ》	帰《かえる・かえす》	羽《はね》	京《キョウ》	麦《むぎ》	交《コウ》
6かく	10かく	6かく	8かく	7かく	6かく

「毎」は、「海」の　右がわの　ぶぶんと　同じですよ。

1 ◯に　読みがなを　書きましょう。

①　親切《（　　）》な　人。

②　正しく　直《（　　）》す。

③　友人《（　　）》と　あそぶ。

④　東京《（　　）》都《と》

●読み方が　新しい　字

2 □に　かん字を、◯に　かん字と　おくりがなを　書きましょう。

①　□□《まいしゅう》

②　□□《こうつう》　きかん

③　□□《こむぎ》　こ

④　家に　（　　）《かえる》。

●読み方が　新しい　字

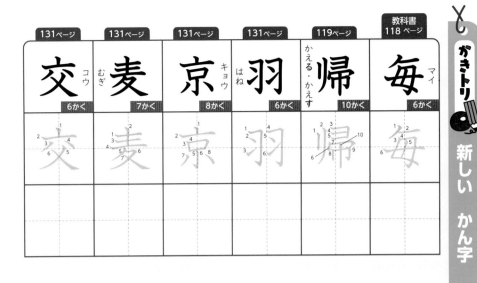

3 二文字の　ことばの　間に　べつの　文字を　一つ　はさみ、ちがう　ことばを　作りましょう。

れい　さら　→　さくら

①　たき　→　（　　　）

②　かみ　→　（　　　）

③　はし　→　（　　　）

4 正しい　いみに　○を　つけましょう。

①　ふしあわせな　気もちに　なる。

ア（　）しあわせでは　ない。

イ（　）少しだけ　しあわせな。

②　公園の　ベンチに　こしを　下ろす。

ア（　）よりかかる。

イ（　）すわる。

③　午後、つまり、昼すぎに　行きます。

ア（　）言いかえると。

イ（　）どちらかと　言えば。

3分で　ワンポイント

とうじょう人ぶつを　たしかめよう。

★正しい　ほうを　それぞれ　えらび、上と　下を　線で　むすびましょう。

①お手紙を　まって　いるのは　だれですか。　・　がまくん　／　かたつむりくん

②かえるくんは　ふうとうに　何と　書きましたか。　・　「がまがえるくんへ」　／　「かえるくんへ」

③お手紙を　はこんだのは　だれですか。　・　かえるくん　／　かたつむりくん

④お手紙を　もらったのは　だれですか。　・　かえるくん　／　がまくん

お手紙

文しょうを 読んで、答えましょう。

がまくんは、げんかんの 前に すわって いました。

かえるくんが やってきて、言いました。

「どう したんだい、がまがえるくん。きみ、かなしそうだね。」

「うん、そうなんだ。」

がまくんが 言いました。

「今、一日の うちの かなしい ときなんだ。つまり、お手紙を まつ 時間なんだ。そうなると、いつも ぼく、とても ふしあわせな 気もちに なるんだよ。」

「そりゃ、どういう わけ。」

かえるくんが たずねました。

「だって、ぼく、お手紙 もらった こと ないんだもの。」

がまくんが 言いました。

1 かえるくんが がまくんの ところに 来た ときの ことに ついて、答えましょう。

① がまくんは どこに いましたか。六字で 書きぬきましょう。

② がまくんは どんな ようすでしたか。一つに ○を つけましょう。

ア（ ）楽しそうだった。

イ（ ）かなしそうだった。

ウ（ ）つまらなそうだった。

エ（ ）ねむそうだった。

2 がまくんの 「一日の うちの かなしい とき」とは いつですか。六字で 書きぬきましょう。

時間

がくしゅうび　月　日
教科書　下114～130ページ
答え　26ページ

「一度《ど》もかい。」

かえるくんが　たずねました。

「ああ。一度も。」

がまくんが　言いました。

「だれも、ぼくに　お手紙なんか　くれたことが　ないんだ。毎日、ぼくのゆうびんうけは、空っぽさ。お手紙を　まって　いる　ときがかなしいのは　その　ためなのさ。」

二人とも　かなしい　気分で、げんかんの前に　こしを　下ろして　いました。

すると、かえるくんが　言いました。

「ぼく、もう　家へ　帰らなくっちゃ、がまくん。しなくちゃ　いけない　ことが　あるんだ。」

かえるくんは、大いそぎで　家へ　帰りました。えんぴつと　紙を　見つけました。紙に　何か書きました。紙を　ふうとうに　入れました。ふうとうに　こう　書きました。

「がまがえるくんへ」

アーノルド・ローベル　作／みき　たく　やく　「お手紙」より

ヒント　すぐ　あとの　「つまり」に　ちゅうもくしよう。

3　「かなしい　気分」に　ついて、答えましょう。

①　がまくんが　かなしい　理ゆうは　何ですか。一つに　○を　つけましょう。

ア（　）親友が　一人も　いないから。

イ（　）手紙を　もらった　ことが　ないから。

ウ（　）かえるくんが　家に　帰ったから。

②　かえるくんが　かなしい　理ゆうは　何ですか。一つに　○を　つけましょう。

ア（　）手紙を　もらった　ことが　ないから。

イ（　）がまくんの　手紙が　なくなったから。

ウ（　）がまくんが　かなしい　理ゆうを　知ったから。

4　かえるくんの　「しなくちゃ　いけない　こと」は、何ですか。

（　　　　　　　　）こと。

ヒント　かえるくんは、家で　何を　しただろう。

にた いみの ことば
ことばの アルバム

めあて
★にた いみの ことばと、にた いみの ことばの ちがいを たしかめよう。
★文しょうを 書く ときに 気を つける ことを たしかめよう。

がくしゅうび　月　日

教科書 下132〜137ページ

答え 26ページ

がきトリ 新しい かん字

教科書 132ページ

星《ほし》 9かく

1 □に 読みがなを 書きましょう。

① ●朝　れいの 時間。

② ●風船を とばす。

③ ●昼●食に しよう。

④ ●今●夜の 月。

⑤ 五センチメートルの せき●雪。

●読み方が 新しい 字

2 □に かん字を 書きましょう。

① きれいな [ほしぞら] を 見る。

② 赤と 青、[に●しょく] で ぬり分ける。

●読み方が 新しい 字

ことばの アルバム

3 文しょうを 書く ときは、どの ぶぶんを くわしく 書くと、よく つたわりますか。一つに ○を つけましょう。

ア（　）はじめ

イ（　）中

ウ（　）おわり

4 つぎの　文しょうを　読んで、答えましょう。

すききらいをなくす

川中めぐみ

わたしは、二年生のときにすききらいをなくすことをがんばりました。

前はすききらいが多く、きゅう食をのこすこともありました。でも、二年生になったとき、きゅう食をのこさないというもくひょうを立てました。しばらくは少しのこすこともありましたが、今ではぜんぶ食べています。

いつの間にか、すききらいがなくなったので、とてもうれしいです。

● 文しょうの　かんそうを　書きましょう。

（　　　　　）と思いました。

にた　いみの　ことば

5 つぎの　ことばと　にた　いみの　ことばを　あとから　えらび、記ごうを　書きましょう。

① きゅうに（　）　② とても（　）
③ はずかしい（　）　④ りっぱだ（　）

ア　すばらしい　イ　すごく
ウ　とつぜん　エ　てれくさい

6 つぎの　文の　――の　ことばと　にた　いみの　ことばを　あとから　えらび、記ごうを　書きましょう。

① すごい　はやさで　走る。（　）
② へやの　ドアを　しめる。（　）
③ ラケットを　にぎる。（　）

ア　とじる　イ　つかむ　ウ　かける

7 つぎの　うち、「しぜんと　耳に　入る」と　いう　いみの　ことばは　どちらですか。一つに　○を　つけましょう。

ア（　）鳥の　声が　聞こえる。
イ（　）音楽を　聞く。

ぴったり3 たしかめのテスト①

ことばあそびを　楽しもう　～　ことばの　アルバム

時間 20分　／100　ごうかく 80点

がくしゅうび　月　日

教科書　下110～137ページ

答え　27ページ

文しょうを　読んで、答えましょう。　思考・判断・表現

かえるくんは、まどから　のぞきました。

かたつむりくんは、まだ　やって　きません。

「かえるくん、どうして　きみ、　ずっと　まどの　外を　見て　いるの。」

がまくんが　たずねました。

「だって、今、ぼく、お手紙を　まって　いるんだもの。」

かえるくんが　言いました。

「でも、来やしないよ。」

がまくんが　言いました。

「きっと　来るよ。」

かえるくんが　言いました。

「だって、ぼくが、きみに　お手紙　出したんだもの。」

「きみが。」

がまくんが　言いました。

よく出る

1 かえるくんは　だれを　まって　いますか。七字で　書きぬきましょう。　10点

よく出る

2 かえるくんが「きっと　来るよ。」と　答えた　理ゆうを　書きましょう。　10点

（　　　　）から。

3 かえるくんが　がまくんに　書いた　手紙には　どんな　ことが　書いて　ありましたか。　一つ10点(20点)

がまくんが、自分の［　　］で　ある　ことを［　　　　］思って　いる　こと。

「お手紙に　何て　書いたの。」

かえるくんが　言いました。

「ぼくは、こう　書いたんだ。

『親愛《あい》なる　がまがえるくん。ぼくは、きみが　ぼくの　親友で　ある　ことを　うれしく　思って　います。きみの　親友、かえる。』」

「ああ。」

がまくんが　言いました。

「とても　いい　お手紙だ。」

それから、二人は、げんかんに　出て、お手紙の　来るのを　まって　いました。

二人とも、とても　しあわせな　気もちで、そこに　すわって　いました。

長い　こと　まって　いました。

四日　たって、かたつむりくんが、がまくんの　家に　つきました。そして、かえるくんからの　お手紙を、がまくんに　わたしました。

お手紙を　もらって、がまくんは　とても　よろこびました。

アーノルド・ローベル　作／みき　たく　やく　「お手紙」より

できたらスゴイ!

4 「ああ。」と　言った　ときの　がまくんの　気もちを　書きましょう。　一つ10点(20点)

かえるくんの　手紙を（　　　）と　かんじ、自分も　同じように　かえるくんの　ことを（　　　）だと　思って　いる。

5 がまくんの　ようすは　どう　かわりましたか。1〜3の　ばんごうを　書きましょう。　ぜんぶ　できて　10点

ア（　）手紙が　とどいて、よろこぶ。

イ（　）手紙は　来ないと　あきらめて　いる。

ウ（　）かえるくんの　手紙の　ことを　知る。

6 「かたつむりくん」が　手紙を　とどけるのに　どのくらい　かかりましたか。　10点

（　　　）かかった。

考えを書こう

7 がまくんは、手紙を　うけとった　とき、よろこんで、何と　言ったと　思いますか。　20点

「　　　」

ことばあそびを 楽しもう 〜 ことばの アルバム

時間 20分
/100
ごうかく 80点

がくしゅうび 月 日
教科書 下110〜137ページ
答え 27ページ

1 （　）に 読みがなを 書きましょう。 一つ8点(16点)

① 新《しん》雪が つもる。（　　）

② 通学ろ（　　）

2 □に かん字を 書きましょう。 一つ10点(50点)

① □《むぎちゃ》と あそぶ。

② □《しんゆう》と あそぶ。

③ 鳥の □《はね》。

④ □《まいとし》の 春。

⑤ □《ちょうしょく》は パンに しよう。

この 本の おわりに ある 「春の チャレンジテスト」を やって みよう！

3 たべものの 名前の しりとりを しましょう。 10点

きゅうり →（　　）→ ごま

4 ――の ことばが ほかとは いみが ちがう ものを 一つ えらんで、○を つけましょう。 8点

ア（　）ジュースが 少し ある。

イ（　）ジュースが かなり ある。

ウ（　）ジュースが ちょっと ある。

5 思考・判断・表現

一年間で 心に のこった ことを 文しょうに 書きます。「はじめ」の 文を 書きましょう。 16点

（　　）

この 本の おわりに ある 「学力しんだんテスト」を やって みよう！

夏のチャレンジテスト

教科書 上1〜107ページ

名前

月　日

時間 40分

思考・判断・表現 ／50

ごうかく80点 ／100

答え28ページ

(切り取り線)

1 （　）に　読みがなを　書きましょう。　一つ　2点(16点)

① 休み　時間（　）

② 風（　）が　ふく。

③ 心（　）が　うごく。

④ 点線（　）を　かく。

⑤ 夜（　）に　なる。

⑥ 一人（　）で　行く。

⑦ 計算（　）を　する。

⑧ 頭（　）を　ふる。

4 つぎの　ことばを　つかって、みじかい　文を　作りましょう。　一つ　3点(6点)

① しぶしぶ

（　　　）

② じゅんじょ

（　　　）

5 かんさつした　ことを　書く　ときに　大切《たいせつ》な　ことを　まとめました。（　）に　あてはまる　ことばを　□から　えらんで、記ごうを　書きましょう。　一つ　2点(6点)

① （　）、かたち、大きさなどを　よく　見て　書く。

「でも そんな こと やれないよ。なぐるなんて。」

「かまうもんか。きっと おいで。」

青おには、そう はっきりと 話を きめて、むこうに 見える ふもとの 村へ ずんずん いそいで 行きました。

青おには 村に 出て きて あばれました。後 おいかけて、赤おにが 来て、青おにの 頭を ぽかぽか、たしかに 強《つよ》く なぐったように 見えました。

村の 人たちは みんな びっくり。人たちは、もう 安心。赤おにの 家に 出かけて、おいしい おかし、おいしい お茶《ちゃ》を 食《た》べたり のんだり。そう やって おにと たがいに 話を しました。

赤おには、大よろこび。けれども、人が 帰《かえ》って しまうと、赤おには、また、ひとりきり。ある ばん、まくらに 頭を のせると、目の 前に、あの 青おにが ぽっと うかんで 見えました。

「そうか。あれから 青くんは、一度《いちど》も 来ない。どう したか。」

浜田廣介「ないた 赤おに」
令和5年度版 東京書籍「新しい 国語 二下」より

（切り取り線）

(4) 「人たちは、もう 安心。」と ありますが、なぜ 安心したのですか。 10点

(5) 「どう したか。」と ありますが、この とき、赤おには どんな 気もちでしたか。 10点

(6) 青おには どんな せいかくだと 思いますか。あなたの 考えを 書きましょう。 15点

7 思考・判断・表現
文しょうを 読んで、答えましょう。

雲《くも》に のって 青おにには、むこうの 山から、あそびに 来たので ありました。

「きみ、何だって、そんな らんぼうして いるの。」

青おにが 来て、そう 聞くと、頭を かいて 赤おにには――人間と なかよくしたいと 考えて、木の 立てふだを 立てた こと、だが、人間は うたぐって、よりつかないと いう ことを みんな そっくり 話しました。

「なんだい。そうか。そんなら ぼくが これから 村に 出て いって、うんと あばれる。そこへ きみが やって きて、ぼくの 頭を ぽかぽか なぐれ。そう やれば、人間たちは 安心《あんしん》して きみの ところに やってくる。ねえ、そうだろう。はかりごとだよ。さあ、それじゃ、一足 先《さき》に ぼくが 行く。きみは 後《あと》から やってこい。」

（切り取り線）

(1) 青おにには、だれの ところへ あそびに 来ましたか。 5点

(2) 「何だって、そんな らんぼうして いるの。」と ありますが、赤おにには どんな 気もちで らんぼうして いたのですか。一つに ○を つけましょう。 5点

ア（　）青おにが 話を 聞いて くれなくて、くやしい 気もち。

イ（　）人間の いる 村に すむ ことが できなくて、かなしい 気もち。

ウ（　）人間と なかよくしたいのに うまく いかなくて、はらを 立てる 気もち。

(3) 「そんな こと」とは、どんな ことですか。 5点

2 □に かん字を 書きましょう。 一つ 2点(12点)

① □《とも》だちに □《あ》う。

② □□《じぶん》の □《いえ》で すごす。

③ うでを □《く》んで □《かんが》える。

3 つぎの ひつじゅんの かん字を 書きましょう。 一つ 2点(4点)

① 、一フノ （　　）

② 一一ノし （　　）

（切り取り線）

② かたちなどが（　　）ものに たとえて 書く。

③ （　　）を つかって 書く。

ア 数字	イ 色	ウ にて いる

6 つぎの 文の 中で かたかなで 書く ことばに ――を ひき、かたかなで 書きましょう。 一つ 2点(6点)

① れもんを 二つ かいに 行く。（　　）

② おじさんは あめりかに すんで いる。（　　）

③ にわに じゃあじゃあと 水を まく。（　　）

うらにも もんだいが あります。

冬のチャレンジテスト

教科書 上108～下71ページ

名前

月　日

時間 40分

思考・判断・表現 ／50

ごうかく80点 ／100

答え29ページ

1 （　）に　読みがなを　書きましょう。　一つ　2点（16点）

①店長の　しごと。（　）

②午後一時（　）

③雪あそび（　）

④本を　買う。（　）

⑤夜中に　おきる。（　）

⑥海に　行く。（　）

⑦今日の　よてい。（　）

⑧金曜の　朝。（　）

2 □に　かん字を　書きましょう。　一つ　2点（12点）

4 つぎの　ことばの　なかまと、それらを　まとめて　よぶ　ことばを　あとから　えらび、記ごうを　書きましょう。　一つ　2点（8点）

〈れい〉しお・さとう・しょうゆ・みそ
↓ちょうみりょう

①ハーモニカ・ピアノ・ギター・（　）
↓（　）

②けしゴム・ペン・ノート・（　）
↓（　）

ア　文ぼうぐ	イ　トライアングル
ウ　しょっき	エ　カンガルー
オ　がっき	カ　えんぴつ

（切り取り線）

一ぴきが、わたしを　ひっつかまえると、すっかり　毛を　はいで　しまったのです。あまりの　いたさに　ないて　いた　ところ、あなたの　あに神《がみ》さまたちが　通《とお》りかかり、海水で　からだを　あらって　海風に　あたるように　言ったのです。その　とおりに　した　ところ、ますます　いたくて　たまらないのです。

うさぎの　話を　聞いた　おおくにぬしのみことは、

「しお水で　いたんだ　からだを、川の　水で　よく　あらうのです。それから、がまの　ほを　しきつめて、何度《ど》も　何度も　ねころがりなさい。」

と　教えて　やりました。

うさぎが　言われた　とおりに　すると、毛は　元どおりに　生えそろいました。

「いじわるな　あに神さまたちと　くらべて、おおくにぬしのみことの　なんと　やさしい　こと。」

と、うさぎは　言いました。

川村たかし「いなばの　白うさぎ」
平成27年度版　東京書籍「新編　新しい国語　二上」より

（切り取り線）

② なぜ　①のように　したのですか。　10点

(5) 「その　とおりに　した」と　ありますが、どう　しましたか。　5点

(6) おおくにぬしのみことが　教えた　とおりに　すると　どう　なりましたか。　5点

(7) あなただったら、いたがって　いる　うさぎに　何と　声を　かけますか。　10点

6 思考・判断・表現

文しょうを 読んで、答えましょう。

わたしは、おきのしまに すんで いる白うさぎです。どうしても 海の むこうのいなばの国《くに》に 行って みたくてたまらないので、さめを つかまえてよびかけて みました。

「わたしの なかまと きみの なかまのどちらの ほうが 多いか、くらべっこしようよ。ずうっと つながって、ならんでごらんよ。わたしが 数えて あげる。」

一つ、二つと ならんだ さめの せなかをとびながら、わたしは おかしくてたまりません。きしまで あと 一ぴきと いうところまで くると、思わず、

「わあい、うまく いったぞ。」

と さけびました。

「うまく だまして やった もんだ。数なんて どっちでも よかったんだよ。海を わたりたかっただけさ。」

それを 聞いた さい後の さめ

(1) 「わたし」とは だれですか。 5点

(2) 「数えて あげる。」と ありますが、数える ふりを する ために 何を しましたか。 5点

(3) 「うまく いった」と ありますが、どういう いみですか。一つに ○を つけましょう。 5点

ア（　）いなばの国に 行けた。

イ（　）さめより なかまが 多かった。

ウ（　）さめの せなかを 上手に とべた。

(4) 「さい後の さめ」に ついて こたえましょう。

① 「わたし」に 何を しましたか。 5点

（切り取り線）

① □《とり》が □《な》く。

② □《ひる》に なって □《は》れた。

③ 家の □《ちか》くの 大きな □《みち》。

3

——線の ことばを かん字と ひらがなで 書きましょう。 一つ 2点(4点)

① 何となく 気が ひける。（　　）

② 森の 中を のんびり あるく。（　　）

（切り取り線）

5

つぎの 文の 主《しゅ》語に ——線を、じゅつ語に ══線を ひきましょう。 一つ 1点(10点)

① わたしは パンを 食べます。

② 来週、友だちが 家に 来ます。

③ けさの なみは とても おだやかだ。

④ ふいて くる 風が とても つめたい。

⑤ きのう、テレビが とつぜん こわれた。

うらにも もんだいが あります。

春の チャレンジテスト

教科書 下72〜137ページ

名前

月　日

時間 40分

思考・判断・表現 ／50

ごうかく80点 ／100

答え30ページ

（切り取り線）

1

（　）に 読みがなを 書きましょう。 一つ 2点(18点)

① 鳥の 羽（　）。

② ぶ台（　）に 立つ。

③ 弱点（　）が ある。

④ 木刀（　）を ふる。

⑤ 下手（　）な うそ。

⑥ 汽船（　）に のる。

⑦ 半分（　）に 切る。

⑧ 売店（　）へ 行く。

3

つぎの ことばの 中から、音の 高さが かわると ちがう いみに なる ことばには ○を、そうで ない ものには ×を つけましょう。 一つ 1点(5点)

①（　）たんぼ

②（　）はし

③（　）りんご

④（　）かみ

⑤（　）はる

4

つぎの ことばと はんたいの いみの ことばに なるように、□に かん字を 書きましょう。 一つ 2点(8点)

① 小さい ↕ □きい

かえるくんは、森を　かけて　いったので
がまくんと　会いませんでした。
がまくんは、ふかい　草原《くさはら》を　かけて
いったので、かえるくんと　会いませんでした。

かえるくんは、がまくんの　うちに
つきました。
まどから　のぞきこみました。
「よおし。がまくん　いないぞ。だれが
おちばかき　したか　ぜったいに
分からないよ。」
と、言いました。

がまくんは、かえるくんの　うちに
つきました。
まどから　のぞきこみました。
「よおし。かえるくん　いないぞ。だれが
おちばかき　したか　ぜったいに
当てられないよ。」
と、言いました。

アーノルド・ローベル　文／みき　たく　やく「おちば」より

（切り取り線）

(5) がまくんが　かえるくんと　会わなかったのは　なぜですか。 5点

□□□□□ を　かけて　いったので。

(6) かえるくんが、「だれが　おちばかき　したか　ぜったいに　分からないよ。」と　言ったのは　なぜですか。 10点

(7) かえるくんと　がまくんは　どんな　せいかくだと　思いますか。 10点

6 思考・判断・表現　文しょうを　読んで、答えましょう。

十月。

木《こ》のはは　みんな　ちって　しまい、地めんに　つもりました。

「ぼく、がまくんちへ　行こうっと。にわの　しばふの　おちばを　かきあつめて　あげよう。がまくん、おどろくだろうなあ。」

と、かえるくんが　言いました。

かえるくんは、ものおきから　くま手を　とり出しました。


がまくんは、まどから　顔を　出しました。

「どこもかも　おちばだらけだよ。」

と、がまくんは　言って、もの入れから　くま手を　とり出しました。

「ぼく、かえるくんちへ　行こう。おちばを　かきあつめて　やるんだ。かえるくん、とても　よろこぶだろうなあ。」


（切り取り線）

(1) 「木のはは　みんな　ちって」、どう　なりましたか。　5点

(2) かえるくんは　がまくんの　うちに　行って、何を　する　つもりですか。　10点

(3) 「どこもかも」とは、どんな　いみですか。一つに　○を　つけましょう。　5点

ア（　）どこか　一かしょが
イ（　）どこも　すべてが
ウ（　）二つか　三つの　場しょが

(4) がまくんは、どこから　くま手を　とり出しましたか。　5点

⑨ 今朝の できごと。

2 □に かん字を 書きましょう。 一つ 2点(16点)

① □□《ちゅうしょく》の □《あと》で あそぶ。

② □《ふる》い ラジオを しゅう□《り》する。

③ □《あす》は □□《えんそく》だ。

④ □《よう》じが あって □《でん》話《わ》を する。

（切り取り線）

② 出る ↕ □る

③ みじかい ↕ □い

④ くらい ↕ □るい

5 ——線の ことばと にた いみの ことばを あとから えらび、記ごうを 書きましょう。 一つ 1点(3点)

① ガラスの コップを もちいる。（　）

② 早い 時間に 家へ 帰る。（　）

③ この 絵は 色が きれいだ。（　）

ア もどる	イ うつくしい
ウ おかしい	エ つかう

↩うらにも もんだいが あります。

この「丸つけラクラクかいとう」は
とりはずしてお使いください。

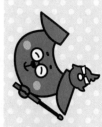

教科書ぴったりトレーニング

丸つけラクラクかいとう

東京書籍版
国語２年

「丸つけラクラクかいとう」では問題と同じ紙面に、赤字で答えを書いています。

おうちのかたへ では、次のようなものを示しています。
- 学習のねらいやポイント
- 他の学年や他の単元の学習内容とのつながり
- まちがいやすいことやつまずきやすいところ

お子様への説明や、学習内容の把握などにご活用ください。

見やすい答え

おうちのかたへ

くわしいてびき

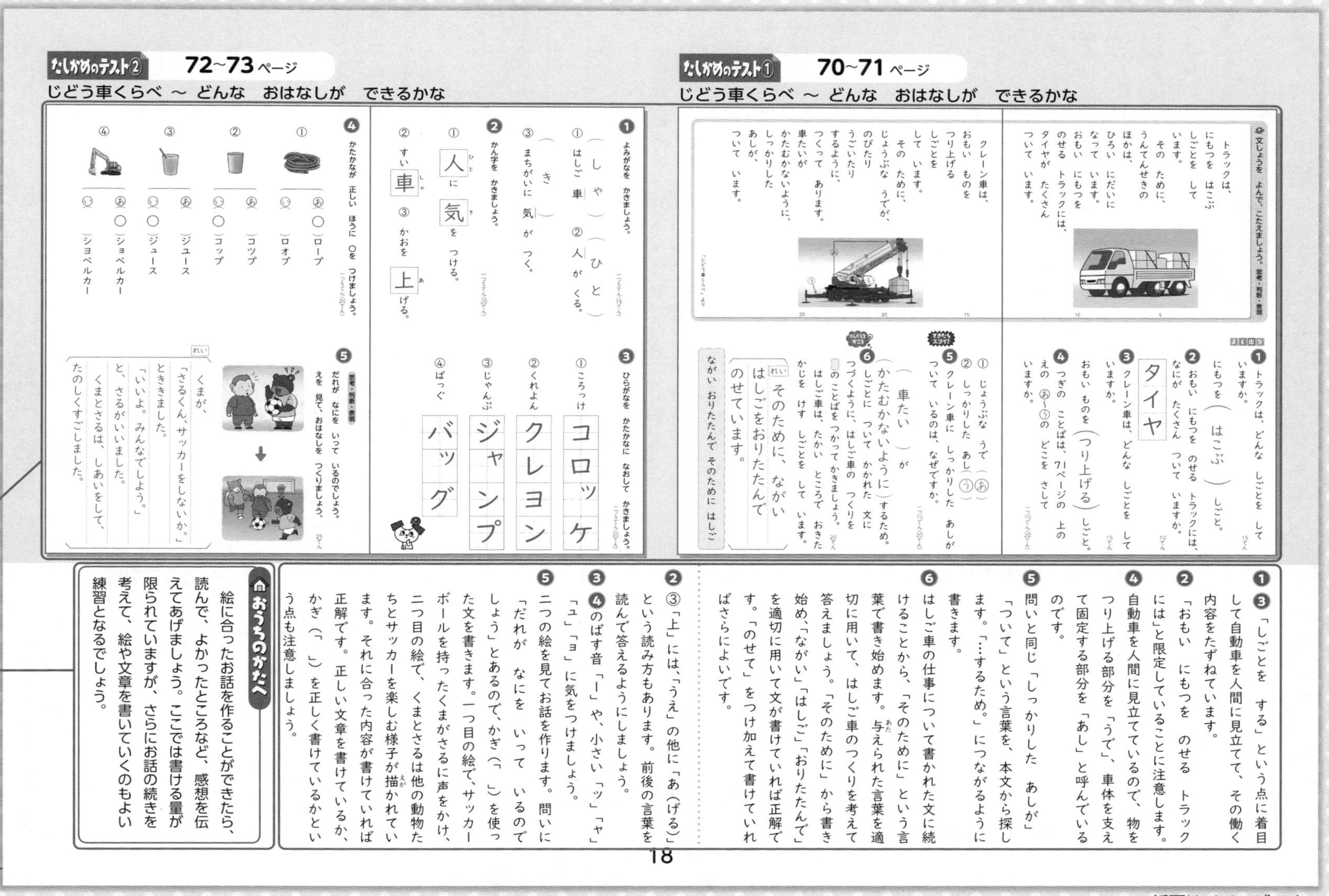

たしかめのテスト① 70~71ページ
じどう車くらべ ～ どんな　おはなしが　できるかな

文しょうを　よんで、こたえましょう。

トラックは、にもつを　はこぶ　しごとを　して　います。その　ために、うんてんせきの　ほかは、ひろい　にだいに　なって　います。おもい　にもつを　のせる　トラックには、タイヤが　たくさん　ついて　います。

クレーン車は、おもい　ものを　つり上げる　しごとを　して　います。その　ために、じょうぶな　うでが、のびたり　うごいたり　するように、つくって　あります。車たいが　かたむかないように、しっかりした　あしが、ついて　います。

❶ トラックは、どんな　しごとを　して　いますか。
にもつを（はこぶ）しごと。

❷ おもい　にもつを　のせる　トラックには、なにが　たくさん　ついて　いますか。
タイヤ

❸ クレーン車は、どんな　しごとを　して　いますか。
おもい　ものを（つり上げる）しごと。

❹ つぎの　ことばは、71ページの　上の　えの　あ～うの　どこを　さして　いますか。
① じょうぶな　うで（あ）
② しっかりした　あし（う）

❺ クレーン車に　しっかりした　あしが　ついて　いるのは、なぜですか。
（車たい）が（かたむかないように）するため。

❻ しごとに　ついて　かかれた　文に　つづくように、はしご車の　つくりを　□のことばを　つかって　かきましょう。
はしご車は、たかい　ところで　おきた　かじを　けす　しごとを　して　います。
れい　そのために、ながい　はしごを　おりたたんで　のせて　います。
ながい　おりたたんで　そのために　はしご

たしかめのテスト② 72~73ページ
じどう車くらべ ～ どんな　おはなしが　できるかな

❶ よみがなを　かきましょう。
① はしご車（しゃ）　② 人（ひと）が　くる。　③ まちがいに　気（き）が　つく。

❷ かん字を　かきましょう。
① 人に　気を　つける。　② すい車　③ かおを　上げる。

❸ ひらがなを　かたかなに　なおして　かきましょう。
① ころっけ　コロッケ　② くれよん　クレヨン　③ じゃんぷ　ジャンプ　④ ばっぐ　バッグ

❹ かたかなが　正しい　ほうに　○を　つけましょう。
① あ（○）ロープ　い（　）ロオプ
② あ（　）コツプ　い（○）コップ
③ あ（　）ジユース　い（○）ジュース
④ あ（○）ショベルカー　い（　）シヨベルカー

❺ だれが　なにを　いって　いるのでしょう。えを　見て、おはなしを　つくりましょう。
れい　くまが、「さるくん、サッカーをしないか。」とききました。「いいよ。みんなでしよう。」と、さるがいいました。くまとさるは、しあいをして、たのしくすごしました。

❶ ❸「しごとを　する」という点に着目して自動車を人間に見立てて、その働く内容をたずねています。

❷「おもい　にもつを　のせる　トラック」には」と限定していることに注意します。

❹ 自動車を人間に見立てているので、物をつり上げる部分を「うで」、車体を支えて固定する部分を「あし」と呼んでいるのです。

❺ 問いと同じ「しっかりした　あしが」「ついて」という言葉を、本文から探します。「…するため。」につながるように書きます。

❻ はしご車の仕事について書かれた文に続けることから、「そのために」という言葉で書き始めます。与《あた》えられた言葉を適切に用いて、はしご車のつくりを考えて答えましょう。「そのために」から書き始め、「ながい」「はしご」「おりたたんで」を適切に用いて文が書けていれば正解です。「のせて」をつけ加えて書けていればさらによいです。

❷ ③「上」には、「うえ」の他に「あ（げる）」という読み方もあります。前後の言葉を読んで答えるようにしましょう。

❸ ❹のばす音「ー」や、小さい「ッ」「ャ」「ュ」「ョ」に気をつけましょう。

❺ 二つの絵を見てお話を作ります。問いに「だれが　なにを　いって　いるので　しょう」とあるので、かぎ（「　」）を使った文を書きます。一つ目の絵で、サッカーボールを持ったくまがさるに声をかけ、二つ目の絵で、くまとさるは他の動物たちとサッカーを楽しむ様子が描《えが》かれています。それに合った内容が書けていれば正解です。正しい文章を書けているか、かぎ（「　」）を正しく書けているかという点も注意しましょう。

おうちのかたへ
絵に合ったお話を作ることができたら、読んで、よかったところなど、感想を伝えてあげましょう。ここでは書ける量が限られていますが、さらにお話の続きを考えて、絵や文章を書いていくのもよい練習となるでしょう。

18

※紙面はイメージです。

じゅんび　2~3ページ
はなしたい、ききたい、すきな　こと

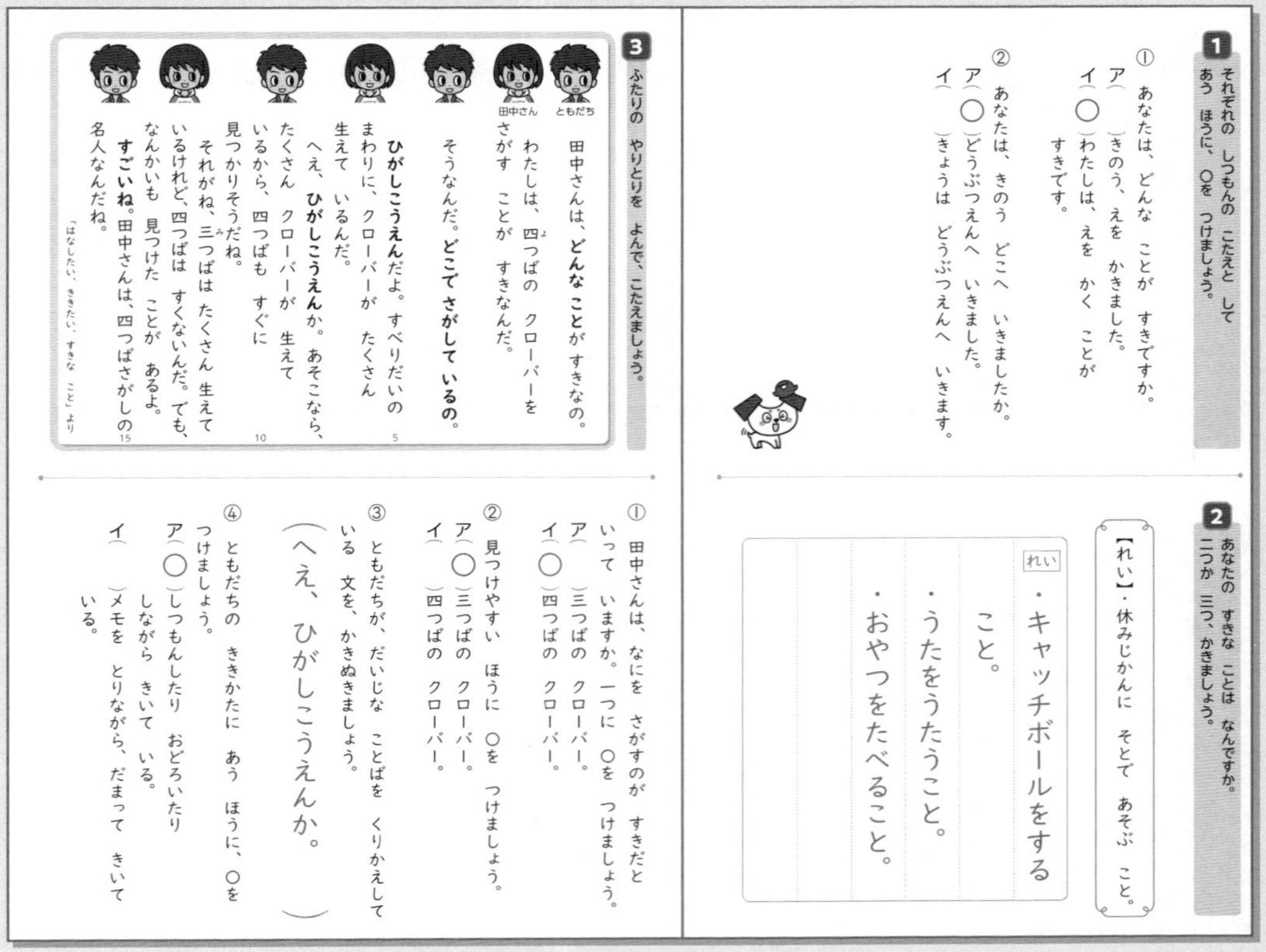

1 質問に対する適切な応答について確認《にん》する問題です。会話と同様に、文章を書くときにも基本となる事柄《がら》です。

①アは、昨日したことが何かを言っています。好きなことは何かという質問の答えにはなっていません。

②イは、昨日行った場所をたずねる質問の答えにはなっていません。

2 「好きなことは何か」を問われているので、「〜こと。」という形で答えるようにします。好きなことを書いていれば、正解とします。

3 ①「どんな　ことが　すきなの。」というともだちの質問に対し、田中さんは「四つばの　クローバーを　さがす　ことがすき」と答えています。

②田中さんが「三つばは　たくさん　生えて　いるけれど、四つばは　すくないから、見つけるのが　たいへん」と言っていることからわかります。

③ともだちがたずねたことに対し、田中さんは「ひがしこうえんだよ。」と答えています。大事な言葉を確認する意味で、ともだちは「へえ、ひがしこうえんか。」と繰り返しています。

④ともだちがメモを取っている様子はありません。二人が会話のキャッチボールをしていることがわかります。

じゅんび　4~5ページ
風の　ゆうびんやさん

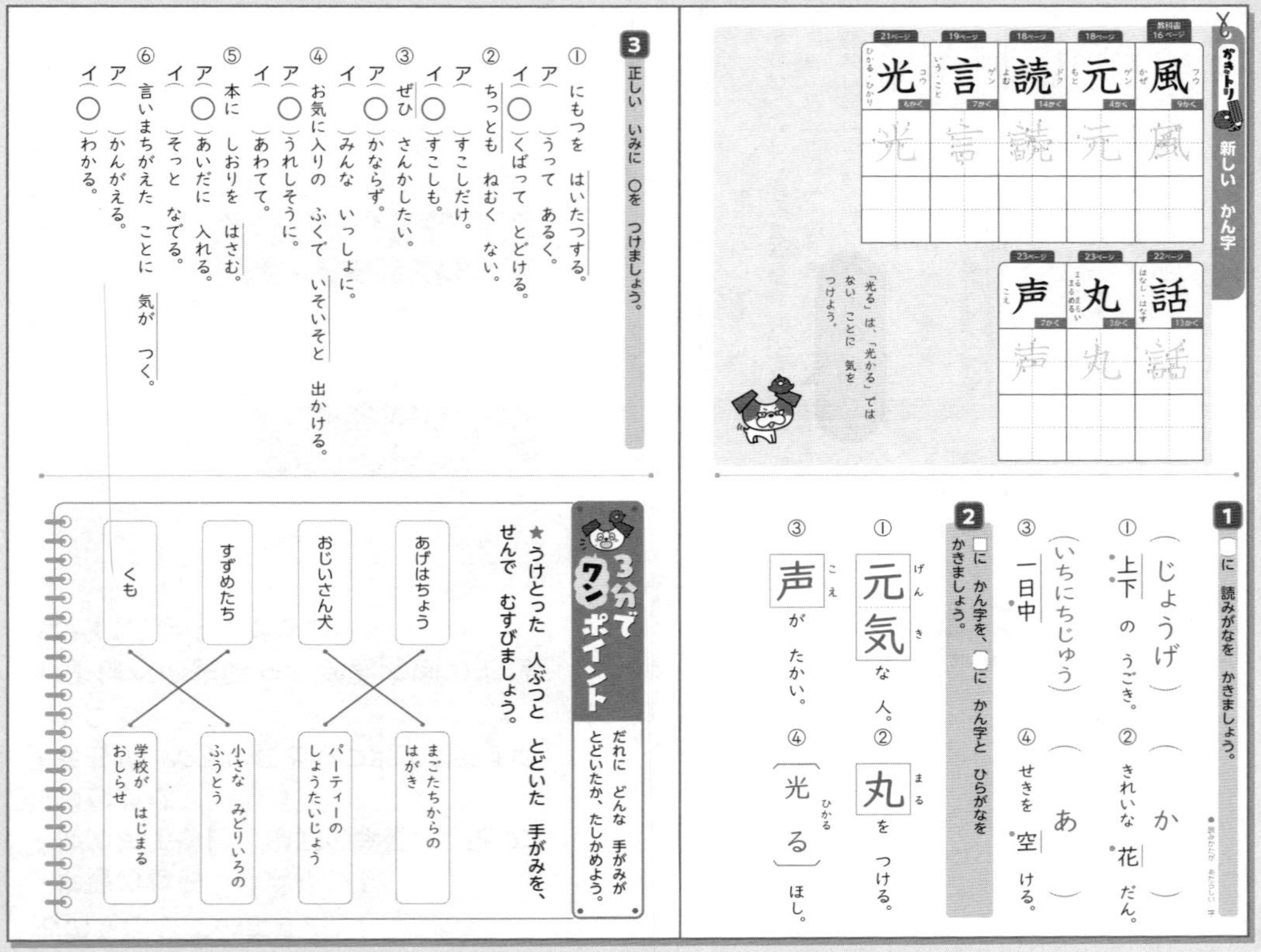

1 ③「一日中」の読みがなは、「いちにちぢゅう」ではなくて「いちにちじゅう」です。

3 ②「ちっとも」は、下に打ち消しの言葉を伴《ともな》って、「少しも」という意味を表します。

③「ぜひ」を使うときは、「〜たい」や「〜ください」など、文末に意志や要望を表す言葉がきます。

3分でワンポイント
「風のゆうびんやさん（たけした　ふみこ）」は、風のゆうびんやさんが、いろいろなところに手紙を配達するお話です。あげはちょうにはパーティーの招待状、おじいさん犬には引っ越《こ》していった孫たちからのはがきなど、それぞれの登場人物に、それぞれ別の手紙が届けられていることをおさえておきましょう。

れんしゅう　6~7ページ

風の　ゆうびんやさん

文しょうを　読んで、こたえましょう。

「犬さん、ゆうびんです。」
にわの　犬ごやの、おじいさん犬の
ところには、はがきが　とどきました。
「ほう。となり町に　ひっこして　いった、
まごたちからだ。みんな　元気に　くらして
います、か。うん。よかった、よかった。」
犬は、目を　ほそくして、なんども　なんども
はがきを　読みなおします。
「すずめさん、ゆうびんです。」
こんどの　手がみは、やねの　上。でも、風の
じてん車は、どこにでも　はいたつします。
「すずめの　学校が　はじまる　おしらせよ。」
手がみを　読んで、すずめの　おかあさんが
言いました。
「学校って、なあに。なに　する　ところなの。」
この　はる　生まれた　子すずめたちが
ききました。
「みんなで　あそんだり、うたを　うたったり
するのよ。それから、じょうずな
とびかたとか、えさの　さがしかたとか、
いろんな　ことを　ならうのよ。」
「わあ、おもしろそう。早く　いきたいな。」
子すずめたちは、みじかい　はねを　ひろげて、
おかあさんの　まわりを　ぴょんぴょん
とびまわりました。
リンリン。じてん車の
ベルを　ならして、
ゆうびんやさんは、みどりの
木かげを　くぐります。
「くもさん、ゆうびんです。」
おや、くもさんは、おひるね中だ。」
ゆうびんやさんは、くもの　すの　はしっこに、
小さな　みどりいろの　ふうとうを、ていねいに
はさみました。くもが　目を　さましたら、すぐ
気が　つくように。

たけした　ふみこ「風の　ゆうびんやさん」より

1 ゆうびんやさんが、はいたつした　ばしょ三つに　○を　つけましょう。
ア（○）にわの　犬ごや。
イ（　）となり町。
ウ（○）やねの　上。
エ（○）みどりの　木かげを　くぐった　ところ。

2 犬が「目を　ほそく」した　ことに　ついてこたえましょう。
① はがきを　読んだ　犬の　気もちに　あうもの　一つに　○を　つけましょう。
ア（○）うれしい　イ（　）しんぱいだ
ウ（　）かなしい　エ（　）ざんねんだ
② ①の　気もちの　りゆうを　七字でかきぬきましょう。
まごたちが
元気にくらして
いる　ことが　わかったから。

3 すずめたちに　とどいた　手がみには、なにがかいて　ありましたか。七字で　かきぬきましょう。
学校がはじまる　おしらせ。

4 「この　はる　生まれた　子すずめたち」のからだの　ようすが　わかる　ぶぶんを　六字でかきぬきましょう。
みじかいはね
ヒント　まだ　小さい　ことが　わかる　ぶぶんだよ。

5 ゆうびんやさんが　くもへの　手がみを　くものすの　はしっこに　はさんだのは、なぜですか。一つに　○を　つけましょう。
ア（　）くもが　こわくて、ちかづけない　ため。
イ（　）くもが　ねて　いて、おく　ばしょがない　ため。
ウ（○）目を　さました　くもが、すぐ　気がつくように　する　ため。
ヒント　さいごの　二ぎょうを　読もう。

じゅんび　8~9ページ

としょかんへ　行こう／かん字の　書き方／はたらく　人に　話を　聞こう

おぼえよう！　新しい　かん字

教科書26ページ	26ページ	29ページ	32ページ	32ページ	32ページ	32ページ
行《ギョウ・いく》 6かく	分《ブン・フン・わける・わかれる・わかる・わかつ》 4かく	記《キ》 10かく	書《ショ・かく》 10かく	方《ホウ・かた》 4かく	作《サク・つくる》 7かく	点《テン》 9かく

32ページ	32ページ	33ページ	34ページ	35ページ	35ページ
線《セン》 15かく	画《カク・ガ》 8かく	数《スウ・かず・かぞえる》 13かく	聞《きく・きこえる》 14かく	何《なに・なん》 7かく	考《かんがえる》 6かく

1 （　）に　読みがなを　書きましょう。
① 日記《にっき》を　書く。　② 夕方《ゆうがた》に　なる。
③ はこを　作《つく》る。　④ すぐに　行《い》く。

2 □に　かん字を、（　）に　かん字と　ひらがなを　書きましょう。
① 点線《てんせん》　② かん字の　画数《かくすう》。
③ あめを　分ける《わける》。　④ よく　考える《かんがえる》。

3 つぎの　本は　としょかんの　どの　たなに　ありますか。記ごうを　えらびましょう。（としょかんへ　行こう）
① ひつじに　ついての　本。（ウ）
② かぐやひめの　お話の　本。（ア）
③ たんぽぽに　ついての　本。（イ）
ア　文学の　たな。
イ　しぜんかがくの　しょくぶつの　たな。
ウ　しぜんかがくの　どうぶつの　たな。

4 つぎの　ことばに　あう　いみを、記ごうで　えらびましょう。（かん字の　書き方）
① 画（イ）　② ひつじゅん（ア）
③ 画数（ウ）
ア　かん字の　書き方の　きまった　じゅんじょ。
イ　かん字を　作る　点や、ひとつづきで　書く　線。
ウ　かん字を　作る　点や　線の　数。

5 はたらく　人に　話を　聞く　とき、気を　つける　ことを　一つ　えらんで、○を　つけましょう。（はたらく　人に　話を　聞こう）
ア（　）あってから　あいさつする　まえに「ありがとうございました。」と　言う。
イ（○）ていねいな　ことばで　話す。
ウ（　）しつもんを　おわる　とき「よろしく　おねがいします。」と　言う。

6 だいじな　ことを　聞きとる　とき、正しく　ない　ことを　一つ　えらんで、×を　つけましょう。
ア（　）聞きたい　ことは　何かを　しっかり　考えて　おく。
イ（　）しりたい　ことに　ついて　しつもんを　考えて　おく。
ウ（×）その　ばで　おもいついた　ことだけを　しつもんするように　する。
エ（　）だいじな　ことばに　ちゅういして　聞くように　する。

---

1 おじいさん犬、すずめのお母さんと子すずめたち、くもがいた、それぞれの場所を読み取ります。

2 ①「目を細くする」は、うれしいときなどに、顔に笑《え》みが浮《う》かんでいることを表す慣用的な表現です。
②はがきを読んだおじいさん犬は、「よかった、よかった。」と言っています。なぜ「よかった」とうれしがっているのかは、孫たちからのはがきに「みんな元気に　くらして　います」と書いてあるからだということをとらえましょう。

3 手紙を読んですずめのお母さんが言った、「すずめの　学校が　はじまる　おしらせよ。」という言葉からわかります。

4 「この　はる　生まれた」とあるので、子すずめたちはまだ小さいことが想像できます。子すずめたちの、そのような体の特徴《ちょう》を表している部分を探します。

5 「くもの　すの　はしっこに、小さなみどりいろの　ふうとうを、ていねいにはさみました。」の直後の文に注目します。「くもが　目を　さましたら、すぐ気が　つく」ことができるように、くもへの手紙をくもの巣のはしっこにはさんだのです。

3 図書館の本は、0類から9類までのジャンルごとに分類され、それぞれの棚《たな》に収納されています。自然科学とは、自然界に起きるいろいろな現象を扱《あつか》う学問で、いくつかの分野があります。動物の一種である羊や、植物の一種であるたんぽぽについての本は、4類の自然科学の棚にあります。かぐやひめの本は、9類の文学の棚にあります。

4 ①漢字を構成する点や、一続きで書く線が、「画《かく》」です。例えば「言」の一画目は点、二画目以降は線です。
②「筆順」は、「書き順」ともいいます。

5 話を聞くときには、ふつう、はじめのほうで「よろしくお願いします。」と挨拶《あいさつ》します。

6 事前に考えておいた質問をするのが基本ですが、話の流れによって、その場で思いついたことを質問してもよいでしょう。

たしかめのテスト① 10〜11ページ

風の　ゆうびんやさん 〜 はたらく　人に　話を　聞こう

文しょうを　読んで、こたえましょう。　思考・判断・表現

「すずめさん、ゆうびんです。」

こんどの　手がみは、やねの　上。でも、風の　じてん車は、どこにでも　はいたつします。

「すずめの　学校が　はじまる　おしらせよ。」

手がみを　読んで、すずめの　おかあさんが　言いました。

「学校って、なあに。なに　する　ところなの。」

この　はる　生まれた　子すずめたちが　ききました。

「みんなで　あそんだり、うたを　うたったり　するのよ。それから、じょうずな　とびかたとか、えさの　さがしかたとか、いろんな　ことを　ならうのよ。」

「わあ、おもしろそう。早く　いきたいな。」

子すずめたちは、みじかい　はねを　ひろげて、おかあさんの　まわりを　ぴょんぴょん　とびまわりました。

リンリン。じてん車の　ベルを　ならして、ゆうびんやさんは、みどりの　木かげを　くぐります。

「くもさん、ゆうびんです。おや、くもさんは、おひるね中だ。」

ゆうびんやさんは、くもの　すの　はしっこに、小さな　みどりいろの　ふうとうを、ていねいに　はさみました。くもが　目を　さましたら、すぐ　気が　つくように。

でも、しらない　人が　見たら、ぎんいろに　光る　くもの　すに、小さな　はっぱが　ひっかかって　いるだけだと　おもうかも　しれません。

はいたつする　手がみは、まだ　まだ　たくさん　あります。

風の　ゆうびんやさんは、口ぶえを　ふきながら、元気よく　はしって　いきます。

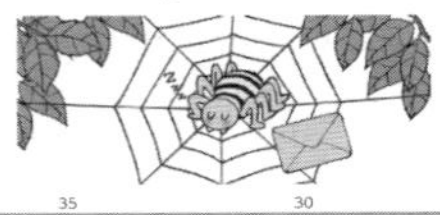

たけした　ふみこ「風の　ゆうびんやさん」より

❶ よく出る　「すずめさん」が　いる　ばしょを　四字で　書きぬきましょう。　10点

やねの上

❷ よく出る　「すずめの　学校」で　する　こと　すべて《ぜんぶ　できて》に　○を　つけましょう。　15点

ア（　）みんなで　えさを　たべる。

イ（○）いろんな　ことを　ならう。

ウ（　）じょうずに　とぶ　とりを　見る。

エ（○）あそんだり　うたったり　する。

❸ 「早く　いきたいな。」と　いう　子すずめたちの　気もちが　分かる　一つの　文を、書き出しましょう。　15点

（子すずめたちは、みじかい　はねを　ひろげて、おかあさんの　まわりを　ぴょんぴょん　とびまわりました。）

❹ 「くもさん」への　手がみは　どこに　はさみましたか。□に　あうように　六字で　書きぬきましょう。　10点

くもの　すのはしっこ

❺ できたらスゴイ！
① くもへの　手がみに　ついて　こたえましょう。何に　見えますか。六字で　書きぬきましょう。　10点

小さなはっぱ

② ①のように　見えるのは　なぜですか。くもへの　手がみが、　20点

（れい　小さなみどりいろのふうとうだから。）

❻ 考えを書こう　「風の　ゆうびんやさん」は　どんな　人ぶつだと　おもいますか。　20点

（れい　元気で、あいてのことを　おもいやることができる）人ぶつだと　おもいます。

たしかめのテスト② 12〜13ページ

風の　ゆうびんやさん 〜 はたらく　人に　話を　聞こう

❶ （　）に　読みがなを　書きましょう。　一つ3点（24点）

① 読書（どくしょ）の　じかん。　② つよい　風（かぜ）。
③ 木（こ）かげで　休む。　④ 三画（さんかく）の　字。
⑤ こん虫（ちゅう）さいしゅう　⑥ あかるい　光線（こうせん）。
⑦ 何（なに）かを　ふんだ。　⑧ 空（あ）きかん

❷ □に　かん字を　書きましょう。　一つ4点（16点）

① わけを　話《はな》す。　② 音がくを　聞《き》く。
③ つづけて　言《い》う。　④ 文を　作《つく》る。

❸ 〔　〕に　かん字と　ひらがなを　書きましょう。　一つ4点（12点）

① 川を　〔上る〕《のぼる》。　② すぐ　〔分かる〕《わかる》。
③ せなかを　〔丸める〕《まるめる》。

❹ としょかんの　本に　ついて、こたえましょう。　一つ2点（4点）

① どんな　じゅんじょで　ならんで　いますか。正しい　ほうに　○を　つけましょう。
ア（○）左から　右、上から　下の　じゅん。

イ（　）右から　左、上から　下の　じゅん。

② いくつの　なかまに　わけられて　いますか。正しい　ほうに　○を　つけましょう。
ア（　）1るいから　5るいまでの　五の　なかま。

イ（○）0るいから　9るいまでの　十の　なかま。

❺ つぎの　かん字の　画数を、かん字で　書きましょう。　一つ3点（18点）

① 女（三）画　② 金（八）画
③ 年（六）画　④ 水（四）画
⑤ 子（三）画　⑥ 糸（六）画

❻ □の　かん字を、たて画から　書きはじめる　ものと　よこ画から　書きはじめる　ものに　わけましょう。　かん字一つ4点（24点）

上　目　木　口　町　花

・たて画から（上　目　口　町）
・よこ画から（木　花）
※順番《じゅんばん》はちがっていてもよい。

❼ はたらく　人に　はなしを　きく、はじめの　ばめんです。（　）に　入る　ことばを　一つ　えらびましょう。　2点

きょうは、きゅうしょくしつの　しごとに　ついて、おはなしを　きかせて　ください。


ア（○）よろしく　おねがいします。

イ（　）ありがとうございました。

❶ 2行目に、「こんどの　手がみは、やねの　上。」とあります。

❷ 子すずめたちの「学校って、なあに。なに　する　ところなの。」という問いかけに対して、すずめのお母さんが答えている部分から読み取ります。上手な飛び方やえさの探し方を習うとは書かれていますが、「みんなで　えさを　たべる。」や「じょうずに　とぶ　とりを　見る。」とは書かれていません。

❸ 「ぴょんぴょん　とびまわりました」という部分は、お母さんから聞いたことを「おもしろそう。」と感じ、学校が楽しみになっている子すずめたちの気持ちを表しています。「一つの　文」なので、「子すずめたちは、……とびまわりました。」の部分をすべて書き出します。

❹ くもが昼寝《ね》中だと気付いたゆうびんやさんが、手紙をどこにはさんだのかを、23〜25行目の文から読み取ります。

❺ くもに配達された手紙は「小さな　みどりいろの　ふうとう」だったので、それは「小さな　はっぱ」に見えるのです。

❻ 最後の一文から、元気な様子がわかります。また、昼寝から目覚めたくもが手紙にすぐ気付くよう配慮《りょ》している部分に着目して答えられるとよいでしょう。

おうちのかたへ

いろいろな性格の登場人物がたくさん出てきます。場面の様子や登場人物の心情などを想像しながら、音読してみましょう。会話文は気持ちを込《こ》めて、それぞれの登場人物になりきって音読することができれば、読み取りもより深まっていくでしょう。

❺ ④「水」は、三画目と四画目をつなげて書いたり数えたりしないように注意しましょう。
⑤「子」は、一画目と二画目をつなげて書いたり数えたりしないように注意しましょう。

❻ 新しい漢字は、必ず、正しい筆順で書きながら覚えるようにします。「上」は、縦画から書き始める三画の漢字です。なお、「下」は横画から書き始めることもあわせて確認《にん》しておきましょう。

じゅんび　14〜15ページ

たんぽぽ

新しい かん字

夜	間	多	少	毛	当	時
教科書42ページ	42ページ	43ページ	43ページ	44ページ	44ページ	46ページ
ヤ よる・よ	カン・ケン あいだ・ま	おおい	すくない・すこし	け	トウ あたる・あてる	ジ とき
8かく	12かく	6かく	4かく	4かく	6かく	10かく

活	科	来	門
48ページ	48ページ	49ページ	49ページ
カツ	カ	ライ くる	モン
9かく	9かく	7かく	8かく

1 □に 読みがなを 書きましょう。

① 正月の かざり。（しょうがつ）　② 女子の チーム。（じょし）

③ 数える。（かぞ）　④ 小学生の 男子。（だんし）

2 □に かん字を、□に かん字と ひらがなを 書きましょう。

① 毛糸《けいと》 で あむ。　② 門《もん》 が あく。

③ 生活科《せいかつか》　④ 光が 当たる《あたる》。

3 正しい いみに ○を つけましょう。

① 夕方に なり、日が かげる。
ア（　）あたりが まっくらに なる。
イ（○）日ざしが よわく なる。

② 木の ねが はる。
ア（○）ひろがって のびる。
イ（　）小さく かたまる。

③ バナナの みが じゅくす。
ア（　）くさる。
イ（○）じゅうぶんに みのる。

4 上の ことばと はんたいの いみの ことばを 下から えらんで 線で むすびましょう。

① ながい ― ② ひらく ― ③ たかい ― ④ 多い ― ⑤ とおく
（とじる・ひくい・みじかい・ちかく・少ない）

3分でワンポイント　せつめいの じゅんじょを たしかめよう。

★ たんぽぽが めを 出すまでの じゅんじょに なるよう、（　）に ばんごうを 書きましょう。

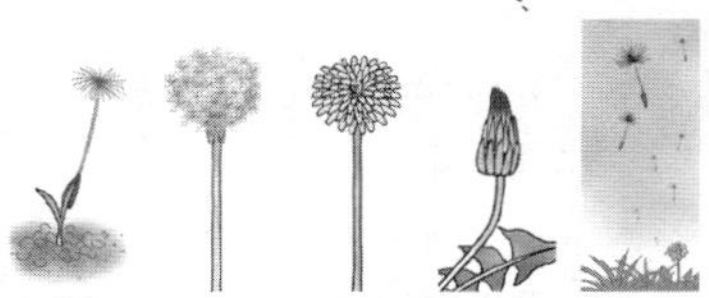

ア（4）わた毛《げ》が 風に ふきとばされます。
イ（2）くきが おき上がって、たかく のびます。
ウ（1）花が さきます。
エ（3）みが じゅくして、わた毛が ひらきます。
オ（5）わた毛が 土に おちて、たねが めを 出します。

れんしゅう　16〜17ページ

たんぽぽ

文しょうを 読んで、こたえましょう。

はるの はれた 日に、花が さきます。花は、夕方 日が かげると、とじて しまいます。夜の 間、ずっと とじて います。つぎの 日、日が さして くると、また ひらきます。花を よく 見て みましょう。

一つの 花のように 見えるのは、小さな 花の あつまりなのです。小さな 花を 数えて みたら、百八十も ありました。これより 多い ものも、少ない ものも あります。この 小さな 花に、みが 一つずつ できるように なって います。

花が しぼむと、みが そだって いきます。みが じゅくすまで、花の くきは、ひくく たおれて います。

みが じゅくして たねが できると、くきは おき上がって、たかく のびます。はれた 日に、わた毛《げ》が ひらきます。たかく のびた くきの 上の わた毛には、風が よく 当たります。わた毛は、風に ふきとばされます。かるくて ふわふわした わた毛は、風に のって、とおくに 行く ことが できます。

わた毛が 土に おちると、わた毛に ついて いる たねが、やがて めを 出します。たんぽぽは、そこで ねを はって、そだって いきます。

ひらやま かずこ「たんぽぽ」より

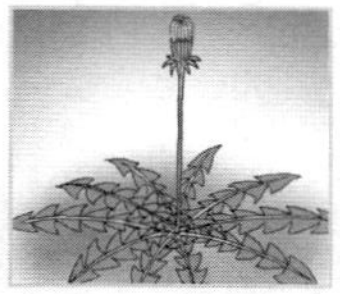

❶ たんぽぽの 花は いつ さきますか。七字で 書きぬきましょう。

はるのはれた日

❷ たんぽぽの 花に ついて、あう ものの 一つに ○を つけましょう。
ア（○）夜の 間は ずっと とじて いる。
イ（　）あたたかい 日は ひらいて いる。
ウ（　）一日中 ひらいて いる。

❸ たんぽぽの 花が ひらく ことには、何が かんけいして いますか。かん字 一字で 書きぬきましょう。

花に 日 が さす こと。

ヒント　どんな ときに 花が ひらくのかな。

❹「一つの 花のように 見える」ものは、何ですか。四字で 書きぬきましょう。

小さな 花の あつまり。

❺「花が しぼむ」と、何が そだちますか。

（み）が そだつ。

❻ みが じゅくすまでの 花の くきの ようすに あう もの 一つに ○を つけましょう。
ア（○）たおれて いる。
イ（　）おき上がって いる。
ウ（　）かれて いる。

❼「わた毛が 土に おちる」と どう なりますか。

たねが やがて（れい めを出す）。

ヒント　21〜24ぎょう目を よく 読もう。

---

3 ①「日がかげる」には、日光が雲などに遮《さえぎ》られて暗くなるという意味もあります。この例文の場合、夕方になり、日が傾《かたむ》いて日差しが弱まるという意味です。

4 ②「ひらく―とじる」のように、言葉を補って考えるとよいでしょう。「本をひらく―本をとじる」は、「本をひらく」か、「安い」もあります。「高い」などの

③「高い」の対義語には、「低い」のほか、「安い」もあります。「高い」などの多義語の場合、対義語も二つ以上あることがあります。

3分でワンポイント

「たんぽぽ（ひらやま かずこ）」の中で、たんぽぽの花が咲《さ》いてから実が熟し、風に乗った綿毛が土に落ちて、種が芽を出すまでの順番を、イラストもヒントにしながら確かめます。いろいろなところに種が運ばれるので、いろいろな場所にたんぽぽは生えているのです。

❶「いつ」と問われているので、時を表す言葉に注目して、探しましょう。

❷ たんぽぽの花には、一日のうちで、開いている時間と閉じている時間があることを、第一段落から読み取ります。

❸ 春の晴れた日に咲いたたんぽぽは、日がかげると花を閉じます。夜の間もずっと閉じています。翌日に日が差してくると、また花が開きます。つまり、たんぽぽの開花には、日が差すことが関係していることがわかります。

❹「〜のように」という表現に注意します。一つの花であるように見えるものが、実際は「小さな　花の　あつまり」だと書かれています。

❺「花が　しぼむと、みが　そだって　いきます。」とあります。「〜と……」は、前の事柄《がら》の次に、あとの事柄が起こることを表しています。

❻ 花がしぼんで実が育っていき、その実が熟すまでの間、茎《くき》は低く倒《たお》れています。茎が起き上がって高く伸《の》びるのは、実が熟して種ができたときです。

❼「わた毛が　土に　おちると、わた毛に　ついて　いる　たねが、やがて　めを　出します。」とあります。ここでも、順番を表す「〜と……」が使われています。

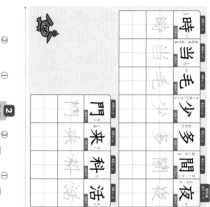

かんさつした ことを 書こう／かたかなで 書く ことば

新しい かん字

回 高 黄 色 外
国 地 前

「黄」の ひつじゅんに 気を つけよう。

1 □に 読みがなを 書きましょう。

① 二人《ふたり》で おどる。 ② 子どもと 大人《おとな》。
③ こまを 回《まわ》す。 ④ 一人《ひとり》で 行く。

2 □に かん字を、□に かん字と ひらがなを 書きましょう。

① 黄色《きいろ》の ふく。 ② 外国《がいこく》
③ 前《まえ》に 出る。 ④ 高い《たかい》 ビル。

かんさつした ことを 書こう

3 かんさつした ことを くわしく 書いて いる ほうに、○を つけましょう。

① （　）土の 中から めが 出て、はっぱが ひらいた。
② （○）土の 中から めが 出て、大きさの ちがう 黄みどり色の はっぱが 二まい ひらいた。

4 にて いる ものに たとえて 書いて いる ほうに、○を つけましょう。

① （○）くろい 糸のような あしが たくさん 生えて いる。
② （　）あしは たくさん 生えて いて、ぜんぶ くろい。

かたかなで 書く ことば

5 かたかなで 書く ことが 多い ほうに、○を つけましょう。

① （　）ようすを あらわす ことば。
② （○）音を あらわす ことば。

6 ことばの 書き方が 正しい ほうを □で かこみましょう。

① （スペイン・すぺいん）に 行く。
② （けえき・ケーキ）を たべる。
③ ねこが （にゃあ・ニャー）と なく。

7 つぎの かたかなの ことばに あう なかまを、□から えらんで、記ごうで 書きましょう。

① ピヨピヨ・ワンワン （エ）
② ブラジル・パリ （ア）
③ キャベツ・テニス （ウ）
④ ガタガタ・ドスン （イ）

ア 外国の 地名
イ ものの 音
ウ 外国から 来た ことば
エ どうぶつの なき声

たんぽぽ ～ かたかなで 書く ことば

文しょうを 読んで、こたえましょう。 思考・判断・表現

花が しぼむと、みが そだって いきます。みが じゅくすまで、花の くきは、ひくく たおれて います。

みが じゅくして たねが できると、くきは おき上がって、たかく のびます。

はれた 日に、わた毛《げ》が ひらきます。たかく のびた くきの 上の わた毛には、風が よく 当たります。わた毛は、風に ふきとばされます。かるくて ふわふわした わた毛は、風に のって、とおくに 行く ことが できます。

わた毛が 土に おちると、わた毛に ついて いる たねが、やがて めを 出します。

たんぽぽは、そこで ねを はって、そだって いきます。

ひらやま かずこ「たんぽぽ」より

1 よく出る 「わた毛が ひらきます。」と ありますが、わた毛が ひらくのは どんな 日ですか。書きぬきましょう。 10点

（はれた日）

2 「たかく のびた くき」には、どんな よい ことが ありますか。一つに ○を つけましょう。 20点

ア （　）わた毛に 光が よく 当たる こと。
イ （○）わた毛に 風が よく 当たる こと。
ウ （　）わた毛に 雨が よく 当たる こと。

3 「わた毛」に ついて、こたえましょう。

① とくちょうを、八字で 書きぬきましょう。 15点

かるくて ふわふわ

② ①の とくちょうから 何が できますか。 一つ10点（20点）

風 に のって、とおく に 行く ことが できる。

4 よく出る たんぽぽが めを 出すまでの じゅんに 1～4の ばんごうを 書きましょう。 ぜんぶ できて 15点

ア （3）わた毛が 土に おちる。
イ （2）わた毛が 風に ふきとばされる。
ウ （4）わた毛に ついて いる たねが めを 出す。
エ （1）わた毛が ひらく。

5 「たんぽぽ」の ねが はる ばしょは どこですか。□の ことばを ぜんぶ つかって 書きましょう。 20点

わた毛　め　土　たね　出した　おちた

れい 土に おちた わた毛に ついて いる たねが めを 出した ばしょ。

---

1 ①「二人（ふたり）」は、漢字一字ずつを読まないで、その言葉全体に当てられた訓で読む、熟字訓《じゅくじくん》という読み方です。

②「大人（おとな）」は熟字訓です。

④「一人（ひとり）」は熟字訓です。なお、「一人」や「二人」が「一人前（いちにんまえ）」「二人前（ににんまえ）」のような熟語で使われている場合、これらは熟字訓ではありません。

5 **6** **7** 外国の地名や外国の人の名前、外来語、ものの音や動物の鳴き声などは、かたかなで表記するのが基本です。

1 「～に」は、時間や場所を表す助詞であることを手がかりに、綿毛が開くのはどんな日かを探します。

2 「たかく のびた くきの 上の わた毛には、風が よく 当たります。」とあることから考えます。そのあとに、綿毛は風に吹《ふ》き飛ばされるとあるので、風がよく当たることは、綿毛にとって都合がよいことであるとわかります。

3 ①「八字」という条件もヒントに、綿毛の特徴《ちょう》が書いてある部分を探します。

②綿毛は「かるくて ふわふわ」しているので、「風に のって、とおくに 行く ことが」できるのです。

4 綿毛が開いてから、綿毛についた種が芽を出すまでの文章の流れを、順を追ってつかみます。このとき、頭の中で状況《きょう》をイメージしてみるのもよいでしょう。

5 「そこで ねを はって」の「そこ」が指し示す場所を、直前の一文の中から探しましょう。

れい2 わた毛が土におちたあと、たねがやがてめを出した

おうちのかたへ

説明文を読むときは、内容を時系列に沿ってとらえることが大切です。時を表す言葉や、順序を表す接続語に注目すると、流れをつかみやすくなります。文章の最後のほうで「このように」「したがって」などの言葉があるときは、それまでの説明をまとめて結論を述べています。このことを知っておけば、説明文の重要な事柄《がら》を確実にとらえることができます。

たしかめのテスト② たんぽぽ ～ かたかなで 書く ことば 22～23ページ

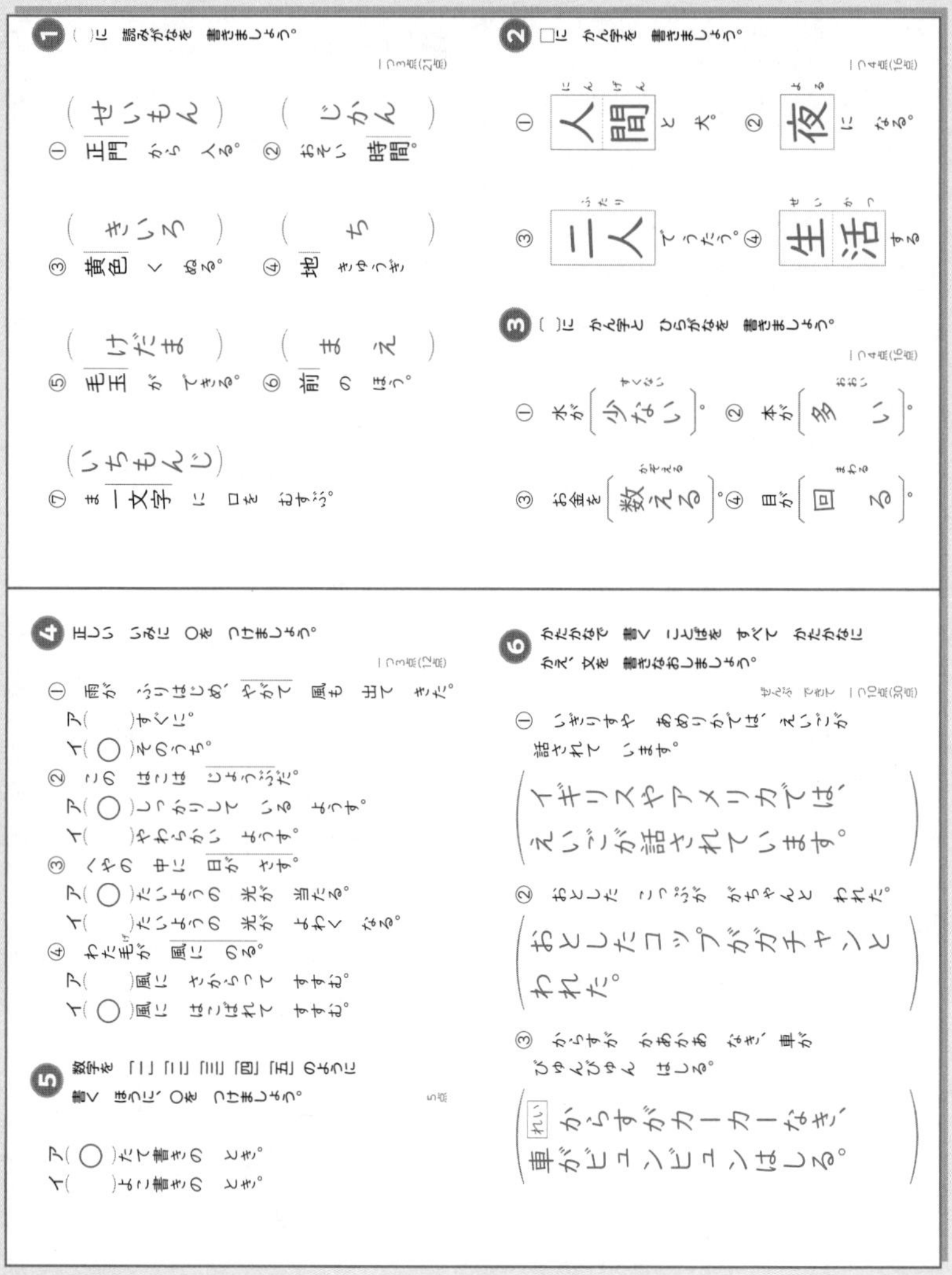

じゅんび 名前を 見て ちょうだい 24～25ページ

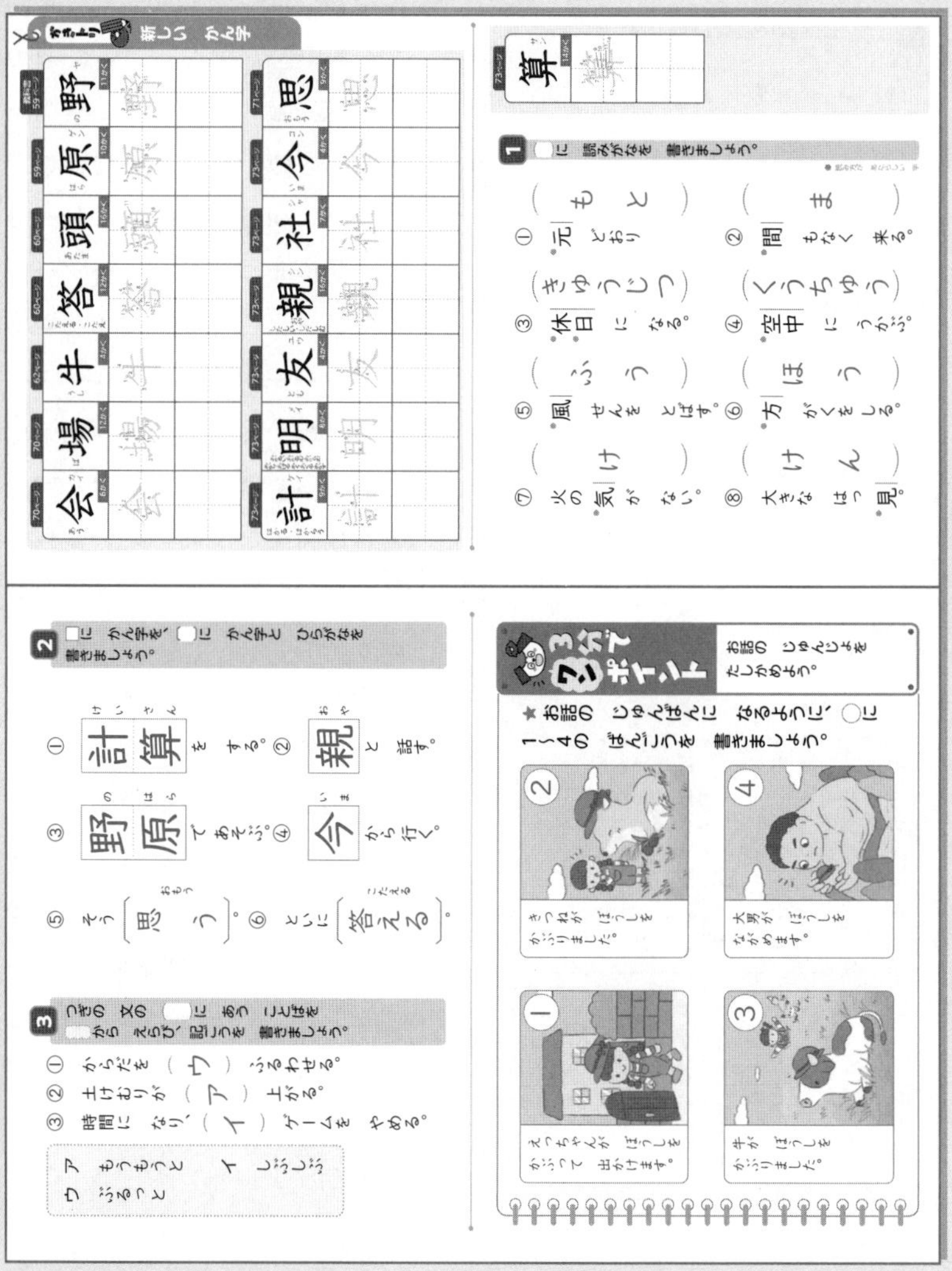

5 文章を縦書きするときは、一、二、三のように漢数字を使います。横書きのときは、1、2、3のように算用数字を使います。以上が基本ですが、例外の場合もあります。

6 ①「いぎりす」と「あめりか」は外国の国名なので、かたかなにします。

②「こっぷ」は外来語、「がちゃん」はものの音を表す言葉なので、かたかなにします。

③「かあかあ」は動物の鳴き声、「びゅんびゅん」はものの音や様子を表す言葉なので、かたかなにします。「かあかあ」をかたかなにするときは、「カアカア」ではなく、「カーカー」と書きます。「からす」は外来語ではないのでひらがなのままにしますが、動植物名はかたかなで書く場合もあるので、かたかなでも正解とします。

れい2 カラスがカーカーなき、車がビュンビュンはしる。

3 ①「ぶるっと」は、体を振《ふ》り動かす様子を表す言葉です。「ぶるぶる」は、体がしばらく継《けい》続的に震《ふる》えていることを表す言葉であるのに対し、「ぶるっと」は、その動きが瞬《しゅん》間的であることを示している言葉です。

②「もうもうと」は、煙《けむり》、湯気、ほこり、霧《きり》などが一面に立ち込《こ》めている様子を表す言葉です。

③「しぶしぶ」は、心が進まない様子を表す言葉です。「いやいや」と言い換《か》えることもできます。

3分でワンポイント

「名前を見てちょうだい（あまん きみこ）」では、赤い帽子《ぼうし》をかぶって出かけたえっちゃんが、どんな順番でほかの登場人物たちと出会ったかをおさえます。強い風に吹《ふ》き飛ばされた帽子を、野原にいたきつねが、まずかぶります。次は、畑にいた牛がかぶります。さらに、七色の林の中にいた大男が、帽子を手にします。場面の移り変わりとともに、登場人物も順番に増えていっている点にも注目するとよいでしょう。

れんしゅう 26~27ページ

名前を　見て　ちょうだい

文しょうを　読んで、答えましょう。

「それ、あたしのよ。」

「ぼくのだよ。」

牛の　頭を　ゆびさして、えっちゃんと　きつねが　言いました。すると、ふりむいた　牛は、すまして　答えました。

「わたしのですよ。」

そこで、えっちゃんと　きつねは、いっしょに　言いました。

「名前を　見て　ちょうだい。」

牛は、しぶしぶ　ぼうしを　ぬいで、名前の　ところを　見せました。

「ほうら、わたしの　名前だよ。は、た、な、か、も、う、こ。」

なるほど、牛の　言う　とおり。本当に　そう　見えます。

「へんねえ。」

えっちゃんと　きつねが　かおを

見あわせた　とき、つよい　風が　ふいて　きて、また、ぼうしを　さらって　いきました。

「こら、ぼうし、まてえ。」

えっちゃんと　きつねと　牛は　はしりだしました。

ぼうしは、リボンを　ひらひらさせながら、七色の　林の　方へ　とんで　いきます。

えっちゃんたちが、その　林に　入って　いくと、木よりも　高い　大男が、どかんと　すわって　いました。そして、ぼうしを　りょう手で　もって、ふしぎそうに　ながめて　いました。

「それ、あたしのよ。」

「ぼくのだよ。」

「わたしのですよ。」

えっちゃんと　きつねと　牛は、いっしょに　言いました。

「名前を　見て　ちょうだい。」

すると、大男は、えっちゃんたちを　じろりと　見下ろしました。それから、あっという間に　ぱくん。ぼうしを　口の　中に　入れました。

そして、すまして　答えました。

「たべちゃったよ。だから、名前も　たべちゃった。」

あまん　きみこ「名前を　見て　ちょうだい」より

❶ 「牛の　頭」の　上に　あった　ものは　何ですか。三字で　書きぬきましょう。

ぼうし

❷ 「名前を　見て　ちょうだい。」と　言われた　とき、牛は　どう　しましたか。

牛は（れい　しぶしぶぼうしをぬいで）、

❸ 「へんねえ。」と　ありますが、なぜ　へんに　思ったのですか。一つに　○を　つけましょう。

えっちゃんたちに、名前の　ところを　見せた。


ア（　）牛が　ぼうしを　わたそうと　しないから。

イ（　）きつねの　名前が　書かれて　いたから。

ウ（○）牛の　名前が　書かれて　いるように　見えたから。

エ（　）えっちゃんたちが　かおを　見あわせたから。

ヒント：「へんねえ。」の　前の　ぶぶんを　読もう。

❹ 「つよい　風が　ふいて　きて」、ぼうしは　どこに　とんで　いきましたか。四字で　書きぬきましょう。

七色の林　の　方

❺ ① 「大男」に　ついて、答えましょう。
どんな　ようすですか。

（木よりも高い）大男で、どかんと　すわって　いる。

② 大男が　した　こと　すべてに、○を　つけましょう。

ア（○）ぼうしを　口の　中に　入れた。

イ（　）ぼうしを　えっちゃんに　かえした。

ウ（　）ぼうしの　名前を　たしかめた。

エ（○）ぼうしを　ふしぎそうに　ながめた。

ヒント：「大男」と　いう　ことばの　前と　あとから　読みとろう。

じゅんび 28~29ページ

じゅんじょ／話そう、二年生の　わたし

かきトリ　新しい　かん字

組	家	自	心	教
教科書76ページ	76ページ	78ページ	82ページ	83ページ
くむ・くみ　ソ	いえ　カ	ジ	こころ　シン	おしえる・おそわる　キョウ
11かく	10かく	6かく	4かく	11かく

「心」は、画数が少ないですが、書くときは　バランスに　気を　つけましょう。

1 □に　読みがなを　書きましょう。

① 五行目《ごぎょうめ》を　読む。② 三人分《さんにんぶん》　たべる。
③ 生《なま》クリームが　たくさん　のった　ケーキ。

2 □に　かん字を、□に　かん字と　ひらがなを　書きましょう。

① 家《いえ》の　中。② あたたかい　心《こころ》。
③ かたを　組む《くむ》。④ 人に　教える《おしえる》。

じゅんじょ

3 つぎの　文しょうの　□に　あう　ことばを　□から　えらんで、記ごうを　書きましょう。

かいものを　する　ときの　ことを　話します。（ア）、かう　ものを　きめます。（ウ）、それを　もって　レジへ　行き、お金を　はらいます。（イ）、おつりや　レシートを　うけとります。

ア　まず　イ　さいごに　ウ　つぎに

話そう、二年生の　わたし

4 だいじな　ところが　つたわるように　話すには、どう　しますか。二つに　○を　つけましょう。

ア（　）思いついた　ときに　話す。

イ（○）つたえたい　ことを　たしかめて　話す。

ウ（　）なるべく　早口で　話す。

エ（○）ゆっくりと　大きな　声で　話す。

オ（　）できるだけ　小さな　声で　話す。

こんな　ことを　して　いるよ

5 つぎの　文しょうの　①～③の　ぶぶんに　書かれて　いる　ことを、□から　えらんで　記ごうを　書きましょう。

①わたしは、家で　しょっきあらいを　して　います。
②しょっきあらいを　する　ときは、まず、あぶらの　よごれを　かみで　ふきとります。つぎに、しょっきを　水で　ぬらします。スポンジに　せんざいを　つけて、一つずつ　ていねいに　しょっきを　あらいます。さいごに、あわを　きれいに　ながして、水きりかごに　入れます。
③しょっきあらいは　だいすきな　おてつだいです。これからも　がんばります。

①（ウ）②（ア）③（イ）

ア　つたえたい　ことに　ついての　くわしい　ないよう。
イ　書いた　人の　思いや　考え。
ウ　何に　ついて　つたえるかと　いう　こと。

---

❶ これよりもあとの10行目に、「牛は、しぶしぶ　ぼうしを　ぬいで」とあることから、牛の頭には帽子《ぼうし》があったことがわかります。

❷ えっちゃんときつねに「名前を　見て　ちょうだい。」と言われて牛がとった行動が、直後に書かれています。

❸ そんなはずはないのに、帽子に牛の名前が書いてあるように見えたので、えっちゃんはきつねと、「へんねえ。」と顔を見合わせたのです。

❹ えっちゃんときつねと牛が、風にさらわれて飛んでいった帽子を追いかけていった先がどこかを読み取ります。「その林に　入って　いくと」の「その　林」は、直前の文の「七色の　林」を指していることを確認《にん》しましょう。

❺ ①「大男」という言葉の前後から、どんな大男が何をしていたかがわかります。
②大男は帽子を「ふしぎそうに　ながめ」たあと、「名前を　見て　ちょうだい。」と言われたのに帽子の名前を確かめず、「口の　中に　入れ」てしまったのです。

4 みんなの前で話す際に、いちばん伝えたい大事なところがしっかりと伝わるようにするには、声の大きさや話す速度にも工夫《くふう》が必要です。大事な部分はほかのところよりもゆっくりと、大きな声で話すと、聞き手に伝わりやすくなります。また、伝えたいことをあらかじめ確かめておくことも大切です。

5 ①が「はじめ」、②が「中」、③が「おわり」という組み立てになっている文章です。読む人にわかりやすい文章にするには、「はじめ」に何について伝えるか（話題）を書き、「中」に伝えることについての詳《くわ》しい内容を書き、「おわり」に書き手の思いや考え、感想を書くようにするとよいことを確認しましょう。
①で選択肢《せんたくし》ウの「何に　ついて　つたえるかと　いう　こと。」に当たる、「しょっきあらい」という話題を提示しています。
②でアの「つたえたい　ことに　ついての　くわしい　ないよう。」に当たる、「しょっきあらい」の手順について詳しく書いています。

たしかめのテスト① 30〜31ページ
名前を　見て　ちょうだい 〜 話そう、二年生の　わたし

文しょうを　読んで、答えましょう。　思考・判断・表現

大男は、したなめずりを　して、じろりじろり　見下ろしながら、言いました。「もっと　何か　たべたいなあ。」牛が、あとずさりを　しながら、ぶつぶつ　つぶやきました。「早く　かえらなくっちゃ。いそがしくて、いそがしくて。」牛は、くるりと　むきを　かえると、風のように　はしって　いって　しまいました。すると、きつねも、あとずさりを　しながらつぶやきました。「早く　かえらなくっちゃね。いそがしくて、いそがしくて。」きつねも、くるりと　むきを　かえると、風のように　はしって　いって　しまいました。けれども、えっちゃんは　かえりませんでした。

むねを　はって、大男を　きりりと　見上げて言いました。「あたしは　かえらないわ。だって、あたしの　ぼうしだもん。」すると、えっちゃんの　からだから　湯気《ゆげ》がもうもうと　出て　きました。そして、ぐわあんと大きく　なりました。「たべるなら　たべなさい。あたし、おこって　いるから、あついわよ。」湯気を　立てた　えっちゃんの　からだが、また、ぐわあんと　大きく　なりました。そうして、大男と　おなじ　大きさに　なって　しまいました。えっちゃんは、たたみのような　手のひらをまっすぐ　のばして　言いました。「あたしの　ぼうしを　かえしなさい。」大男は、ぶるっと　みぶるいを　しました。ぶるぶる　ふるえながら、空気の　もれる風せんのように、しぼんで、しぼんで、しぼんで、とうとう　見えなく　なって　しまいました。

あまん　きみこ「名前を　見て　ちょうだい」より

1 「つぶやきました。」に　ついて、答えましょう。
① 牛と　きつねは、どんな　ことを　つぶやきましたか。せつ明しましょう。　一つ10点(20点)
（れい）（いそがしい）から、早く（かえらないといけない）と　いう　こと。
② この　ときの　牛と　きつねの　気もちに　あう　もの　一つに　○を　つけましょう。　7点
ア（　）とても　いそがしいから、かえりたい。
イ（○）とても　こわいので、早く　にげたい。
ウ（　）おなかが　すいて、何か　たべたい。

よく出る
2 牛と　きつねが　とても　はやく　はしる　ようすを　あらわした　ことばを　五字で　書きぬきましょう。　5点
風のように

3 「えっちゃんは　かえりませんでした。」と　はしって　いった。

できたらスゴイ！
4 えっちゃんの　からだに　ついて、答えましょう。
① からだから　何が　出て　きましたか。　6点
（湯気）
② なぜ、①が　出て　きたのですか。　7点
えっちゃんが（おこっている）から。

5 ふとい　字で　書かれた　ぶぶんは、どのように　読むと　よいですか。一つに　○を　つけましょう。　5点
ア（　）小さな　声で、よわよわしく　読む。
イ（　）ふつうの　声で、ゆっくりと　読む。
ウ（○）大きな　声で、力づよく　読む。

考えを書こう
6 大男が　しぼんで　見えなく　なったのは、なぜだと　思いますか。　一つ10点(20点)
（れい）自分の（ぼうし）を（大男）から（とりかえさなければならない）ので。
ありますが、なぜですか。　一つ10点(30点)
・大きく　なった（えっちゃん）が（れい）（こわかった）から。

たしかめのテスト② 32〜33ページ
名前を　見て　ちょうだい 〜 話そう、二年生の　わたし

1 （　）に　読みがなを　書きましょう。　一つ4点(32点)
① 自分で　考える。（じぶん）
② 大きな　会社。（かいしゃ）
③ 当日の　よてい。（とうじつ）
④ 心に　のこる。（こころ）
⑤ 計画を　立てる。（けいかく）
⑥ 家の　やね。（いえ）
⑦ すな場で　あそぶ。（ば）
⑧ 牛の　ちち。（うし）

2 □に　かん字を　書きましょう。　一つ4点(16点)
① 友《とも》だちと　話す。
② 頭《あたま》の　上。
③ ひとり言《ごと》
④ 人の　親《おや》。

3 〔　〕に　かん字と　ひらがなを　書きましょう。　一つ4点(8点)
① しばいが　おわり、まくが　〔下りる《おりる》〕。
② 〔明るい《あかるい》〕声で　わらう。

4 文しょうを　読んで、答えましょう。　10点

ぼくは、家で　おふろそうじを　して　います。
おふろそうじを　する　ときは、まず、水で　おふろを　ぬらします。つぎに、せんざいを　つけた　スポンジで、おふろを　こすります。力を　入れて　こすると、あわが　たくさん　出ます。

「こんな　ことを　して　いるよ」より

・ここに　書いて　いない　ことを　一つ　えらび、○を　つけましょう。
ア（　）家で　して　いる　こと。
イ（　）くわしい　せつ明。
ウ（○）自分の　気もち。

5 じゅんじょどおりに　書く　とき、はじめに　つかう　ことばを　一つ　えらびましょう。　8点
ア（　）それから
イ（○）まず
ウ（　）さいごに

6 思考・判断・表現
つぎの　うちの　どちらかを　えらび、みんなの　前で　話す　ための　メモを　書き出しましょう。　①8点　②10点　③8点(26点)
・小学生に　なってから、心に　のこって　いる　できごと。
・見た　ことの　ある　ゆめ。

①どんな　できごと（ゆめ）か。
（れい）・空をとんでいるゆめ。
②その　ときの　くわしい　ようす。
（れい）・手を上下にふるとからだがうかび上がり、しばらくとんだ。
③その　ときの　気もち。
（れい）・すこしだけこわかった。

---

1 ①牛もきつねも、同じようなことを言っています。（早く）帰るということと、忙《いそが》しいからという理由が書かれていれば正解です。
②牛もきつねも「あとずさりを　しながら」「つぶやいて、「風のように　はしって　いって」しまったことから、大男に食べられてしまうのではないかという恐《おそ》れを抱《いだ》き、どうにか早く逃《に》げようという気持ちだったことがわかります。

2 「〜のように」はたとえを表す表現です。牛やきつねが走って逃げていくスピードの速さを「風」にたとえています。

3 「あたしは　かえらないわ。だって、あたしの　ぼうしだもん。」という言葉から、大男から自分の帽子《ぼうし》を取り返そうというえっちゃんの強い意志が読み取れます。「とりかえさなければならない」の部分は、同じ内容であれば正解です。

4 ②えっちゃんの体から湯気が出てきた理由は、「たべるなら　たべなさい。あたし、おこって　いるから、あついわよ。」というえっちゃんの言葉から読み取れます。

5 「あたしの　ぼうしを　かえしなさい。」という言葉が太い字で書かれているのは、えっちゃんが大男に対して、ものすごい迫《はく》力で言ったことを表しています。また、えっちゃんの体が大男と同じ大きさになっているため、声が大きくなっているとも考えられます。

6 大男はえっちゃんの迫力に押《お》され、「ぶるぶる　ふるえながら」しぼんで、ついには見えなくなってしまったのです。えっちゃんのことが怖《こわ》かったので、震《ふる》えていたと考えられます。

おうちのかたへ
物語を読むときは、場面ごとに人物の様子や気持ちを読み取り、全体の流れや主人公の気持ちの変化をとらえます。

6 「小学生になってから、心に残っている出来事」の解答例。
①れい2 うんどう会のこと。
②れい2 一年生のときも二年生のときも、ときょうそうで一とうになった。
③れい2 とてもうれしかった。

どうぶつ園《えん》の　かんばんと……／言いつたえられて　いる……／本は　あたらしい……

かきトリ　新しい　かん字

園	知	体	長	太
教科書88ページ　エン　13かく	88ページ　しる　8かく	89ページ　タイ　からだ　7かく	89ページ　チョウ　ながい　8かく	89ページ　タ　ふとい・ふとる　4かく

肉	同
93ページ　ニク　6かく	94ページ　おなじ　6かく

「長」の　ひつじゅんに　気を　つけよう。

1 □に　読みがなを　書きましょう。　●読みかたが　あたらしい　字

① 森林（しんりん）を　あるく。② 手を　下（さ）げる。

③ 草原（そうげん）で　ねころぶ。「くさはら」では　ない　読み方を　書く。

2 □に　かん字を、□に　かん字と　ひらがなを　書きましょう。

① 体《からだ》を　ゆらす。② やき　肉《にく》を　たべる。

③ 同じ《おなじ》色。④ しっぽが　太い《ふとい》。

3 言いつたえられて いる お話を 知ろう

「神話《しんわ》」とは　何ですか。あう　ほうに　○を　つけましょう。

ア（○）むかしから　言いつたえられて　いる　いろいろな　神《かみ》さまの　お話。

イ（　）むかしの　人たちが　いろいろな　神さまに　つたえた　お話。

4 本は　あたらしい　せかいへの　入り口

正しい　いみに　○を　つけましょう。

① 来たのは　たった　三人だった。

ア（○）数が　少ない　ようす。

イ（　）数が　多い　ようす。

② ずかんを　読む。

ア（　）社会の　できごとを　知らせる　いんさつぶつ。

イ（○）ものや　ことがらに　ついて　ずや　しゃしんで　せつ明して　いる　本。

③ むかしの　ものを　はっくつする。

ア（○）土の　中から　ほり出す　こと。

イ（　）ならべて　見せる　こと。

どうぶつ園の　かんばんと　ガイドブック

3分でワンポイント　二つの　文しょうの　ちがいを　くらべよう。

★上と　下を　線で　むすびましょう。

知りたいと　思った　ものごとを、さらに　くわしく　知る　ことが　できるように　なって　いる　本。

ある　ものごとに　ついて、おおまかに　知る　ことが　できるように、みじかい　文が　書かれた　もの。

かんばん

ガイドブック

1 ③「草原」は、上の漢字も下の漢字も音読みをすると「そうげん」、上も下も訓読みをすると「くさはら」となります。

4 ①「来たのは　たった　三人だった。」、「来たのは　三人だった。」という二つの文では、来た人数はいずれも三人です。「たった」は、数の少なさを表すと同時に、予想ではもっと来るはずだったのに、実際は違《ちが》った、という状況《きょう》も表します。

3分でワンポイント

例えば動物園などにある看板は、それぞれの動物についての簡単な説明が書かれていて、ざっと読めるようになっています。より詳《くわ》しく知りたい場合には、ガイドブックを入手すれば、帰宅後にでもじっくりと読むことができます。教科書の例の場合、看板とガイドブックに同じ見出し（項《こう》目）があり、ガイドブックで看板の説明を補う形になっています。

言いつたえられて　いる　お話を　知ろう

文しょうを　読んで、答えましょう。

だいだらぼう

むかしむかし、だいだらぼうと　いう　大男が　いたんだと。

だいだらぼうが　すんで　いたのは、内原《うちはら》の　大足《おおだら》と　いう　ところだった。

村の　みなみに　高い　山が　あって、あさと　夕方しか　日が　当たんねえもんで、村の　人たちは　こまって　おったんだと。

だいだらぼうは、村人の　ために、あせだくに　なって　山を　うごかして、とうとう　きたの　方へ　うつして　しまったと。

「たまげた、すげえ　力だ。」

村人たちは　目を　丸く　して　おどろいて、とても　よろこんだと。この　山が　朝房山《あさぼうやま》なんだとよ。

ところが、山を　うごかす　とき、だいだらぼうが　ゆびで　土を　ほったんで、その　あとさ　水たまりが　できっちまった。

「こりゃ、どうしたもんだっぺ。」

と　考えた　だいだらぼうは、その　水が　ながれるように　川を　作って、その　下の　方さ　みずうみを　一つ　作ったんだと。

それが　今の　千波湖《せんばこ》なんだそうだ。

（いませ　ふみや「だいだらぼうの　お話」）

「言いつたえられて　いる　お話を　知ろう」より

1 「だいだらぼう」に　ついて、あう　もの　一つに　○を　つけましょう。

ア（　）いじの　わるい　人だった。

イ（　）うみの　ちかくに　すんで　いた。

ウ（○）とても　大きい　男の　人だった。

2 「村の　人たち」が　こまって　いたのは　なぜですか。一つに　○を　つけましょう。

ア（　）あさと　夕方に　だいだらぼうが　来るから。

イ（　）だいだらぼうが　わるさを　するから。

ウ（○）ひる間は　村に　日が　当たらないから。

ヒント　あさと　夕方は　どうだったのかな。

3 だいだらぼうが「村人の　ために」した　ことは、何ですか。書きぬきましょう。

村の　みなみに　ある　高い　山　を　きたの方　へ　うつした。

4 **3**を　した　とき、だいだらぼうは　どんな　ようすでしたか。四字で　書きぬきましょう。

あせだく　に　なって　いた。

5 「目を　丸く」した　村人たちの　気もちに　あう　もの　一つに、○を　つけましょう。

ア（○）とても　おどろき、うれしく　なった。

イ（　）おどろき、そして　こまった。

ウ（　）力の　つよさに　こわく　なった。

6 だいだらぼうは　なぜ　川と　みずうみを　作ったのですか。

れい　山をうごかす　ときに　できた　れい　水たまりの水　を　ながす　ため。

ヒント　「水たまり」を　どう　したいのかを　考えよう。

1 文章の冒頭《ぼう》に、「だいだらぼう」は「大男」とあります。また、村人たちのために力を尽《つ》くしたことが、文章の全体からわかります。

2 村の南に高い山があり、「あさと　夕方しか　日が　当たんねえもんで」困っていたのです。「もんで」は理由を表しており、朝と夕方しか日が当たらない、つまり昼間は日が当たらないことに、村の人たちが困っていたことがわかります。

3 昼間に日が当たらないのは山が南にあるからで、だいだらぼうは、その山を北の方へ移したのです。

4 だいだらぼうが山を動かしているときの様子を表している言葉を探します。

5 「目を丸くする」は、驚《おどろ》いて目を大きく開くという意味の慣用表現です。ここでは「目を　丸く　して　おどろいて、とても　よろこんだと。」とあるので、選《せん》択《たく》肢のイは当てはまりません。

6 22行目以降の文章の流れをつかみましょう。山を動かすときにできてしまった水たまりの水を流すために川を、流れた水を受け止めるために湖を、だいだらぼうが作ったのです。

れい2　ゆびで土をほった・水たまりにたまった水

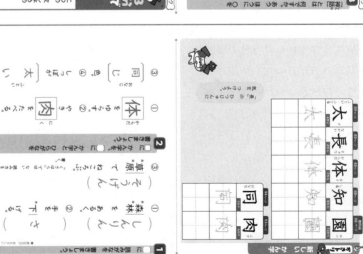

たしかめのテスト① 38~39ページ

どうぶつ園の かんばんと ガイドブック ～ 本は あたらしい せかいへの 入り口

二つの 文しょうを 読んで、答えましょう。 思考・判断・表現

アフリカゾウの かんばんの せつ明

体の とくちょう
太い あし、大きな 耳、長い はな

「どうぶつ園の かんばんと ガイドブック」より

アフリカゾウの ガイドブックの せつ明

体の とくちょう
体の とくちょうは、太い あし、大きな 耳、長い はなを もって いる ことです。

あしは、大きな 体を ささえる ために、太く なって います。かかとの 中には、しぼうで できた クッションが あり、おもい 体を ささえて います。その クッションが ある ため、あし音も ほとんど しません。

耳は、体を ひやす ために、大きく なって います。体が あつく なると、耳を うごかして、体の おんどを 下げます。

はなは、いろいろな ことに つかう ために、長く なって います。ゾウの はなは きん肉で できて いるので、じゆうじざいに うごかす ことが できます。はなで 草を あつめて つかんだり、水を すいこんで 口に 入れたり する ことが できます。あいさつを したり あそんだり する ときにも、はなを つかいます。


「どうぶつ園の かんばんと ガイドブック」より

1 上の 二つの 文しょうでは、何に ついて せつ明して いますか。 一つ15点(30点)
（アフリカゾウ）の 体の （とくちょう）。

できたらスゴイ!
2 アフリカゾウの 耳が 大きく なって いるのは なぜですか。一つに ○を つけましょう。 15点
ア（ ）大きくて おもい 体を ささえる ため。

イ（○）おんどが 上がった 体を ひやす ため。

ウ（ ）草を あつめたり、水を すいこんだり する ため。

よく出る
3 アフリカゾウが あいさつを したり あそんだり する ときには、何を つかいますか。 20点
（はな）

4 みじかく まとまって いるのは どちらの 文しょうですか。○を つけましょう。 15点
ア（○）かんばんの せつ明
イ（ ）ガイドブックの せつ明

考えを書こう
5 ガイドブックは、どんな ときに 読む ものですか。（ ）に あうように 十字ぐらいで 書きましょう。 20点

たしかめのテスト② 40~41ページ

どうぶつ園の かんばんと ガイドブック ～ 本は あたらしい せかいへの 入り口

1 （ ）に 読みがなを 書きましょう。 一つ5点(25点)
① 体（からだ）を あらう。 ② はじめて 知（し）った。
③ ふゆに そなえて 太（ふと）る どうぶつ。
④ いもうとが ようち園（えん）に かよう。
⑤ きん肉（にく）を きたえて いる 人。

2 □に かん字を 書きましょう。 一つ6点(12点)
① 森林《しんりん》の 空気は きれいだ。
② ひろい 草原《そうげん》で あそぶ。

3 〔 〕に かん字と ひらがなを 書きましょう。 一つ7点(21点)
① 〔同じ〕《おなじ》日。 ② ねつが 〔下がる〕《さがる》。
③ 〔長い〕《ながい》はしを わたる。

4 正しい いみに ○を つけましょう。 一つ10点(20点)
① ひまわりの とくちょうを しらべよう。
ア（○）ほかと ちがって いる ところ。

イ（ ）ほかと にて いる ところ。
② じゆうじざいに 空を とぶ。
ア（ ）がんばって する ようす。

イ（○）思う とおりに する ようす。

5 つぎの いみを あらわす ことばは 何ですか。□から えらび、記ごうを 書きましょう。 一つ6点(12点)
① あとの 文しょうに 書いて ある ことが 分かるように みじかく まとめた ことば。 （ウ）
② ことがらの いみが 分かるように のべる こと。 （ア）

ア せつ明　イ やくわり　ウ 見出し

6 つぎの 文しょうは、アフリカゾウに ついての ガイドブックの せつ明です。□に あう 見出しは 何ですか。一つに ○を つけましょう。 10点

□
りくに すんで いる どうぶつの 中で、もっとも 大きい どうぶつです。体の 長さは 四メートルから 六メートル あり、体の おもさは 四トンから 七トン あります。

「どうぶつ園の かんばんと ガイドブック」より

ア（○）体の 大きさ
イ（ ）たべもの
ウ（ ）体の とくちょう
エ（ ）すんで いる 場しょ

---

1 右の文章には「アフリカゾウの かんばんの せつ明」、左の文章には「アフリカゾウの ガイドブックの せつ明」と書いてあります。囲んである部分の一行目には、どちらにも「体の とくちょう」と見出しがあります。どちらも、アフリカゾウの体の特徴《ちょう》について説明する文章です。

2 ガイドブックの第三段落で、耳について説明しています。「体を ひやす ために、大きく なって」いるとあります。直後の文で、「体が あつく なると、耳を うごかして、体の おんどを 下げます。」と説明を加えています。

3 ガイドブックの第四段落で、鼻について説明しています。最後の文に、「あいさつを したり あそんだり する ときにも、はなを つかいます。」とあります。

4 看板では、簡潔に説明しています。

5 看板で得た知識を、さらに深めたい場合に読むのがガイドブックなので、「くわしく知りたい」という内容が書いてあれば正解とします。

おうちのかたへ
教科書の文章は動物園の看板とガイドブックを例にとり、看板の説明は短くて簡潔、ガイドブックの説明は看板のものより長くて詳《しょう》細、という関係になっています。その違《ちが》いを比べ、それぞれの長所をとらえることが、ここでの学習の目的です。実際には、看板にも詳細な説明が書いてあるケースもあることを、あわせて確認《にん》してください。

3 ② 「下がる」を「下る」と書かないように注意しましょう。「下る」は「くだる」と読みます。

5 選択肢《せんたくし》イの「やくわり」は、「それぞれに割り当てられた仕事上の受け持ち」という意味です。

6 「体の 長さは 四メートルから 六メートル」、「体の おもさは 四トンから 七トン」といった記述から、見出しとしてはウの「体の とくちょう」よりアの「体の 大きさ」がふさわしいです。

いろんな　おとの　あめ／空に　ぐうんと　手を　のばせ／みんなで　話し合おう

すきトリ　新しい　かん字

合　楽　雪

1 □に　読みがなを　書きましょう。

① くつが　足に　合わなく　なって　きた。（あ）

② おばは　大学の　先生だ。（だいがく）

2 □に　かん字を、□に　かん字と　ひらがなを　書きましょう。

① 雪《ゆき》が　つもる。　② 楽しい《たのしい》話。

③ みんなが　かおを　合わせる《あわせる》。

みんなで　話し合おう

3 しつもんする　ときに　つかう　ことばを　一つ　えらんで、○を　つけましょう。

・この　中で　どの　おかしが　すきですか。

ア（　）この　イ（　）中で　ウ（○）どの　エ（　）おかしが

空に　ぐうんと　手を　のばせ

4 しを　読んで、答えましょう。

空に　ぐうんと　手を　のばせ　しんざわ　としひこ

空に　ぐうんと　手を　のばせ
わたぐも
すじぐも
かきわけて
でっかい　おひさま
つかまえろ

海に　ぐうんと　手を　のばせ
大波
小波
かきわけて
でっかい　くじらを
つかまえろ

横に　ぐうんと　手を　のばせ
だれかと　しっかり
手を　つなげ
ぐるっと
地球を
かかえちゃえ

(1) 「ぐうんと」は、どんな　ようすを　あらわして　いますか。一つに　○を　つけましょう。

ア（　）大きく　いきを　すう　ようす。

イ（　）大きく　せのびを　する　ようす。

ウ（○）思いきり　手を　のばす　ようす。

(2) どこに　「手を　のばせ」と　言って　いますか。三つ　書きましょう。※順番《じゅんばん》はちがっていてもよい。

（空）（海）（横）

(3) 「手を　つなげ」と　ありますが、手を　つないで　何を　するように　言って　いますか。しから　書きぬきましょう。

（ぐるっと）地球を　かかえちゃえ）

(4) この　しを　読む　ときは、どのように　読みますか。正しい　もの　一つに　○を　つけましょう。

ア（○）ほかの　人に　よびかけるように　読む。

イ（　）うれしさが　つたわるように　読む。

ウ（　）がんばって　いる　ことが　つたわるように　読む。

いろんな　おとの　あめ　～　みんなで　話し合おう

1 しを　読んで、答えましょう。　思考・判断・表現

いろんな　おとの　あめ　きしだ　えりこ

あめ　あめ
いろんな　おとの　あめ

はっぱに　あたって　ぴとん
まどに　あたって　ぱちん
かさに　あたって　ぱらん
ほっぺたに　あたって　ぷちん
てのひらの　なかに　ぽとん
こいぬの　はなに　ぴこん
かえるの　せなかに　しゅるん
すみれの　はなに　ぴたん
くるまの　やねに　とてん

あめ　あめ　あめ　あめ
あめ　あめ　あめ　あめ
いろんな　おとの　あめ

よく出る

(1) この　しは、いくつの　まとまりから　できて　いますか。かん字で　書きましょう。　10点

（三）つ

(2) 1行目の　「あめ　あめ」が、13行目では　「あめ　あめ　あめ　あめ」と　なって　いるのは、どんな　ようすを　あらわす　ためですか。一つに　○を　つけましょう。　10点

ア（　）あめが　上がった　ようす。

イ（　）あめの　しずくが　そっと　おちる　ようす。

ウ（○）あめが　やまずに　ふりつづく　ようす。

できたらスゴイ！

(3) この　しには、何が　えがかれて　いますか。　一つ15点（30点）

ものに（あめ）が　あたり、（れい　いろいろな　おと）が　出る　ことを　楽しんで　いる　ようす。

2 （　）に　読みがなを　書きましょう。　一つ5点（10点）

① みんなで　パズルを　楽しむ。（たの）

② 雪が　とけるのを　まつ。（ゆき）

3 □に　かん字を、（　）に　かん字と　ひらがなを　書きましょう。　一つ5点（10点）

① タイミングを　合わせる《あわせる》。

② アイスクリームが　大《だい》すきだ。

4 「どの」や　「どうして」や　「どんな」は、つぎの　ア・イの　どちらですか。あう　ほうに　○を　つけましょう。　10点

ア（○）しつもんする　ときに　つかう　ことば。

イ（　）答える　ときに　つかう　ことば。

5 すきな　本に　ついて、三人で　話しあって　います。（　）に　入る　ことばを　中村さんの　話から　書きぬきましょう。　一つ10点（20点）

中村さんは、この　本の　どの　場めんが　すきですか。

中村さん：いちばん　すきなのは、（ねこ）が（ピアノ）を　ならいはじめて、楽しそうに　して　いる　場めんです。

どうして、その　場めんが　すきなのですか。

中村さん：ぼくも　さいきん　ピアノを　ならいはじめて、いつも　楽しく　レッスンして　いるので、ねこの　気もちが　分かったからです。

なるほど。中村さんも　さいきん　ピアノを　ならいはじめたのですね。

---

4 (1)「ぐうんと」という言葉は、物事を思い切り行う様子を表します。「ぐうんと　手を　のばせ」とあるので、精一杯《せいいっぱい》、思い切り手を伸《の》ばすことを呼びかけているとわかります。

(2)第一連は「空に　ぐうんと　手を　のばせ」、第二連は「海に　ぐうんと　手を　のばせ」、第三連は「横に　ぐうんと　手を　のばせ」で、それぞれ始まっています。

(3)「だれかと　しっかり／手を　つなげ」のあとに、手をつないで何をするのかが書かれています。

(4)「手を　のばせ」「つかまえろ」「手を　つなげ」といった命令形や、「かかえちゃえ」などの表現から、ほかの人に呼びかけている詩であることがわかります。それと同様に、音読するときも、聞き手に呼びかけるように読みます。

1 (1)詩は、まとまりごとに間を一行空けて書かれています。

(2)第一連で「あめ　あめ」となっていたのが、第三連で「あめ　あめ　あめ　あめ」と、さらに繰《く》り返されているのは、時間が経過しても雨が変わらず降り続いていることを表していると読み取れます。

(3)第二連の各行の終わりに「ぴとん・ぱちん・ぱらん・ぷちん・ぽとん・ぴこん・しゅるん・ぴたん・しとん・とてん」とあります。これらは、雨が葉っぱや窓など、いろいろなものに当たった音です。

4 「どの」「どうして」「どんな」という言葉を使った質問を、いくつか作ってみるとよいでしょう。その質問への適切な答えを考えることも、言語感覚を磨《みが》くよい練習になるでしょう。

5 「どの　場めんが　すき」かと質問された中村さんがどのように答えたか、中村さんの二つ目の会話文の中から、答えとなる言葉を探します。「ぼくも　さいきん　ピアノを　ならいはじめて」「ねこの　気もちが　分かった」とあることから、答えを導き出します。

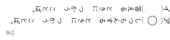

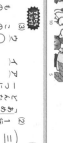

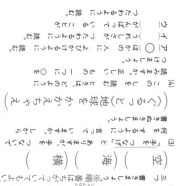

れんしゅう 48~49ページ

ニャーゴ

文しょうを 読んで、答えましょう。

「たまおじさん、ここで 何 してるの。」

「何って、べつに。」

ねこは、口を とがらせて 答えました。

「じゃあ、ぼくたちと いっしょに、おいしい ももを とりに 行かない。」

それを 聞いて、ねこは 思いました。

（おいしい ももか。うん、うん。その あとで この 三びきを。ひひひひ。今日は、なんて ついて いるんだ。）

ねこは、子ねずみたちを せなかに のせると、ももの 木の 方へ 走って いきました。

三びきの 子ねずみと ねこは、ももを 食べはじめました。

（うまい。でも、たくさん 食べたら いけないぞ。

おなか いっぱいに なったら、こいつらが 食べられなく なるからな。ひひひひ。）
ねこは、ももを 食べながら 思いました。
ももを 食べおわると、三びきの 子ねずみと ねこは、のこった ももを もって、かえって いきました。
そして、あと 少しの ところまで 来た ときです。ねこは、ぴたっと 止まって、
ニャーゴ
できるだけ こわい 顔で さけびました。
そして、
「おまえたちを 食って やる。」
と 言おうと した その ときです。
ニャーゴ
ニャーゴ
ニャーゴ
三びきが さけびました。

みやにし たつや「ニャーゴ」より

1 「たまおじさん」とは だれの ことですか。
ねこ

2 「ねこは 思いました。」と ありますが、ねこが 思った こと 一つに ○を つけましょう。
ア（ ）子ねずみたちと なかよく ももを 食べたい。

イ（ ）ももって、どんな あじだろう。

ウ（○）ももと 子ねずみたち、どちらも 食べられそうだ。

3 「ひひひひ。」から、ねこの どんな 気もちが 分かりますか。一つ えらんで、○を つけましょう。
ア（ ）やれやれ、どう しようか。

イ（○）しめしめ、うまく いきそうだ。

ウ（ ）いやいや、なぜだろう。

ヒント すぐ あとの ことばから 読みとろう。

4 「でも、たくさん 食べたら いけないぞ。」と ありますが、なぜですか。
ももを たくさん 食べたら、三びきの子ねずみ が 食べられなく なって しまうから。

5 「ねこは、ぴたっと 止まって」と ありますが、ねこが 止まったのは どこですか。合う ほうに ○を つけましょう。
ア（ ）ももの 木の ちかく。

イ（○）ねこと 子ねずみたちが わかれる ところの 手前。

6 ねこが 「こわい 顔」を したのは なぜですか。
じぶんが 子ねずみたちを （れい 食べようとしている） ことを 分からせる ため。
ヒント ねこが 言おうと した ことばに ちゅうもくしよう。

じゅんび 46~47ページ

ニャーゴ

かきトリ 新しい かん字

顔 食 歩 走 止 弟
妹 万 切 才 語 台

1 □に 読みがなを 書きましょう。
① 一生（いっしょう） けんめい ② 野生（やせい） の とら。
③ 少（すこ） し ねむる。 ④ 今日（きょう） は すずしい。

2 □に かん字を、○に かん字と ひらがなを 書きましょう。
① 顔《かお》 見知り ② 五 台《だい》 の 車。
③ 弟が 走る《はしる》。 ④ 肉を 食べる《たべる》。

3 正しい いみに ○を つけましょう。
① あっという間に 食べて しまった。
ア（ ）だれにも 気づかれないように。

イ（○）ほんの わずかな うちに。
② ちっとも 前に すすまない。
ア（ ）もう 少し。

イ（○）まったく。
③ ひそひそ声で そうだんする。
ア（○）ほかの 人に 聞こえないような 小さな 声。

イ（ ）元気の ない、ひくい 声。
④ 一とうが 当たるなんて ついて いる。
ア（○）うんが いい。

イ（ ）やくに 立つ。

3分でワンポイント 人ぶつの 気もちを そうぞうしよう。

★①〜③に 合う ねこの 気もちを □の 中から えらんで 記ごうを 書きましょう。

（イ）①	子ねずみたちに ニャーゴと 言ったら、「おじさん、だあれ。」と 聞かれた とき。
（ア）②	子ねずみたちに、ニャーゴと こわい 顔で さけんだ とき。
（ウ）③	もらった ももを かかえ、子ねずみたちに、小さな 声で ニャーゴと 答えた とき。

ア 食べて やる
イ こまった
ウ うれしい

---

1 ④「今日（きょう）」は熟字訓です。ほかに「こんにち」という読み方があり、文脈で読み分けるようにします。

3 ②「ちっとも」は、あとに「ない」などの打ち消しを表す言葉がきて、「全然〜ない」「少しも〜ない」という意味を表します。

3分でワンポイント

「ニャーゴ（みやにし たつや）」では、物語の場面ごとに、登場人物の心情を読み取ります。ここでは、表情のイラストと心情を表す言葉から、登場人物の大まかな心情の変化をとらえられているかを確認《にん》します。選択肢《せんたくし》アは「食べて やる」と子ねずみたちを威嚇《いかく》している表情です。ウは喜びの表情ですが、このときのねこは、もう少し複雑な心境であることを想像できるとよいでしょう。

1 「たまおじさん、ここで 何 してるの。」と話しかけられ、答えた言葉のあとに、「ねこは、……答えました。」とあることから読み取ります。

2 ねこが思ったことが、直後に書かれています。「その あとで この 三びきを。」とは、「桃《もも》を食べたあとでこの三びきの子ねずみを食べよう。」ということです。

3 「ひひひひ。」は、心の中で笑っている様子を表しています。「今日は、なんて ついて いるんだ。」と続いているので、おいしい桃と三びきの子ねずみを食べられそうな幸運を喜んでいるのです。「ははは・ひひひ・ふふふ・へへへ・ほほほ」はすべて、笑っている様子を表す言葉です。その違《ちが》いを確認してください。

4 直後に、理由を表す「〜からな。」という文があるので、ここから読み取ります。

5 ねこと子ねずみは、桃を持って帰っていく途《と》中でした。「あと 少しの ところまで 来た とき」ねこが止まったということから、考えてみてください。

6 「おまえたちを 食って やる。」と言おうとしているので、「こわい 顔」をしたのです。文章中にある「食う」という表現を使っていても正解とします。
れい2 食べるつもりである
れい3 食ってやる

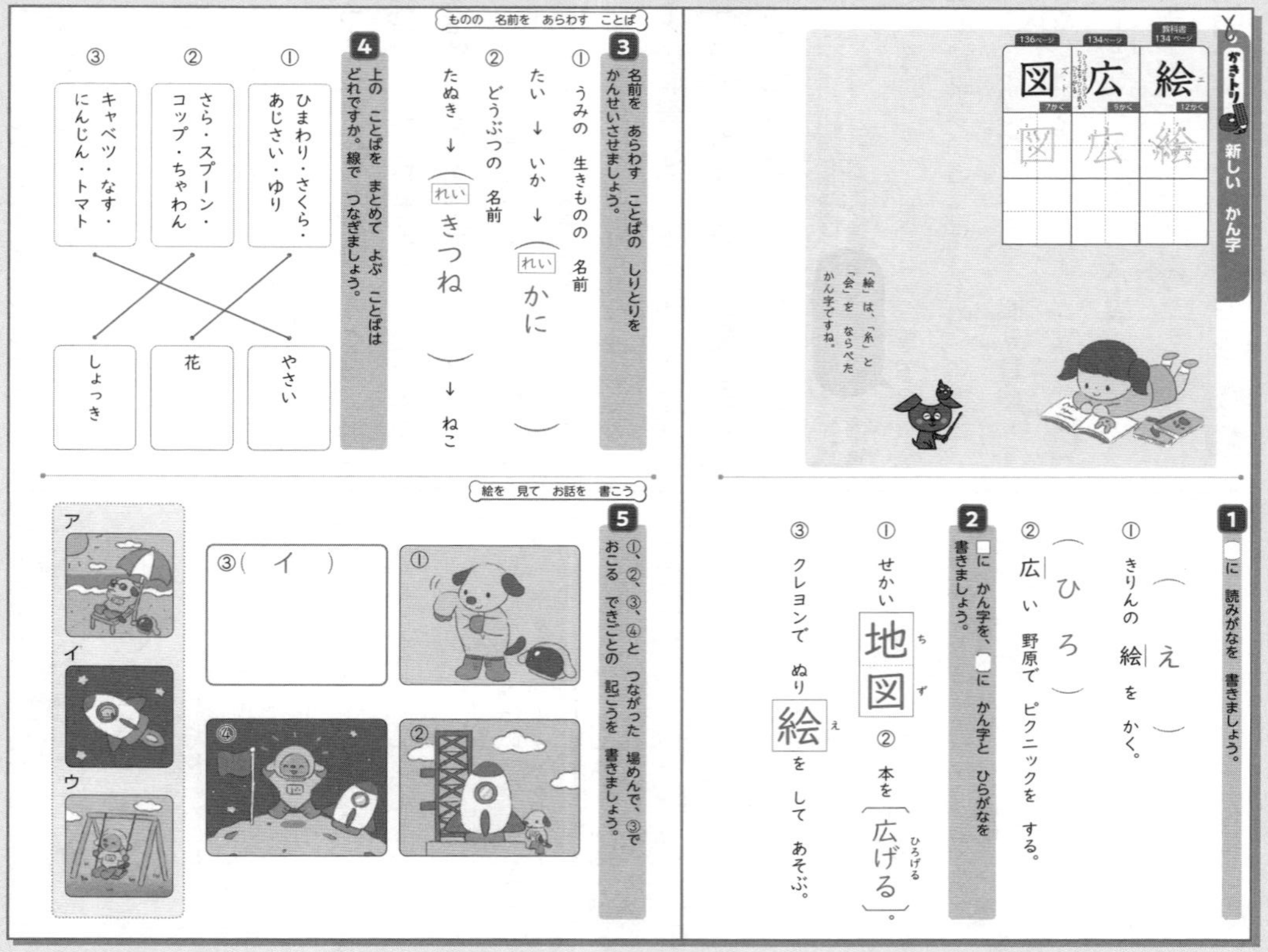

かきトリ 新しい かん字

教科書134ページ 絵 12かく
134ページ 広 5かく
136ページ 図 ズ・ト 7かく

「絵」は、「糸」と「会」を　ならべた　かん字ですね。

1 □に　読みがなを　書きましょう。

① きりんの　絵（え）を　かく。

② 広（ひろ）い　野原で　ピクニックを　する。

2 □に　かん字を、□に　かん字と　ひらがなを　書きましょう。

① せかい　地《ち》図《ず》

② 本を　広げる《ひろげる》。

③ クレヨンで　ぬり　絵《え》を　して　あそぶ。

ものの　名前を　あらわす　ことば

3 名前を　あらわす　ことばの　しりとりを　かんせいさせましょう。

① うみの　生きものの　名前

たい　→　いか　→　（れい かに）

② どうぶつの　名前

たぬき　→　（れい きつね）　→　ねこ

4 上の　ことばを　まとめて　よぶ　ことばは　どれですか。線で　つなぎましょう。

① ひまわり・さくら・あじさい・ゆり　―　花

② さら・スプーン・コップ・ちゃわん　―　しょっき

③ キャベツ・なす・にんじん・トマト　―　やさい

絵を　見て　お話を　書こう

5 ①、②、③、④と　つながった　場めんで、③で　おこる　できごとの　記ごうを　書きましょう。

③（ イ ）

ア　イ　ウ

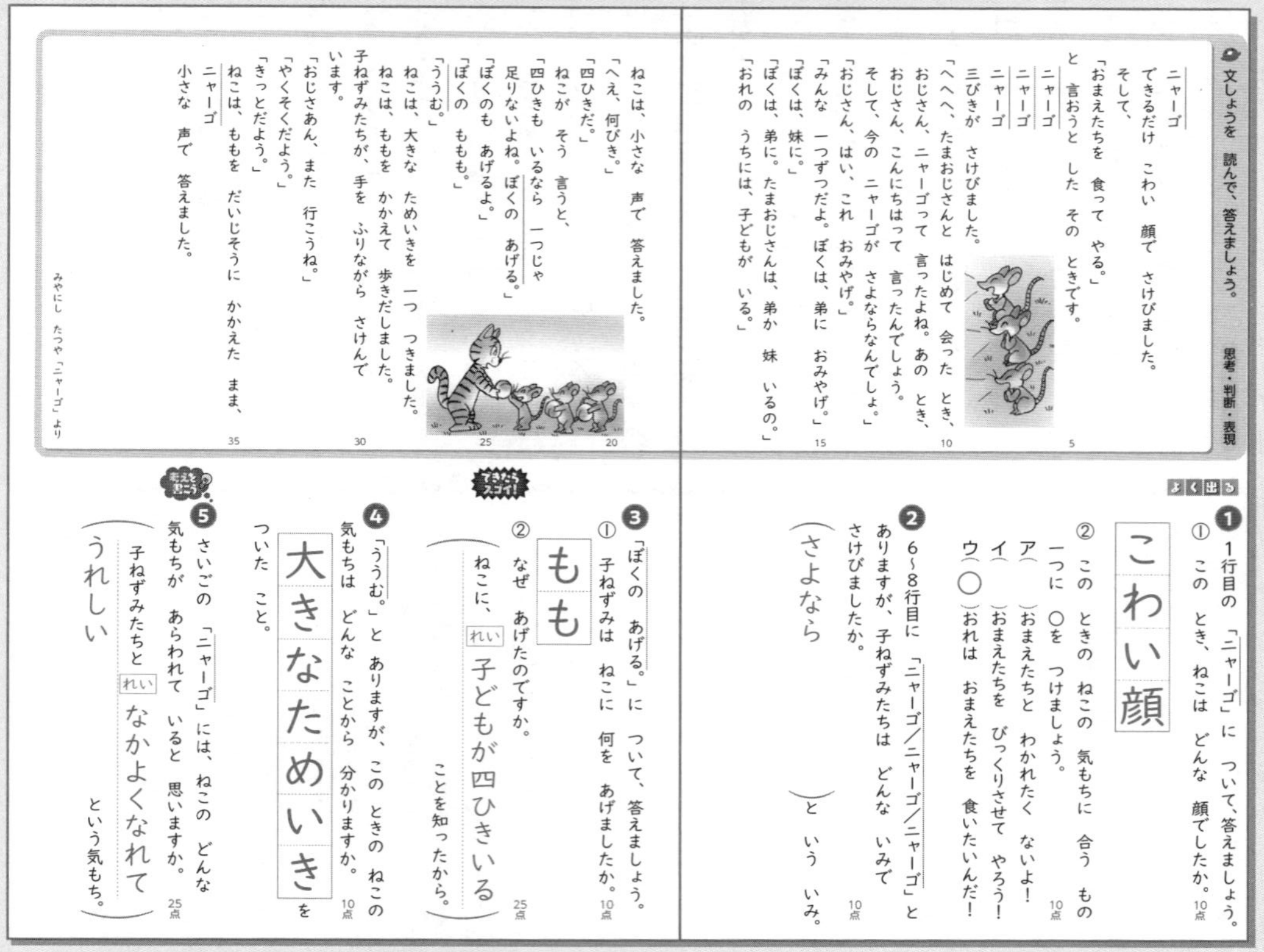

文しょうを　読んで、答えましょう。　思考・判断・表現

ニャーゴ　できるだけ　こわい　顔で　さけびました。そして、「おまえたちを　食って　やる。」と　言おうと　した　その　ときです。

「ニャーゴ」
「ニャーゴ」
「ニャーゴ」

三びきが　さけびました。

「へへへ、たまおじさんと　はじめて　会った　とき、おじさん、ニャーゴって　言ったよね。あの　とき、おじさん、こんにちはって　言ったんでしょう。そして、今の　ニャーゴが　さよならなんでしょ。」

「おじさん、はい、これ　おみやげ。」

「みんな　一つずつだよ。ぼくは、弟に　おみやげ。」

「ぼくは、妹に。」

「ぼくは、弟に。たまおじさんは、弟か　妹　いるの。」

「おれの　うちには、子どもが　いる。」

ねこは、小さな　声で　答えました。

「へえ、何びき。」

「四ひきだ。」

ねこが　そう　言うと、

「四ひきも　いるなら　一つじゃ　足りないよね。ぼくの　あげる。」

「ぼくのも　あげるよ。」

「ぼくの　ももも。」

「ううむ。」

ねこは、大きな　ためいきを　一つ　つきました。

ねこは、ももを　かかえて　歩きだしました。

子ねずみたちが、手を　ふりながら　さけんで　います。

「おじさあん、また　行こうね。」

「やくそくだよう。」

「きっとだよう。」

ねこは、ももを　だいじそうに　かかえた　まま、

ニャーゴ

小さな　声で　答えました。

みやにし　たつや「ニャーゴ」より

よく出る

1 1行目の「ニャーゴ」に　ついて、答えましょう。

① この　とき、ねこは　どんな　顔でしたか。　10点

こわい顔

② この　ときの　ねこの　気もちに　合う　もの　一つに　○を　つけましょう。　10点

ア（　）おまえたちと　わかれたく　ないよ！
イ（　）おまえたちを　びっくりさせて　やろう！
ウ（○）おれは　おまえたちを　食いたいんだ！

2 6～8行目に「ニャーゴ／ニャーゴ／ニャーゴ」と　ありますが、子ねずみたちは　どんな　いみで　さけびましたか。　10点

（さよなら）と　いう　いみ。

3 「ぼくの　あげる。」に　ついて、答えましょう。

① 子ねずみは　ねこに　何を　あげましたか。　10点

もも

できたらスゴイ！

② なぜ　あげたのですか。　25点

（ねこに、れい 子どもが四ひきいる　ことを知ったから。）

4 「ううむ。」と　ありますが、この　ときの　ねこの　気もちは　どんな　ことから　分かりますか。　10点

大きなためいき　を　ついた　こと。

考えを書こう

5 さいごの「ニャーゴ」には、ねこの　どんな　気もちが　あらわれて　いると　思いますか。　25点

（子ねずみたちと　れい なかよくなれて　うれしい　という　気もち。）

3 ①「か」で始まる、海の生物の名前を書いていれば正解です。
②れい2かい　れい3かつお
②れい2きたきつね

5 ①は犬の宇宙飛行士が宇宙服を着ている場面、②はロケットに乗り込《こ》む場面、④は月面にいる場面で、月に着陸しているロケットも見えています。③としてふさわしいのは、選択肢《せんたくし》イの、ロケットが宇宙空間を飛んでいる場面です。

1 ②ねこが言おうとしていた言葉から、ねこの気持ちを読み取ります。

2 自分たちが考えた「ニャーゴ」の意味を、子ねずみたちがねこに話している言葉から読み取ります。「今の　ニャーゴが　さよならなんでしょ。」とあることから、子ねずみたちは、ねこが「さよなら」という意味で「ニャーゴ」と叫《さけ》んだと思いました。その挨拶《あいさつ》に応じる形で、三びきも「ニャーゴ」と叫んだのです。

3 ②ねこに子どもが四ひきいることを聞いて、桃《もも》が一つでは足りないと思い、子ねずみたちは自分が持ち帰ろうとしていた分の桃をねこにあげたのです。
れい2四ひきも子どもがいる

4 ねこの気持ちは、直後の「ねこは、大きな　ためいきを　一つ　つきました。」からわかります。困ったり心配したりしたときに出る大きな息が、ため息です。食べようとしていた子ねずみたちからとても親切にされ、食べるのをあきらめ、思わず「ううむ。」と言ったのです。

5 桃を大事そうに抱《かか》えている様子から、ねこの気持ちの変化を読み取ります。
れい2またいっしょにももをとりに行きたい
れい3なかよくなれてうれしい

おうちのかたへ

今回学習した「ニャーゴ」を音読する際は、ねこや子ねずみたちの言った「ニャーゴ」が、場面によってどんな気持ちで発せられているかをとらえましょう。その気持ちが聞き手に伝わるように工夫《くふう》してみることは、物語の深い読み取りにつながります。

たしかめのテスト② 54~55ページ
ニャーゴ ～ 絵を 見て お話を 書こう

1 （ ）に 読みがなを 書きましょう。 一つ4点(32点)

① ゆっくり 歩く。（ある） ② 妹は 五さいだ。（いもうと）
③ 時間を 計る。（はか） ④ 外国語で 話す。（がいこくご）
⑤ 大切に つかう。（たいせつ） ⑥ 図で せつ明する。（ず）
⑦ 雨天 ちゅうし（うてん） ⑧ 水を 足す。（た）

2 □に かん字を、（ ）に かん字と ひらがなを 書きましょう。 一つ4点(32点)

① 才《さい》のうを のばす。 ② 天《あま》の川
③ 弟《おとうと》の 本。 ④ 一万円《いちまんえん》さつ
⑤ 丸太《まるた》を きる。 ⑥ 食《く》いしんぼう
⑦ 話が 広まる《ひろまる》。 ⑧ すぐ 止まる《とまる》。

3 〔 〕に かん字と ひらがなを 書きましょう。 一つ4点(8点)

① 少し《すこし》 読む。 ② 犬が 走る《はしる》。

4 つぎの ことばを、四つずつ、三つの なかまに 分けて、記ごうを 書きましょう。 ぜんぶ できて 一つ5点(15点)

ア はる イ キャベツ ウ たぬき エ なつ オ きゅうり カ コアラ キ ひつじ ク ふゆ ケ うさぎ コ レタス サ にんじん シ あき

① やさい（イ・オ・コ・サ）
② きせつ（ア・エ・ク・シ）
③ どうぶつ（ウ・カ・キ・ケ）

※順番《じゅんばん》はちがっていてもよい。

5 思考・判断・表現 ③の 場めんの お話を、二つの 文で （ ）に 書きましょう。□に 絵も かきましょう。 (13点)

① 目玉やきを 作ります。フライパンに わった たまごを 入れました。
② フライパンで しばらく たまごを やきます。
③ （れい）できた目玉やきをおさらにのせます。そして、あじつけをしておいしく食べました。
（絵は しょうりゃく）
④ 「ごちそうさまでした。」 つかった フライパンや おさらなどを あらいます。

4 それぞれの選択肢《せんたくし》を見て、野菜、季節、動物のどれに当てはまるかを答えます。季節には、四季のすべてが入ります。

5 ②は、フライパンで卵を焼いている場面、④は食べ終わって、使った皿などを洗っている場面です。③の絵は、目玉焼きを皿にのせているところか、目玉焼きを食べているところ、あるいは食べ終わったところが描《か》けているとよいでしょう。②と④の間として不自然でないような、二つの文が書けていれば正解です。

（れい2）目玉やきを食べました。おいしかったです。
（れい3）目玉やきができました。あじつけしたら、食べてみましょう。

1 ④「上手（じょうず）」は熟字訓です。ほかにも「かみて」「うわて」という読み方があるので、読み分けに注意します。

4 ①「かじをとる」は、舵《かじ》（進行方向を決める装置）を操作して船の進行方向を決定することです。正しい方向に物事を進行させる、という意味でも使われます。

じゅんび 56~57ページ
ビーバーの 大工事

かきトリ 新しい かん字

字	読み	画数	教科書
工	コウ・ク	3かく	10ページ
北	きた・ホク	5かく	10ページ
近	ちかい・キン	7かく	11ページ
引	ひく・ひける	4かく	12ページ
後	うしろ・あと・ゴ・コウ	9かく	12ページ
形	かたち・ケイ	7かく	12ページ
内	うち・ナイ	4かく	16ページ

「引」の「弓」の ぶぶんは 三画で 書くよ。

1 □に 読みがなを 書きましょう。

① 家ぞくで 話す。（か） ② 夜空を 見上げる。（よぞら）
③ はさみで 切る。（き） ④ 上手に うたう。（じょうず）

2 □に かん字を、□に かん字と ひらがなを 書きましょう。

① 北風《きたかぜ》 ② 丸い 形《かたち》
③ 線を 引く《ひく》 ④ 後ろ《うしろ》の 方。

3 正しい いみに ○を つけましょう。

① ダムを 作って 水を せき止める。
ア（ ）うまく ながれるように する。
イ（○）ながれないように 止める。
② プラスチックの いたを さしこむ。
ア（○）すき間に つきさすように 入れる。
イ（ ）なげこむように 中に 入れる。
③ おもしを のせて、うごかないように する。
ア（ ）バランスを とる ための もの。
イ（○）おさえて おく ための もの。

4 つながる ことばを 線で むすびましょう。

① かじを ― とる
② 木くずが ― とびちる
③ 地ひびきを ― 立てる
④ ささえに ― する

3分でワンポイント せつ明の じゅんじょを たしかめよう。

★ビーバーが すを 作るまでの じゅんじょに なるよう、（ ）に 2～5の ばんごうを 書きましょう。

ア（2）木を くわえた まま 川を およぐ。
イ（6）みずうみの まん中に、すを 作る。
ウ（3）木を 川の そこに さしこみ、ながれないように する。
エ（1）切りたおした 木を みじかく かみ切り、川まで 引きずる。
オ（5）ダムに よって、みずうみが できる。
カ（4）木と 石と どろを かためて いって、川の 中に ダムを 作る。

3分でワンポイント

「ビーバーの大工事（なかがわ しろう）」では、ビーバーの驚異《きょう》的な身体能力の数々が、たとえの表現なども使って書かれています。

ここでは、家族総出で水中に巣を作る様子を、切り倒《たお》した木を短くかみ切って川まで引きずってきたところをスタートとして、順番にとらえます。「みずうみ」などの共通する言葉を探すことと、文の内容をイメージしてみることが大切です。かみ切って川まで引きずってきたのですから、木は口にくわえられています。その木をくわえたまま、川を泳ぐという場面につながります。水中に潜《もぐ》って川の底に木を差し込《こ》み、流れないようにします。その上に、小枝を積み上げ、石でおもしをし、泥《どろ》で固めていきます。積み上げられた木と石と泥は一方の岸からもう一方の岸まで少しずつ伸《の》び、ついにはダムができます。ダムによって水がせき止められ、川の中に湖ができます。湖の真ん中に、木と石と泥を積み上げ、島のような巣を作るのです。

れんしゅう① 58~59ページ

ビーバーの　大工事

文しょうを　読んで、答えましょう。

　ここは、北アメリカ。大きな森の　中の　川の　ほとりです。ビーバーが、木の　みきを　かじって　います。

　ガリガリ、ガリガリ。

　すごい　はやさです。木の　根《ね》元には、たちまち　木の　かわや　木くずが　とびちり、みきの　回りが　五十センチメートルいじょうも　ある　木が、ドシーンと　地ひびきを　立てて　たおれます。

　近よって　みますと、上あごの　歯《は》を　木の　みきに　当てて　ささえに　し、下あごの　するどい　歯で、ぐいぐいと　かじって　いるのです。するどくて　大きい　歯は、まるで、大工さんの　つかう　のみのようです。

　ドシーン、ドシーン。

　あちらでも　こちらでも、ポプラや　やなぎの　木が　つぎつぎに　たおされて　いきます。

なかがわ　しろう「ビーバーの　大工事」より

❶ 「ビーバー」に　ついて、答えましょう。

① どこに　いますか。

北アメリカ の　大きな　森の　中の　川の　ほとり。

② 何を　して　いますか。

（れい 木のみきをかじっている。）

❷ 「ガリガリ、ガリガリ。」「ドシーン、ドシーン。」は、何の　音ですか。ア～エの　記ごうを　書きましょう。

・（エ）ガリガリ、ガリガリ

・（ア）ドシーン、ドシーン

ア　ポプラや　やなぎの　木が　たおれる　音。

イ　木の　かわや　木くずが　とびちる　音。

ウ　大工さんが、のみで　木を　けずる　音。

エ　ビーバーが　木の　みきを　かじる　音。

ヒント ——の　前や　あとから、何の　音か　たしかめよう。

❸ 「地ひびき」と　ありますが、なぜ　地ひびきが　するのですか。

みきの　回りが（五十センチメートル）いじょうも　ある　大きな　木が　たおれるから。

❹ ビーバーが　木を　かじる　ときの　せつ明で、正しい　もの　すべてに　○を　つけましょう。

ア（　）上あごの　歯だけで　かじって　いく。

イ（○）下あごの　歯で　ぐいぐいと　かじる。

ウ（○）上あごの　歯を　ささえと　して　いる。

ヒント ビーバーの　歯の　つかい方を　読みとろう。

❺ ビーバーの　歯は、どんな　ようすですか。八字で　書きぬきましょう。

するどくて大きい

れんしゅう② 60~61ページ

ビーバーの　大工事

文しょうを　読んで、答えましょう。

　近よって　みますと、上あごの　歯《は》を　木の　みきに　当てて　ささえに　し、下あごの　するどい　歯で、ぐいぐいと　かじって　いるのです。するどくて　大きい　歯は、まるで、大工さんの　つかう　のみのようです。

　ドシーン、ドシーン。

　あちらでも　こちらでも、ポプラや　やなぎの　木が　つぎつぎに　たおされて　いきます。

　ビーバーは、切りたおした　木を、さらに　みじかく　かみ切り、ずるずると　川の　方に　引きずって　いきます。そして、木を　しっかりと　くわえた　まま、上手に　およいで　いきます。

　ビーバーは、ゆびと　ゆびの　間に　じょうぶな　水かきが　ある　後ろあしで、ぐいぐいと　体を　おしすすめます。おは、オールのような　形を　して　いて、上手に　かじを　とります。

なかがわ　しろう「ビーバーの　大工事」より

❶ ビーバーが　木を　かじる　とき、みきに　当て、ささえに　する　ものは　何ですか。

上あご の　歯

❷ ビーバーの　歯は、何に　たとえられて　いますか。

（大工さんのつかうのみ）

ヒント 「まるで」は、たとえる　ときに　つかう　ことばだよ。

❸ ビーバーが　かじって　たおす　木の　名前を、三字で　二つ　書きぬきましょう。

ポプラ・やなぎ

※順番《じゅんばん》はちがっていてもよい。

❹ ビーバーは　木を　切りたおした　あと、どう　しますか。する　こと　すべてに　○を　つけましょう。

ア（○）木を　川の　方に　引きずって　いく。

イ（　）木の　はっぱを　食べる。

ウ（　）切りたおした　木を　ならべる。

エ（○）切りたおした　木を　みじかく　かみ切る。

オ（○）木を　くわえて　川を　およぐ。

❺ ビーバーの　体に　ついて、答えましょう。

① 「後ろあし」の　ゆびと　ゆびの　間には、何が　ありますか。

（れい じょうぶな水かき）

② 「お」は、どんな　形を　して　いますか。

（オールのような形）

❻ ❺のような　体の　とくちょうから、ビーバーは　どんな　ことが　できますか。六字で　書きましょう。

上手におよぐ こと。

ヒント 体の　とくちょうが　何に　やく立つか　考えよう。

---

❶ ①文章の冒頭《ぼう》に、「ここは、北アメリカ。」と、場所を説明する言葉があることに注目します。

②直後に、ビーバーの行動が書かれています。

❷ れい2 木のみきをかじって、たおしている。

「ガリガリ、ガリガリ」は、直前に「ビーバーが、木の　みきを　かじって　います。」とあるので、その音です。「ドシーン、ドシーン」は、直後に「あちらでも　こちらでも、……たおされて　いきます。」とあるので、その音です。

❸ 倒《たお》れるときに「地ひびき」を立てるほど大きな木であることをとらえます。そして、具体的にどのくらい大きな木であるかがわかる部分を探しましょう。

❹ ビーバーは、上あごの歯を木の幹に当てて支えとして、下あごの歯でかじります。

❺ ビーバーの歯について説明されている後半の部分に注目します。鋭《するど》くて大きい歯は、「まるで、大工さんの　つかう　のみのよう」と表現されています。

❶ 「木の　みきに　当てて　ささえに」するのは「上あごの　歯」、かじるのに使うのは「下あごの　するどい　歯」です。

❷ 「まるで～のよう」というたとえの表現に注目します。

❸ 「ドシーン、ドシーン。」という木の倒れる音を表す言葉のあとに、倒されていく木の名前が書かれています。

❹ 木を切り倒したあとのビーバーの行動を、順を追って読み取ります。切り倒した木をさらに短くかみ切る→短くした木を川の方に引きずっていく→木をしっかりくわえたまま川を泳いでいく、という行動が書かれています。

❺ ① れい2 水かき

②直後に「オールのような　形を　して」とあります。「オール」は、ボートを漕《こ》ぐ道具のことです。尾《お》がそのような形をしているので、ビーバーは上手にかじをとりながら泳げることがわかります。

❻ 「上手に　およ」ぐと述べられたあとに、❺のような体の特徴《ちょう》が挙げられています。体の特徴の説明は、上手に泳げることを伝えるためのものです。

じゅんび 62~63ページ

本で　しらべる／「どうぶつカード」を　作ろう／主語と　じゅつ語

かきトリ　新しい　かん字

海	新	強	鳴	雲	晴	船

1 □に　読みがなを　書きましょう。

① 図書（としょ）かんの　本。　② 大きな　船（ふね）。

2 □に　かん字を、○に　かん字と　ひらがなを　書きましょう。

① 海《うみ》の　近く。　② 白い　雲《くも》。　③ とりが　鳴《な》く。　④ 晴《は》れた　空。　⑤ 新《あたら》しい　⑥ 風が　強《つよ》まる。

3 つぎの　「どうぶつカード」を　読んで、答えましょう。（「どうぶつカード」を　作ろう）

アゴヒゲアザラシの　ひみつ

○知りたい　こと

□

○本で　しらべて　分かった　こと

アゴヒゲアザラシの　ひげは、くらい　海で　えものを　さがす　ことに　やく立ちます。海ていすれすれを　およぎながら、ひげで　えものを　見つけます。

「どうぶつの　くらし」42ページ「どうぶつカード」を　作ろう　より

・□には　どんな　ないようが　入りますか。記ごうに　○を　つけましょう。

ア（　）アゴヒゲアザラシの　ひげは、何本くらい　あるのか。

イ（○）アゴヒゲアザラシの　ひげは、どんな　ことに　やく立つのか。

4 あさがおに　ついて　知りたい　ときは、どんな　本で　しらべますか。一つに　○を　つけましょう。（本で　しらべる）

ア（　）きょうりゅうの　図かん。

イ（　）どうぶつの　図かん。

ウ（○）しょくぶつの　図かん。

5 文の　中の、「だれが・だれは」や、「何が・何は」に　当たる　ことばは、ア・イの　どちらですか。（主語と　じゅつ語）

ア（○）主語　イ（　）じゅつ語

6 つぎの　文の　主語と　じゅつ語を　書きましょう。

① バスが　走る。　主語（バスが）　じゅつ語（走る）

② カレーは、とても　おいしい。　主語（カレーは）　じゅつ語（おいしい）

③ わたしは、おばさんに　おみやげを　もらった。　主語（わたしは）　じゅつ語（もらった）

じゅんび 64~65ページ

町で　見つけた　ことを……／なかまに　なる……／「ありがとう」を……

かきトリ　新しい　かん字

店	冬	朝	週	市	茶	春
角	夏	秋	東	南	西	父
母	兄	姉	昼	紙	室	

1 □に　読みがなを　書きましょう。

① 四角形（しかくけい）の　はこ。　② 東西南北（とうざいなんぼく）　③ お母（かあ）さんの　話。　④ お兄（にい）さん

2 □に　かん字を　書きましょう。

① 教室《きょうしつ》に　入る。　② 朝《あさ》の　時間。　③ 春夏秋冬《しゅんかしゅうとう》　④ お茶《ちゃ》　⑤ 店《みせ》に　行く。　⑥ 昼《ひる》休み

3 つぎの　ことばは　何の　なかまですか。□から　えらんで、記ごうを　書きましょう。（なかまに　なる　ことば）

・お姉さん　・弟　・お父さん　（ウ）

ア　きせつ　イ　時　ウ　家ぞく

4 つぎの　ことばの　なかまを　□から　えらんで、記ごうを　書きましょう。

・赤　・黄　・白　（エ）

ア　日　イ　月　ウ　天　エ　青

5 「はじめ」「中」「おわり」の　組み立てで　話す　とき、正しい　ものを　一つ　えらびましょう。（町で　見つけた　ことを　話そう）

ア（　）「はじめ」では、なるべく　早口で　話すように　する。

イ（　）「中」では、何に　ついて　話すのかを　ざっと　せつ明する。

ウ（○）「おわり」では、思った　ことを　言う。

6 つぎの　手紙は、だれが　だれに　あてて　書いた　手紙ですか。（「ありがとう」を　つたえよう）

田村みすずさんへ

この前は、家によんでくれてありがとう。ケーキがとてもおいしかったよ。こんどは、わたしの家にあそびに来てね。

林いずみ

（林いずみ）さんが（田村みすず）さんに。

---

3 「本で　しらべて　分かった　こと」の部分に書いてある内容から、「知りたいこと」はアゴヒゲアザラシのひげの本数ではなく、ひげがどんなことに役立つのか、ということだとわかります。

4 あさがおは植物なので、詳《くわ》しく知りたいときには植物の図鑑《かん》を使うとよいでしょう。

5 「だれが・だれは」や「何が・何は」に当たる言葉である主語に対して、述語は、「どうする(どうした)」「どんなだ」「何だ」「ある・いる」に当たる言葉です。一つの文には、主語と述語があるのがふつうです。長い文の場合は特に、どれが主語でどれが述語かを探すと、読み取りが容易になります。

6 ①「何が　どうする。」の形の文です。

②「何は　どんなだ。」の形の文です。

③「だれは　どうした。」の形の文です。

1 ①「しかっけい」も正解とします。

③「母（かあ）さん」は熟字訓です。

④「兄（にい）さん」は熟字訓です。

3 家族はこのほかにどのような人で構成されるか、確認《にん》しましょう。季節の仲間になる言葉「春・夏・秋・冬」や、時の仲間になる言葉「きのう・今日・あした」や、「朝・昼・夜」もおさえておきましょう。

4 赤、黄、白は、色の仲間になる言葉です。よって、選択肢《せんたくし》の中から、色を表す言葉を探します。

5 聞く人に伝わるように組み立てを考えて話すときは、「はじめ」の部分で何について話すのかを言い、「中」の部分で詳しく話し、「おわり」の部分で思ったことを言う、という流れにします。

6 手紙の最初の行には、誰《だれ》にあてたものかという「宛名《あてな》」を、行のいちばん上から書きます。封筒《ふうとう》の宛名書きではないので、改まって姓《せい》名を書く必要はありません。いつもの呼び名を書くことも可能です。手紙を書いた人の名前は、最後の行の下のほうに書くのがふつうです。ここも、フルネームを書く必要はありません。伝えたいことをしっかり思い出し、丁寧《ていねい》に書くようにします。書き終わったら、字が正しく書けているか、言葉の使い方は適切か、読み直して確かめます。

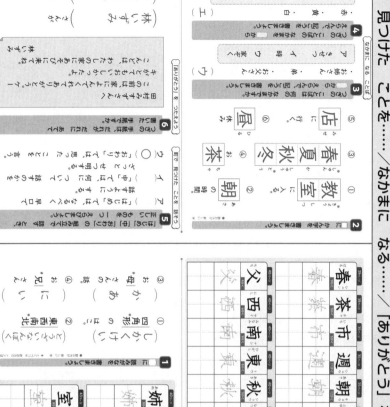

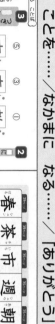

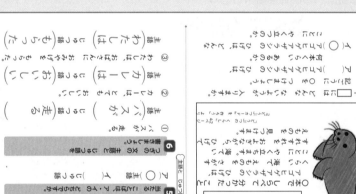

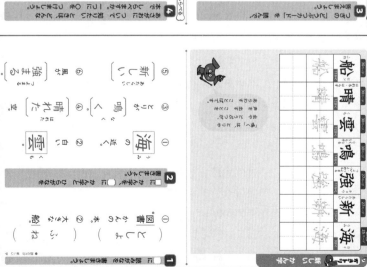

たしかめのテスト① 66～67ページ
ビーバーの　大工事～「ありがとう」を　つたえよう

文しょうを　読んで、答えましょう。　思考・判断・表現

ダムが　できあがって、水が　せき止められると、その　内がわに　みずうみが　できます。
ビーバーは、その　みずうみの　まん中に、すを　作ります。すは、ダムと　同じように、木と　石と　どろを　つみ上げて　作ります。それは、まるで、水の　上に　うかんだ　しまのようです。すの　入り口は、水の　中に　あり、ビーバーのように、およぎの　上手な　どうぶつで　ないと、けっして　すの　中に　入る　ことは　できません。
ビーバーが　ダムを　作るのは、それで　川の　水を　せき止めて　みずうみを　作り、その　みずうみの　中に、てきに　おそわれない　あんぜんな　すを　作る　ためなのです。

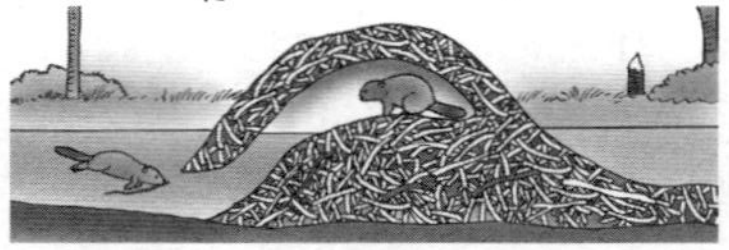

なかがわ　しろう「ビーバーの　大工事」より

よく出る

❶ ビーバーは　どこに　すを　作りますか。10点
ダムの　内がわに　できた　みずうみの　まん中。

❷ ビーバーの　すに　ついて、答えましょう。
① どのように　作りますか。10点
（れい 木と石とどろをつみ上げて作る。）
② 何に　たとえられて　いますか。10点
（水の上にうかんだしま）

❸ 「すの　入り口」に　ついて、合う　もの　一つに　○を　つけましょう。10点
ア（　）みずうみに　うかぶ　しまの　上に　ある。

イ（　）およぎの　上手な　どうぶつは　入れない。

ウ（○）みずうみの　水の　中に　ある。


できたらスゴイ！

❹ 「それ」は、何を　さして　いますか。20点
（ダム）

❺ ビーバーの　すが　あんぜんなのは　なぜですか。合う　もの　一つに　○を　つけましょう。20点
ア（　）ダムと　同じ　木と　石と　どろで　できて　いるから。

イ（　）ダムが　とても　大きくて、そとから　てきが　入って　くる　ことが　できないから。

ウ（○）すの　入り口が　水の　中に　あり、およぎが　上手で　ないと　入る　ことが　できないから。

考えを書こう

❻ ビーバーに　とって「あんぜんな」すとは　どのような　すだと　思いますか。20点
（れい てきにおそわれることが　ない　す。）

たしかめのテスト② 68～69ページ
ビーバーの　大工事～「ありがとう」を　つたえよう

❶ （　）に　読みがなを　書きましょう。一つ4点（32点）
① 手紙（てがみ）を　書く。② 中学生の　お　姉（ねえ）さん。
③ 音楽（おんがく）の　時間。④ 三分（さんぷん）だけ　まつ。
⑤ 来週（らいしゅう）の　なかば。⑥ お　父（とう）さんと　話す。
⑦ ラジオ　体（たい）そう　⑧ 線の　内（うち）がわ。

❷ □に　かん字を、〔　〕に　かん字と　ひらがなを　書きましょう。一つ4点（32点）
① 市場《いちば》に　行く。② 船《ふね》に　のる。
③ 男の　兄弟《きょうだい》。④ 工《こう》さくを　する。
⑤ 地《じ》めんを　ほる。⑥ 校長《こうちょう》先生
⑦ 上《うわ》ばきを　あらう。⑧ 家の〔近く《ちか》〕。

❸ つぎの　文の　主《しゅ》語と　じゅつ語を　書きましょう。一つ6点（12点）
・先生は、むかしの　知り合いから　きのう　とどいた　手紙を、ゆっくりと　読みなおした。
主語（先生は）
じゅつ語（読みなおした）

❹ つぎの　言い方で　足りない　ものは　何ですか。○を　つけましょう。4点
・「この　中に　いる。」
ア（○）主語　イ（　）じゅつ語

❺ つぎの　中から　人の　体を　あらわす　ことばを　二つ　えらんで　書きましょう。一つ3点（6点）
まど　くつ　せなか　セーター　ふくらはぎ　いす　ポスト　やね
（せなか）（ふくらはぎ）
※順番《じゅんばん》はちがっていてもよい。

❻ 見つけた　ことを　話す　ときの　組み立てを、線で　むすびましょう。全部《ぜんぶ》できて　6点
はじめ ――― 何に　ついて　話すのかを　言う。
中 ╳ 思った　ことを　言う。
おわり ╳ 分かった　ことや　聞いた　ことを、くわしく　話す。

❼ 思考・判断・表現
つぎの　手紙の　□には、何を　書きますか。8点

川田いちろうさんへ
先週は、町をあんないしてくれてありがとう。おかげで、いろいろな場しょを知ることができたよ。
またあそぼうね。
□

（れい 自分の名前）

---

❶ 場所を表す助詞の「に」に着目します。

❷ ①巣は、「ダムと　同じように」作られるとありますが、具体的には「木と　石と　どろを　つみ上げて　作ります」とあります。

れい2 ダムと同じように、木と石とどろをつみ上げて作る。

②たとえられているものを答えるので、「まるで、～のようです」という表現に注目しましょう。

❸ ビーバーの巣の入り口は「水の　中に　あり、」と書いてあります。

❹ 何によって「川の　水を　せき止め」るのかを、前の部分から探します。

❺ ビーバーの巣には、泳ぎの上手な動物でないと入れません。だから、ビーバーにとっては安全なのです。

❻ 生き物にとっての安全な状態とは、敵に襲《おそ》われる心配がないということが大きな要素の一つです。泳ぎや潜《せん》水の得意なビーバーが湖の真ん中に作る巣は、安全な巣なのです。

おうちのかたへ

今回の文章を参考に、動物の生態を調べるときの観点をおさえると、調べ学習などにも役立てられます。一種類の動物に絞《しぼ》って取り組みます。
・体の特徴《ちょう》や能力を明らかにする。
・体の特徴や能力を、行動や習性と照らし合わせてとらえる。
・特有の行動や習性の目的を確かめる。
このような観点で調べたことをまとめます。

❸ 少し長い文ですが、まず「誰《だれ》は」に当たる主語を見つけ、次に「どうした」に当たる述語を探します。あるいは、まず述語を見つけ、それは誰の動作なのか、主語に当たる部分を探します。

❹ 「この　中に　いる。」という文の述語は「いる」ですが、誰（何）がいるのかがわかりません。つまり、この文には主語が足りません。

❺ 「ふくらはぎ」は、すねの後ろのふくらんだ部分です。「こむら」ともいいます。

❼ お子さま自身の名前を書いていても正解とします。

じゅんび 70~71ページ
かさこじぞう

かきトリ 新しい かん字

売	買	道	米	歌	戸
教科書49ページ バイ うる・うれる 7かく	49ページ バイ かう 12かく	52ページ ドウ みち 12かく	56ページ マイ こめ 6かく	58ページ カ うた・うたう 14かく	58ページ コ と 4かく

曜	午	谷	岩	池
63ページ ヨウ 18かく	63ページ ゴ 4かく	63ページ コク たに 7かく	63ページ ガン いわ 8かく	63ページ チ いけ 6かく

1 □に 読みがなを 書きましょう。

① 町の 中心。（ちゅうしん）　② 村の 外れ。（はず）

③ 前後を 見る。（ぜんご）　④ 雨戸を しめる。（あまど）

2 □に かん字を、□に かん字と ひらがなを 書きましょう。

① 歌を うたう。　② 大きな 岩。

③ 月曜日《げつようび》　④ 本が 売れる。

3 正しい いみに ○を つけましょう。

① 朝早くから せっせと はたらく。
ア（　）おおぜいで にぎやかに。

イ（○）休まないで、一生けんめいに。

② 行き止まりで しかたなく 引きかえした。
ア（○）ほかに ほうほうが なく。

イ（　）できるだけ 早く。

③ わらいだしそうに なるのを こらえる。
ア（　）人の せいに する。

イ（○）がまんする。

④ かすかな 音に 耳を すます。
ア（○）ちゅういぶかく 聞く。

イ（　）聞きのがす。

3分でワンポイント おこった できごとを まとめよう。

★いつ おこった ことか、□から えらんで、記ごうを 書きましょう。

大みそかの日中	じいさまが 町へ すげがさを 売りに 行くが、すげがさは 一つも 売れなかった。
イ①	かえる 道ばたに 立って いた じぞうさまに、じいさまは すげがさや 手ぬぐいを かぶせた。
ウ②	じいさまと ばあさまは、家で もちつきの まねごとを した。
ア③	じぞうさまが もちや やさいなどを のせた そりを 引いて きた。

ア 真夜中　イ 日ぐれ　ウ 夜

れんしゅう① 72~73ページ
かさこじぞう

文しょうを 読んで、答えましょう。

むかしむかし、ある ところに、じいさまと ばあさまが ありましたと。

たいそう びんぼうで、その 日 その 日を やっと くらして おりました。

ある 年の 大みそか、じいさまは ためいきを ついて 言いました。

「ああ、その へんまで お正月さんが ござらっしゃると いうに、もちこの よういも できんのう。」

「ほんにのう。」

「何ぞ、売る もんでも あれば ええがのう。」

じいさまは、ざしきを 見回したけど、何にも ありません。

「ほんに、何にも ありゃせんのう。」

ばあさまは 土間の 方を 見ました。すると、夏の 間に かりとって おいた すげが つんで ありました。

「じいさま じいさま、かさこ こさえて、町さ 売りに 行ったら、もちこ 買えんかのう。」

「おお おお、それが ええ。そう しよう。」

そこで、じいさまと ばあさまは 土間に 下り、ざんざら すげを そろえました。そして、せっせと すげがさを あみました。

かさが 五つ できると、じいさまは それを しょって、

「かえりには、もちこ 買って くるで。にんじん、ごんぼも しょって くるでのう。」

と 言うて、出かけました。

いわさき きょうこ「かさこじぞう」より

1 この 話に 出て くる 人ぶつを 二人 書きぬきましょう。
（じいさま）（ばあさま）
※順番《じゅんばん》はちがっていてもよい。

2 「その 日 その 日を やっと くらして おりました。」と ありますが、どんな くらしですか。
とても びんぼう な くらし。

3 じいさまが 「ためいき」を ついたのは なぜですか。正しい もの 一つに ○を つけましょう。
ア（　）大みそかや 正月が すきでは ないから。

イ（　）正月に なるのに、いそがしいから。

ウ（○）正月に もちの よういも できないから。

ヒント ――の あとの じいさまの ことばを 読もう。

4 「土間」に あった ものは 何ですか。ア～ウの 中から 一つ えらびましょう。（イ）

ア もちこ　イ すげ　ウ かさこ

5 「そう しよう。」と ありますが、じいさまは、何を しようと 言って いますか。
かさこ を 作って 町 へ 売りに 行き、もちこ を 買おう。

6 「じいさまと ばあさまは……そろえました。」と ありますが、それは 何を する ためですか。
（れい）すげがさを あむ ため。
ヒント 「そう」は 前の ばあさまの ことばを さすよ。

3 ③「こらえる」は、「がまんする」のほか、「たえる」「しんぼうする」などともいい換《か》えられます。

④「耳を澄《す》ます」は慣用的な表現です。意味の似た表現に、「耳を傾《かたむ》ける」や「耳をそばだてる」があります。

3分でワンポイント

「かさこじぞう（いわさき きょうこ）」では、ある年の大みそかに、じいさまとばあさまが何をして、どうなったかを、出来事の順番に沿ってとらえます。二人で編んだ五つのすげがさが一つも売れず、じいさまが帰途《と》についたのは日暮れでした。吹雪《ふぶき》の中、じいさまはじぞうさまにすげがさや手ぬぐいをかぶせます。帰宅後、ばあさまにじぞうさまの話をし、二人は手に入れられなかったもちをつくまねごとをします。質素な食事をしてから休んだ二人のうちに、じぞうさまがそりを引いてやって来たのは、真夜中頃《ごろ》のことでした。大みそかが明け、二人はよいお正月を迎《むか》えることができたのです。

1 冒《ぼう》頭に、この物語の時を表す「むかしむかし」と、登場人物が出てきます。

2 「その 日 その 日を やっと くらして おりました」は、余裕《ゆう》のないぎりぎりの生活であることを表しています。

3 じいさまの言葉に注目します。「お正月さんが ござらっしゃると いうに、もちこの よういも できんのう」と、ため息をついて嘆《なげ》いているのです。

4 ばあさまは、土間に積んであるものを見て「かさこ」を作ろうと言っています。そこにあったのは、すげがさの材料になるすげです。

5 「そう」は、直前のばあさまの言葉の内容を指しています。じいさまはばあさまの提案に賛成しているのです。

6 土間に下り、すげをそろえたのは、すげがさを編むためです。「ざんざら すげを そろえました」の部分は、二つの解釈《しゃく》が可能です。まず、「ざんざら」を擬《ぎ》音語ととらえ、すげをざんざらとそろえた、と読み取れます。あるいは、長さなどがばらばらのすげをそろえた、とも読み取れます。

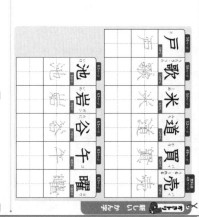

れんしゅう② 74~75ページ
かさこじぞう

文しょうを 読んで、答えましょう。

いつのまにか、日も くれかけました。

じいさまは、とんぼり とんぼり 町を 出て、村の 外れの 野っ原《ぱら》まで 来ました。

風が 出て きて、ひどい ふぶきに なりました。

ふと 顔を 上げると、道ばたに じぞうさまが 六人 立って いました。

おどうは なし、木の かげも なし、ふきっさらしの 野っ原なもんで、じぞうさまは かたがわだけ 雪に うもれて いるのでした。

「おお、お気のどくにな。さぞ つめたかろうのう。」

じいさまは、じぞうさまの おつむの 雪を かきおとしました。

「こっちの じぞうさまは、ほおべたに しみを こさえて。それから、この じぞうさまは どうじゃ。はなから つららを 下げて ござらっしゃる。」

じいさまは、ぬれて つめたい じぞうさまの かたやら せなやらを なでました。

「そうじゃ。この かさこを かぶって くだされ。」

じいさまは、売りものの かさを じぞうさまに かぶせると、風で とばぬよう、しっかり あごの ところで むすんで あげました。

ところが、じぞうさまの 数は 六人、かさこは 五つ。どうしても 足りません。

「おらので わりいが、こらえて くだされ。」

じいさまは、自分の つぎはぎの 手ぬぐいを とると、いちばん しまいの じぞうさまに かぶせました。

「これで ええ、これで ええ。」

そこで、やっと 安心《あん》して、うちに かえりました。

いわさき きょうこ「かさこじぞう」より

1 ここでの 場めんに ついて、答えましょう。
① じいさまは どこに いますか。
村の外れの野っ原
② どんな 天気に なりましたか。
（れい 風が出てきて、ひどいふぶきになった。）

2 「とんぼり とんぼり」から どんな ようすが 分かりますか。一つに ○を つけましょう。
ア（○）元気なく、しょんぼりして いる ようす。
イ（ ）元気で、いきおいが ある ようす。
ウ（ ）とても おちついて いる ようす。

3 「じぞうさまは かたがわだけ 雪に うもれて いるのでした。」と ありますが、なぜですか。
（おどう）も（木のかげ）も ない、ふきっさらしの 野っ原に 立って いるから。
※順番《じゅんばん》はちがっていてもよい。

4 じぞうさまの ようすに ついて、合う もの すべてに ○を つけましょう。
ア（ ）足が こおって しまって いる。
イ（○）ほおに しみを つくって いる。
ウ（○）はなから つららを 下げて いる。
エ（○）頭に 雪を かぶって いる。
ヒント じいさまの こうどうや ことばから 考えよう。

5 「安心して」と ありますが、なぜですか。一つに ○を つけましょう。
ア（ ）ぜんぶの じぞうさまに かさを かぶせる ことが できたから。
イ（ ）じぞうさまに おまいりできたから。
ウ（ ）雪や 風が すっかり おさまったから。
エ（○）じぞうさまを 少しは さむさから まもる ことが できたから。
ヒント じいさまが した ことから 考えよう。

じゅんび 76~77ページ
人が する ことを あらわす ことば／本の 中の 友だち

がきトリ 新しい かん字

鳥	馬	首	番
教科書70ページ	70ページ	70ページ	70ページ
とり	うま	くび	バン
11かく	10かく	9かく	12かく

「鳥」と「馬」には、形が にて いる ところが ありますね。

1 □に 読みがなを 書きましょう。
① かべに 図画を はる。（ずが）
② 作文を 書く。（さくぶん）
● 読み方が 新しい 字

2 □に かん字を 書きましょう。
① 鳥《とり》の 鳴き声。
② 馬《うま》に のる。
③ 首《くび》を のばす。
④ じゅん番《ばん》。

人が する ことを あらわす ことば

3 絵を 見て、だれが 何を して いるか、□の 人を 主語《しゅ》に して、文を 作りましょう。

わたし
友だち

① わたしを 主語に する。
（れい わたしは、ピアノを ひく。）
② 友だちを 主語に する。
（れい 友だちは、はく手を する。）

本の 中の 友だち

4 読んで おもしろかった 本に 出て きた、すきな 人ぶつを えらんで、カードに 書きましょう。

二年（ ）くみ 名前（ ）	
・すきな 人ぶつ	れい じいさま
・本の だい名	れい かさこじぞう
・さくしゃ	れい いわさき きょうこ
とくちょう	すきな ところ
れい じいさまは、やさしいです。	れい じぞうさまにかぶせるかさが足りないと、自分の手ぬぐいをかぶせてあげるところがすきです。

---

1 冒頭《ぼう》の三つの文に着目して、この場面でじいさまがいる場所と、そのときの天気をとらえましょう。

2 日が暮れかけているという状況《きょう》や、このあと吹雪《ふぶき》になるという情景の描写《びょう》からも、じいさまの様子を知ることができます。解答に迷ったら、消去法を使うのもよいでしょう。また、「とんぼり とんぼり」という表現は、「しょんぼり」や「とぼとぼ」という言葉と似ているという点も、ヒントになるでしょう。

3 お堂や木の陰《かげ》がないので、じぞうさまは雪を避《さ》けられず、風が吹《ふ》いてくる方だけ雪に埋《う》もれているのです。

4 イとウは、じいさまの言葉からわかります。エは、「じいさまは、じぞうさまのおつむの 雪を かきおとしました。」からわかります。アについては、書いてありません。

5 直前の「これで ええ、これで ええ。」は、じいさまが、かさをかぶせることができなかったじぞうさまにも、手ぬぐいをかぶせてあげられて、ほっとしている言葉です。

3 イラストは、「わたし」がピアノを弾《ひ》いていて、「友だち」がそれを聞いて拍手《はく》している状況を表しています。文は、内容に合っていれば、正解とします。「ピアノ」をほかの鍵盤《けんばん》楽器にしていてもかまいません。
① れい2 わたしは、楽きをえんそうする。
② れい2 友だちは、音楽を聞く。

4 お子さまがおもしろいと思った本を選び、ほかの人に紹介《しょうかい》するつもりで自由にカードを書く問題です。情報を伝えるという点で重要なので、本の題名と作者名の欄《らん》は、正しく書けているか確認《にん》してあげてください。好きな人物、特徴《ちょう》、好きなところの欄は、お子さまの感想につながる部分です。どのように書くか迷っているようなら、「この人はどんな人?」「この人が好きなのはどうして?」などと質問し、答えが出てきたあとで、それを文にして書くのをフォローしてあげてください。

たしかめのテスト① 78〜79ページ
かさこじぞう 〜 本の　中の　友だち

文しょうを　読んで、答えましょう。　思考・判断・表現

すると、真夜中ごろ、雪の　中を、
じょいやさ　じょいやさ
と、そりを　引く　かけ声が　して　きました。
「ばあさま、今ごろ　だれじゃろ。長者どんの　わかいしゅが　正月買いもんを　しのこして、今ごろ　引いて　きたんじゃろうか。」
ところが、そりを　引く　かけ声は、長者どんの　やしきの　方には　行かず、こっちに　近づいて　きました。
耳を　すまして　聞いて　みると、
六人の　じぞうさ
かさこ　とって　かぶせた
じさまの　うちは　どこだ
ばさまの　うちは　どこだ
と　歌って　いるのでした。
そして、じいさまの　うちの　前で　止まると、何やら　おもい　ものを、
ずっさん　ずっさん
と　下ろして　いきました。
じいさまと　ばあさまが　おきて　いって、雨戸を　くると、かさこを　かぶった　じぞうさまと、手ぬぐいを　かぶった　じぞうさまが、
じょいやさ　じょいやさ
と、空ぞりを　引いて、かえって　いく　ところでした。
のき下には、米の　もち、あわの　もちの　たわらが　おいて　ありました。その　ほかにも、みそだる、にんじん、ごんぼや　だいこんの　かます、おかざりの　まつなどが　ありました。
じいさまと　ばあさまは、よい　お正月を　むかえる　ことが　できましたと。

いわさき　きょうこ「かさこじぞう」より

よく出る **1** 「じょいやさ　じょいやさ」に　ついて、答えましょう。
① この　声は　何ですか。書きぬきましょう。 20点
そりを引くかけ声
② その　声は　どこに　むかって　いますか。一つに　○を　つけましょう。 10点
ア（　）長者どんの　やしきの　方。
イ（◯）じいさまと　ばあさまの　うちの　方。
ウ（　）じぞうさまが　いる　方。

2 「歌って　いる」歌から、じぞうさまが　何を　して　いる　ことが　分かりますか。 20点
じぞうさまが、じいさまと　ばあさまの　うちを（れい　さがしている）こと。

3 「何やら　おもい　もの」に　ついて、答えましょう。
① 「おもい」ことが　分かる　ことばを　八字で　書きぬきましょう。 10点
ずっさんずっさん
② それは　どこに　おいて　ありましたか。 10点
のき下
③ 「おもい　もの」は　何でしたか。一つに　○を　つけましょう。 10点
ア（　）雪と　空ぞり
イ（　）かさこと　手ぬぐい
ウ（◯）もちの　たわらや　やさいなど

4 じいさまと　ばあさまは、じぞうさまに　たいして　どう　思って　いると　思いますか。（　）に　合うように　書きましょう。 10点(20点)
じぞうさまの　おかげで、よい（お正月）を　むかえる　ことが　できて、じぞうさまに（れい　かんしゃしている）と　思う。

たしかめのテスト② 80〜81ページ
かさこじぞう 〜 本の　中の　友だち

1 （　）に　読みがなを　書きましょう。 一つ4点(32点)
① やさいを　売る。（う）
② 鳥が　とぶ。（とり）
③ かたい　岩石。（がんせき）
④ 池の　まわり。（いけ）
⑤ 空っぽの　はこ。（から）
⑥ そうじ　当番（とうばん）
⑦ 歌が　聞こえる。（うた）
⑧ 犬の　首わ。（くび）

2 □に　かん字を　書きましょう。 一つ4点(32点)
① 米《こめ》を　とぐ。
② 午後《ごご》三時
③ 道《みち》の　右がわ。
④ 戸《と》を　あける。
⑤ 年《とし》を　こす。
⑥ 心《しん》ぱいする
⑦ ふかい　谷《たに》。
⑧ 画《が》用紙《ようし》

3 〔　〕に　かん字と　ひらがなを　書きましょう。 一つ4点(8点)
① くじが〔外《はず》れる〕。
② 糸を〔買《か》う〕。

4 □の　中から、人が　する　ことを　あらわす　ことばを　三つ　えらんで、書きましょう。 一つ4点(12点)

大きい	えがく
子ども	とびら
読む	おいしい
冬休み	わらう

（えがく）（読む）（わらう）
※順番《じゅんばん》はちがっていてもよい。

5 今日の　できごとを　思い出して、自分が　した　ことを　文に　書きましょう。 7点
〔れい　今日、わたしは、へやを　きれいに　そうじしました。〕

6 本の　中の　人ぶつを　しょうかいする　カードに　書かれた、①〜③の　ことばの　いみを　あとから　えらび、記ごうを　書きましょう。 一つ3点(9点)

①人ぶつ　ウーフ
②だい名　くまの子ウーフ
③作しゃ　かんざわとしこ
・すきな　ところ

ア　お話を　書いた　人の　こと。
イ　お話に　出て　くる　人の　こと。
ウ　本などの　作ひんの　名前。

①（イ）②（ウ）③（ア）

---

1 ①直後に「と、そりを　引く　かけ声が　して　きました」とあります。
②長者どんのやしきの方ではなく、「こっちに　近づいて」きたとあります。「こっち」とは、じいさまたちがいる方のことです。

2 じぞうさまは、「じさまの　うちは　どこだ／ばさまの　うちは　どこだ」と歌っていました。「どこ」から、場所を探していることがわかります。

3 ①「ずっさん　ずっさん」という音の響《ひび》きから、下ろされているものの重さが伝わります。
②「のき下には、米の　もち、あわの　もちの　たわらが　おいて　ありました。」とあります。
③米のもち、あわのもちの俵のほか、みそだる、野菜の入った袋《ふくろ》、お飾《かざ》りの松など、お正月を迎《むか》えるのにふさわしいものを、じぞうさまは運んでくれました。

4 じいさまの親切に対し、じぞうさまはお返しをしてくれました。もちこを用意できず、よいお正月を迎えることをあきらめていたじいさまとばあさまにとっては、思いがけない出来事です。じぞうさまへの思いとしてふさわしい内容が、空欄《らん》に合う形で書かれていれば正解です。
れい2　おれいを言いたいと思っている

おうちのかたへ
昔話には、例えば文末が「ありましたと。」となっていたり、「とんぼり　とんぼり」という様子を表す言葉や「じょいやさ　じょいやさ」というかけ声などの独特の表現が使われていたりと、今の物語とは異なる特徴《ちょう》があります。話の初めと終わりで状況《きょう》が大きく変わるのも、よくあるパターンです。読者に語りかける調子や耳慣れない言葉遣《づか》い、リズミカルな表現など、音読していても楽しく感じられるのが、この「かさこじぞう」です。

4 八つの言葉から、動詞を三つ選びます。

5 主語と述語を対応させ、何をしたかがわかる文が書けているか、句点(文末の「。」)がついているか、必要に応じて読《とう》点(文中の「、」)が適切についているか、確認《にん》してあげてください。

じゅんび 82~83ページ

むかしから　つたわる　言い方／かん字の　読み方と　おくりがな

新しい　かん字

魚	電	細
ギョ　さかな・うお	デン	ほそい・ほそる　こまか・こまかい
11かく	13かく	11かく
教科書79ページ	79ページ	79ページ

1 □に　読みがなを　書きましょう。

①田園《でんえん》の　風けい。（でんえん）　②近くの　国《くに》。（くに）
③外《そと》から　かえる。（そと）　④後《あと》から　行く。（あと）

2 □に　かん字を、◯に　かん字と　おくりがなを　書きましょう。

①魚《さかな》を　つる。　②電気《でんき》を　けす。
③角《かど》の　家。　④山を　下る《くだる》。

むかしから　つたわる　言い方

3 つぎの　よび方を　する　十二支《し》の　どうぶつを　えらんで、記ごうに　◯を　つけましょう。

①ね　（ア　ねこ　㋑　ねずみ）
②う　（ア　うま　㋑　うさぎ）
③み　（㋐　へび　イ　みみず）
④い　（ア　いぬ　㋑　いのしし）

4 「いろは歌」で、今の　ひらがなと　ちがう　文字が　ある　二つの　行に　◯を　つけましょう。

いろはにほへと（　）
ちりぬるを（　）
わかよたれそ（　）
つねならむ（　）
うゐのおくやま（◯）
けふこえて（　）
あさきゆめみし（　）
ゑひもせす（◯）

5 「いろはかるた」に　ついて、正しい　ほうに　◯を　つけましょう。

ア（◯）「いろは歌」に　つかわれて　いる　ひらがなが　一文字目に　くる　ことばを　あつめた　かるた。
イ（　）地いきに　つたわる　有《ゆう》名な　行事《じ》や　場しょ、人などを　あつめた　かるた。

かん字の　読み方と　おくりがな

6 線を　引いた　ことばを、かん字と　おくりがなを　つかって　書きましょう。

①ア　こまかい　せつ明。（細かい）
　イ　ほそい　ペン。（細い）
②ア　あかりを　つける。（明かり）
　イ　夜が　あける。（明ける）
　ウ　あかるい　へや。（明るい）
③ア　しっぱいを　いかす。（生かす）
　イ　ひよこが　うまれる。（生まれる）
　ウ　口ひげを　はやす。（生やす）

3 十二支の「ね、うし、とら……いぬ、い」は、漢字では「子、丑、寅、卯、辰、巳、午、未、申、酉、戌、亥」と書きます。①の「ね」は鼠（ねずみ）と書かず、②の「う」は兎（うさぎ）と書かず、③の「み」は蛇（へび）と書かず、④の「い」は猪（いのしし）と書きません。同様に、うし、とら、たつ、うま、ひつじ、さる、とり、いぬも、牛、虎、竜、馬、羊、猿、鳥、犬とは書きません。

4 「ゐ」と「ゑ」はどちらもワ行のひらがなで、ゐは「い」、ゑは「え」と発音しますが、現代ではこれらのひらがなは使いません。古い時代にはゐは「うぃ」、ゑは「うぇ」と発音していました。ちなみに、現代では「お」と発音するワ行の「を」も、昔は「うぉ」と発音していました。

5 選択肢《せんたくし》イは、「郷土かるた」と呼ばれるかるたです。

6 送りがなは、漢字の読み方や意味をはっきりさせるうえで重要なものです。正しく読み、正しく書く必要があります。送りがなに迷ったら、きちんと調べる習慣をつけておくことも大切です。

じゅんび 84~85ページ

あなの　やくわり

新しい　かん字

通	汽	刀	弓	矢	直
ツウ　とおる・とおす	キ	トウ　かたな	ゆみ	や	チョク　なおす・なおる
10かく	7かく	2かく	3かく	5かく	8かく
教科書86ページ	91ページ	91ページ	91ページ	91ページ	91ページ

里	寺	黒
さと	てら	コク　くろい・くろ
7かく	6かく	11かく
91ページ	91ページ	91ページ

「汽」と「気」を　まちがえないよう　気を　つけよう！

1 ◯に　読みがなを　書きましょう。

①先《さき》を　歩く。（さき）　②木刀《ぼくとう》を　つかう。（ぼくとう）
③日直《にっちょく》の　しごと。（にっちょく）　④里《さと》の　まつり。（さと）

2 □に　かん字を、◯に　かん字と　おくりがなを　書きましょう。

①汽車《きしゃ》に　のる。　②寺《てら》の　中。
③弓《ゆみ》と　矢《や》。　④人を　通す《とおす》。

3 正しい　いみに　◯を　つけましょう。

① とらと　ひょうを　くべつする。
　ア（◯）はっきりした　ちがいで　分ける。
　イ（　）一つ一つ　ばらばらに　して　分ける。
② この　プラグは　ぬけにくい。
　ア（　）ぜったいに　ぬけない。
　イ（◯）なかなか　ぬけない。
③ へやの　すみに　ほこりが　たまる。
　ア（　）出す　ことが　できなく　なる。
　イ（◯）一かしょに　あつまって　多く　なる。
④ みの回りに　ある　ものの　名前。
　ア（◯）自分の　近く。
　イ（　）目では　見えない　ところ。

4 つながる　ことばを　線で　むすびましょう。

① やくわりが ── さしこむ
② 水を ── やる
③ コンセントに ── ある

3分でワンポイント　それぞれの　あなの　やくわりを　たしかめよう。

★上と　下を　線で　むすびましょう。

- 五十円玉の　あな ── 百円玉と　くべつする。
- プラグの　先の　あな ── プラグを　ぬけにくく　する。
- うえ木ばちの　そこの　あな ── いらない　水を　外に　出す。
- しょうゆさしの　二つの　あな ── 空気を　入れて　しょうゆを　出す。

4 ②動植物にものを与《あた》える場合は「やる」を使うのが適切とされます。そのいっぽう、日常生活では一般《ぱん》的に、「花に水をあげる」という表現も使われます。

3分でワンポイント

「あなのやくわり(にいだ ゆみこ)」では、穴の役割について説明するため、四つの例が出てきます。それぞれについて、その穴にはどのような意味があるのかをとらえます。イラストには説明も添《そ》えてあるので、わかりやすかったはずです。現在の五十円玉と百円玉は、穴の有《う》無《む》のほか、明らかに百円玉のほうが大きいという違《ちが》いがあります。昔の五十円玉と百円玉にはどちらも穴がなく、大きさも同じくらいだったので、区別するために五十円玉に穴を空けたという点も確認《にん》してください。これらの例のほか、身近なものの穴とその役割を考えてみるとよいでしょう。

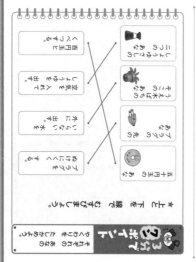

れんしゅう 86~87ページ

あなの やくわり

◆文しょうを 読んで、答えましょう。

五十円玉の まん中には、あなが あいて います。これは、さわった ときに 百円玉と くべつする ための あなです。

むかしの 五十円玉には あなが なく、百円玉と 同じくらいの 大きさだったので、まちがえる 人が いました。

そこで、五十円玉に あなを あけ、さわった ときに くべつできるように したのです。

コンセントに さしこむ プラグの 先には、あなが あいて います。これは、プラグを ぬけにくく する ための あなです。

コンセントの 中には 出っぱりが あり、それが プラグの あなに 引っかかるように なって います。この ことに より、プラグが ぬけにくく なるのです。

にいだ ゆみこ「あなの やくわり」より

❶ まん中に あなが あいて いるのは、上の 文しょうの 中の どの お金ですか。
（五十円玉）

❷ ❶の お金に あなが あいて いるのは、何の ためですか。一つに ○を つけましょう。
ア（○）百円玉と くべつする ため。
イ（　）さわった ときに 楽しむ ため。
ウ（　）むかしの お金だと 分かる ため。

❸「むかしの 五十円玉」に ついて、正しい もの 一つに ○を つけましょう。
ア（　）百円玉とは 大きさも 色も ちがった。
イ（　）百円玉と まったく 同じ 絵がらだった。
ウ（○）百円玉と 同じくらいの 大きさで、あなが なかった。

❹ お金に あなが あいて いると、どんな よい ことが ありますか。
（れい さわった）だけで お金の しゅるいを くべつできる こと。
ヒント「～くべつできるように した」と あるね。

❺「コンセントに さしこむ」ものを、何と いいますか。三字で 書きぬきましょう。
プラグ

❻「コンセントの 中」は どう なって いますか。（　）に 当てはまる ことばを 書きぬきましょう。
（プラグの あな）に 引っかかるように、（出っぱり）が ある。
ヒント この ことで プラグが ぬけにくく なって いるよ。

❶ 文章中の「五十円玉」「百円玉」から、当てはまるほうを選びます。

❷「～ため」という、理由や目的を表す表現に注目して読み取ります。

❸ 直後に、「あなが　なく、百円玉と　同じくらいの　大きさだった」とあります。そのため間違《ちが》える人がいたので、五十円玉に穴を空けることで、問題を解決したのです。

❹ 形状の似ている五十円玉と百円玉のうち、五十円玉のほうに穴を空けることによって、できるようになったことを読み取ります。

❺ れい2 さわる
「コンセントに　さしこむ」は、直後の名詞である「プラグ」を修飾《しゅうしょく》（説明）しています。

❻ プラグが抜《ぬ》けにくくなるように、コンセントの中がどのようになっているか、最後の二つの文で説明されています。

じゅんび 88~89ページ

はんたいの いみの ことば／同じ ところ、ちがう ところ

かきトリ 新しい かん字

弱 ジャク よわ-い 10かく	遠 エン とお-い 13かく	古 コ ふる-い 5かく

半 ハン 5かく	公 コウ 4かく

「弱」は、点の むきに ちゅういして 書こう。

1 □に 読みがなを 書きましょう。
① 時計の はり。（とけい）　② 下手な 言いわけ。（へた）
③ 土地の 売買。（ばいばい）　④ 今年の はじめ。（ことし）

2 □に かん字を、○に かん字と おくりがなを 書きましょう。
① 半分《はんぶん》　② 公園《こうえん》の そば。
③ 古い《ふる》切手。　④ 力を 弱める《よわ》。

3 つぎの ―の ことばと はんたいの いみの ことばを、かん字と おくりがなで 書きましょう。（はんたいの いみの ことば）
① 人数が 多い。（少ない）
② ひくい 木。（高い）
③ 本を 売る。（買う）
④ せまい 道。（広い）

4 つぎの 絵を 見て、同じ ところと ちがう ところに それぞれ ○を つけましょう。（同じ ところ、ちがう ところ）

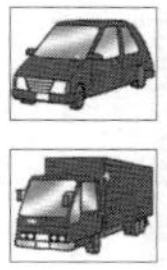

① 同じ ところ　ア（○）色　イ（　）形
② ちがう ところ　ア（　）色　イ（○）形

5 つぎの ひょうを 見て、答えましょう。

	ヨーグルト	バター
何からできているか	ぎゅうにゅう	ぎゅうにゅう
色	白色	うすい黄色
おいておくところ	れいぞうこ	れいぞうこ
あじ	すっぱい	少ししょっぱい
おもな食べ方	そのまま食べる	パンにぬる

① 何と 何を くらべて いますか。
（ヨーグルト）と（バター）
※順番はちがっていてもよい。

② 同じ ところを 二つ えらんで、○を つけましょう。
ア（○）おいて おく ところ　イ（○）何から できて いるか
ウ（　）色　エ（　）あじ

1 ①「時計（とけい）」は熟字訓です。
②「下手（へた）」は熟字訓です。ほかにも「しもて」「したて」という読み方があるので、読み分けに注意します。
④「今年（ことし）」は熟字訓です。ほかにも「こんねん」という読み方があります。

3 文脈に沿った反対語を考え、漢字を使った適切な表記で答える問題です。二年生までに習う漢字を使った形容詞および動詞の反対語の組み合わせは、ほかに「大きい・小さい」「太い・細い」「遠い・近い」「新しい・古い」「強い・弱い」「出る・入る」「行く・来る」などがあります。
①「少ない」は、送りがなに注意します。
②「ひくい」の反対語は「高い」ですが、「高い」の反対語には「（値段が）安い」もあります。

4 ①どちらのイラストも赤い色なので、同じところは「色」です。
②どちらも赤い車のイラストですが、「形」が違います。

5 この表では、「何からできているか」と「おいておくところ」が、ヨーグルトとバターで同じです。選択肢《せんたくし》から二つ選ぶ問題であることに注意しましょう。

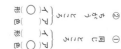

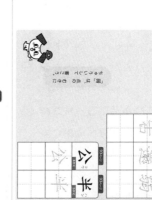

くらべて　つたえよう／声に　出して　みよう／たからものを　しょうかいしよう

かきトリ　新しい　かん字

理（11かく）　用（5かく）

1 □に　読みがなを　書きましょう。

① 今朝《けさ》の　できごと。（けさ）　② ひつじの　角《つの》。（つの）

③ 川原《かわら》を　歩く。（かわら）　④ 七夕《たなばた》の　夜。（たなばた）

⑤ 明日《あす》は　早く　おきよう。（あす）

2 □に　かん字を、○に　かん字と　おくりがなを　書きましょう。

① 画用紙《がようし》　② 字を　学《まな》ぶ。

4 つぎの　ひょうを　見て、答えましょう。（くらべて　つたえよう）

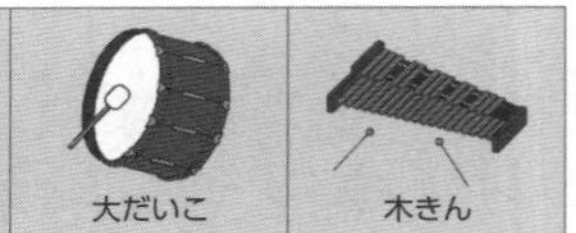

	大だいこ	木きん
音の出し方	ばちでたたく。	ばちでたたく。
音のひびき	ドンドンと、力強い音が鳴る。	コンコンと、やさしい音が鳴る。
音の高さ	音の高さはかわらない。	音の高さがかわる。

「くらべて　つたえよう」より

・大だいこと　木きんの　同じ　ところは　何ですか。一つに　○を　つけましょう。

ア（○）音の　出し方
イ（　）音の　ひびき
ウ（　）音の　高さ

5 つぎの　文の——の　ことばを　声に　出して　読む　とき、①と　②で　音の　高さが　高いのは　どちらですか。（声に　出して　みよう）

ア（①）はしを　つかって　食べる。
イ（②）はしを　わたって　すすむ。

6 つぎの　中から、五つの　音で　できて　いる　ことばを　四つ　えらび、書きましょう。

みずたまり　うんどうかい　しゅくだい　しょくひん　きゅうきゅうしゃ　じてんしゃ　さっきょくか　きゅうしょく　れいぞうこ

（みずたまり）（きゅうきゅうしゃ）（さっきょくか）（れいぞうこ）

※順番《じゅんばん》はちがっていてもよい。

3 たからものに　ついて　しょうかいする　とき、「はじめ」「中」「おわり」の　「はじめ」で、どんな　ことを　話しますか。（たからものを　しょうかいしよう）

ア（　）どんな　ところが　気に　入って　いるか。
イ（　）たからものを　これから　どう　したいか。
ウ（○）たからものは　何か。

むかしから　つたわる　言い方 ～ たからものを　しょうかいしよう

文しょうを　読んで、答えましょう。（思考・判断・表現）

しょうゆさしには、二つの　あなが　あいて　いる　ものが　あります。二つの　うち、一つは、しょうゆを　出す　ための　あなで、もう　一つは、空気が　入る　ための　あなです。しょうゆが、小さい　あなを　通って　出るには、空気の　通り道が　ひつようです。あなが　一つしか　ないと、空気が　入って　こないので、しょうゆが　出なく　なって　しまうのです。

このように、あなには、ものを　つかいやすく　する　ための　いろいろな　やくわりが　あります。この　ほかにも、みの回りには　あなの　あいて　いる　ものが　たくさん　あります。みなさんも　あなを　さがして、どんな　やくわりが　あるか　考えて　みましょう。

にいだ　ゆみこ「あなの　やくわり」より

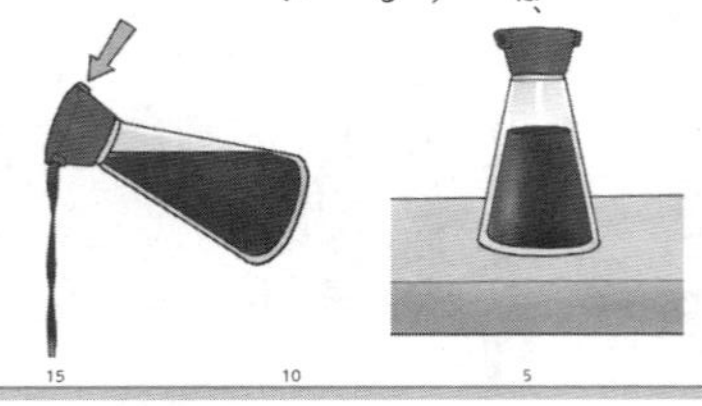

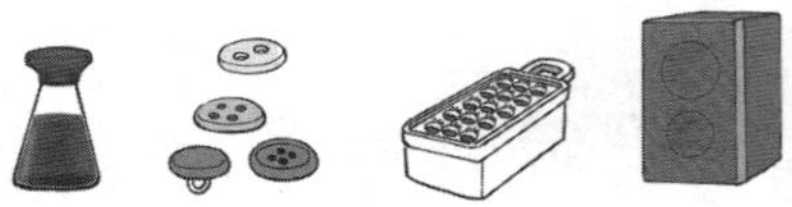

1 「しょうゆさし」に　ついて、答えましょう。（10点）

① 「しょうゆさし」には　何が　ありますか。五字で　書きぬきましょう。

二つのあな

② ①は　何の　ために　ありますか。二つ　書きましょう。（一つ10点〔20点〕）

・（れい）しょうゆを出すため。
・（れい）空気が入るため。

※順番《じゅんばん》はちがっていてもよい。

2 「空気の　通り道が　ひつようです」で　ある　理ゆうと　して、正しい　もの　一つに　○を　つけましょう。（10点）

ア（　）空気を　おし出さなければ　ならないから。
イ（○）空気の　力で　しょうゆが　出て　くるから。
ウ（　）空気が　ないと　しょうゆが　くさるから。

3 「あなが　一つ」の　場合、どう　なりますか。（20点）

（（れい）空気が入ってこないので、しょうゆが出なくなってしまう。）

4 「あな」には、何が　あると　言って　いますか。四字で　書きぬきましょう。（20点）

いろいろな　やくわり。

5 文しょうの　書き手が　読み手に　よびかけて　いる　一つの　文を　さがし、書きぬきましょう。（20点）

（みなさんも　あなを　さがして、どんな　やくわりが　あるか　考えて　みましょう。）

---

1 ①「今朝（けさ）」は熟字訓です。改まった場合などには「こんちょう」とも読みます。
③「川原（かわら）」は熟字訓です。
④「七夕（たなばた）」は熟字訓です。
⑤「明日（あす）」は熟字訓です。改まった場合などには「みょうにち」とも読みます。「あした」とも読みますが、学校では習いません。

5 二音の同じ言葉でも、アクセントが同じ場合と、異なる場合があります。例えば「かみ」は、「紙」と「髪」は同じアクセント、「神」は別のアクセントです。

6 文字の数と音《おん》の数が必ずしも一致《いっち》しないことを確認《にん》します。

1 ①「二つの　あなが　あいて　いる　ものが　あります」とあります。穴が二つないしょうゆさしもあるということも、あわせて読み取れるとよいでしょう。
②二文目で、二つの理由が続けて説明されています。

2 しょうゆが小さな穴を通って出るには空気の通り道が必要だということから、しょうゆが出るには空気の力がなければならないことがわかります。

3 「あなが　一つしか　ないと……。」の文は、しょうゆさしの穴が一つの場合どうなるかを説明しています。

4 それまでの説明を受けて、「このように」とまとめています。

5 最後の文の「みなさん」とは、読者（読み手）のことです。「……考えて　みましょう。」と、文章の筆者（書き手）が呼びかけています。

おうちのかたへ

身近な物事を題材にしている説明文を読むときは、自分の知っていることと結び付けて読むことを意識するようにします。筆者の呼びかけに応じて、身近にある穴をお子さまと一緒《いっしょ》に探してみてください。例えば、ボタンで留める洋服にはボタンを通す穴が空いています。ボタン自体にも穴があります。針には糸を通す穴があります。ほかにも探して、役割についても考えてみてください。

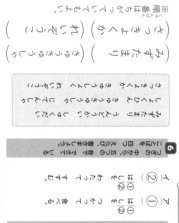

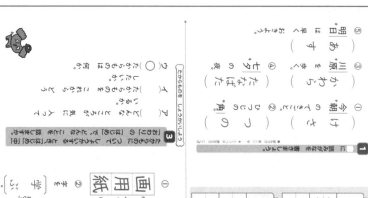

たしかめのテスト② 94~95ページ
むかしから つたわる 言い方 ～ たからものを しょうかいしよう

❶ （ ）に 読みがなを 書きましょう。 一つ4点(28点)
① 強弱（きょうじゃく）を つける。 ② 近（きん）じょを 歩く。
③ 回数（かいすう）が ふえる。 ④ 遠足（えんそく）に 行った。
⑤ 台風（たいふう）の うごき。 ⑥ 理（り）ゆうを 話す。
⑦ ぶたいの 上手（かみて）から とうじょうした。

❷ □に かん字を 書きましょう。 一つ4点(16点)
① 左右《さゆう》 ② 二年 一組《いちくみ》
③ 川下《かわしも》に 行く。 ④ 黒《くろ》い 鳥。

❸ 「小《しょう》の 月」は、「にしむくさむらい」と おぼえます。「小の 月」を 五つ えらんで、記ごうに ○を つけましょう。 一つ3点(15点)
ア 一月 ㋑ 二月 ウ 三月 ㊓ 四月 オ 五月 ㋕ 六月 キ 七月 ク 八月 ㋘ 九月 コ 十月 ㋚ 十一月 シ 十二月

❹ おくりがなが 正しい ほうに ○を つけましょう。 一つ3点(6点)
① 「はれる」 ア（ ）晴る イ（○）晴れる
② 「あたらしい」 ア（○）新しい イ（ ）新らしい

❺ はんたいの いみの ことばの くみあわせを 四つ えらんで、○を つけましょう。 一つ3点(12点)
ア（○）かたい↔やわらかい
イ（ ）大きい↔多い
ウ（○）南↔北
エ（○）はじまる↔おわる
オ（○）くらい↔明るい
カ（ ）長い↔小さい

❻ つぎの ——の ことばと はんたいの いみの ことばを 書きましょう。 一つ5点(10点)
① 今日は あつい 日だ。（さむい）
② この 本は あつい。（うすい）

❼ かさと レインコートの もつ 同じ やくわりは 何ですか。一つに ○を つけましょう。 3点
ア（ ）日ざしが 強い ときに つかう。
イ（ ）海で あそぶ ときに つかう。
ウ（○）雨が ふって いる ときに つかう。

❽ 「とうもろこし」と 音《おん》の 数が 同じ ことばを 二つ えらんで、○を つけましょう。 一つ3点(6点)
ア（○）ほっかいどう
イ（ ）しょうぼうしゃ
ウ（○）ちゅうがっこう
エ（ ）ひゃっかてん

❾ つぎの 文の ——の ことばで、①を ②より 高く はっ音する ものを 一つ えらびましょう。 4点
ア（ ）げんかんで くつを ぬいだ。
イ（ ）らくに かつ ことが できた。
ウ（○）ぼくは 犬も ねこも すきだ。

じゅんび 96~97ページ
ことばあそびを 楽しもう／お手紙

かきトリ 新しい かん字

毎	帰	羽	京	麦	交
教科書118ページ マイ 6かく	119ページ かえ-る キ 10かく	131ページ は ウ 6かく	131ページ キョウ・ケイ 8かく	131ページ むぎ 7かく	131ページ コウ 6かく

「毎」は、「海」の 右がわの ぶぶんと 同じですよ。

❶ □に 読みがなを 書きましょう。
① 親切（しんせつ）な 人。 ② 正しく 直（なお）す。
③ 友人（ゆうじん）と あそぶ。 ④ 東京（とうきょう）都。

❷ □に かん字を、◯に かん字と おくりがなを 書きましょう。
① 毎週《まいしゅう》 ② 交通《こうつう》きかん
③ 小麦《こむぎ》こ ④ 家に 帰る《かえる》。

ことばあそびを 楽しもう

❸ 二文字の ことばの 間に べつの 文字を 一つ はさみ、ちがう ことばを 作りましょう。
れい さら → さくら
① たき → （れい たぬき）
② かみ → （れい かがみ）
③ はし → （れい はなし）

お手紙

❹ 正しい いみに ○を つけましょう。
① ふしあわせな 気もちに なる。 ア（○）しあわせでは ない。 イ（ ）少しだけ しあわせな。
② 公園の ベンチに こしを 下ろす。 ア（ ）よりかかる。 イ（○）すわる。
③ 午後、つまり、昼すぎに 行きます。 ア（○）言いかえると。 イ（ ）どちらかと 言えば。

3分でワンポイント とうじょう人ぶつを たしかめよう。
★正しい ほうを それぞれ えらび、上と 下を 線で むすびましょう。
①お手紙を まって いるのは だれですか。 — がまくん ／ かたつむりくん
②かえるくんは ふうとうに 何と 書きましたか。 — 「がまがえるくんへ」 ／ 「かえるくんへ」
③お手紙を はこんだのは だれですか。 — かえるくん ／ かたつむりくん
④お手紙を もらったのは だれですか。 — かえるくん ／ がまくん

---

❶ ⑦舞台《ぶたい》の上手《かみて》とは、観客席から見て右の方です。上手の反対は下手《しもて》です。

❸ 「小《しょう》の月」である四月、六月、九月、十一月は、それぞれ三十日間です。二月は二十八日間、うるう年だと二十九日間です。一、三、五、七、八、十、十二月は、それぞれ三十一日間ある「大《だい》の月」です。

❻ ①漢字にすると「暑い」と「寒い」です。②漢字にすると「厚い」と「薄《うす》い」です。「熱い」の反対語は、「冷たい」です。

❽ 声に出したり頭の中で発音したりして、音《おん》の数を確かめます。

❸ すぐには思いつかない場合、五十音の文字を順番に入れていくとよいでしょう。
① れい2 たすき れい3 たんき
② れい2 かこみ れい3 かすみ
③ れい2 はだし れい3 はくし

❹ ①「不」には、下につく言葉を打ち消す働きがあります。ただし、どんな言葉にもつけられるわけではありません。また、「不幸せ」は「幸せ」に「不」がついた形ですが、「幸福」に「不」がつく場合は「不幸福」ではなく「不幸」となり、言葉の形が変わります。

3分でワンポイント

「お手紙（アーノルド・ローベル作／みき たく訳）」では、登場人物の関係性を確認《にん》します。「がまくん（がまがえるくん）」と「かえるくん」は、どちらが手紙を待っているほうで、どちらが手紙を出したほうか、わからなくなることもあると思います。ただし、手紙を運んだのが「かたつむりくん」であることをおさえていれば、①と③の問題で迷うことはないはずです。例えば、①の下にある選択肢《せんたくし》は「がまくん」と「かたつむりくん」です。待っているのは「かたつむりくん」ではないので、「がまくん」と解答することができるでしょう。②は、封筒《ふうとう》に宛名《あてな》を書いたのは「かえるくん」だということから考えます。④は、①の解答を踏《ふ》まえ、手紙を待っていたのは「がまくん」なので、手紙をもらったのも「がまくん」だと気付くことができるでしょう。

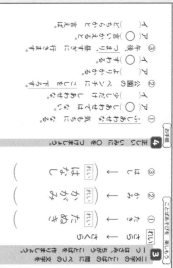

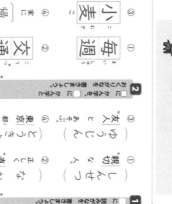

れんしゅう 98~99ページ
お手紙

文しょうを 読んで、答えましょう。

がまくんは、げんかんの 前に すわって いました。

かえるくんが やって きて、言いました。

「どう したんだい、がまがえるくん。きみ、かなしそうだね。」

「うん、そうなんだ。」

がまくんが 言いました。

「今、一日の うちの かなしい ときなんだ。つまり、お手紙を まつ 時間なんだ。そうなると、いつも ぼく、とても ふしあわせな 気もちに なるんだよ。」

「そりゃ、どういう わけ。」

かえるくんが たずねました。

「だって、ぼく、お手紙 もらった こと ないんだもの。」

がまくんが 言いました。

「一度も かい。」

かえるくんが たずねました。

「ああ。一度も。」

がまくんが 言いました。

「だれも、ぼくに お手紙なんか くれた ことが ないんだ。毎日、ぼくの ゆうびんうけは、空っぽさ。お手紙を まって いる ときが かなしいのは その ためなのさ。」

二人とも かなしい 気分で、げんかんの 前に こしを 下ろして いました。

すると、かえるくんが 言いました。

「ぼく、もう 家へ 帰らなくっちゃ、がまくん。しなくちゃ いけない ことが あるんだ。」

かえるくんは、大いそぎで 家へ 帰りました。えんぴつと 紙を 見つけました。紙に 何か 書きました。紙を ふうとうに 入れました。ふうとうに こう 書きました。

「がまがえるくんへ」

アーノルド・ローベル 作／みき たく やく 「お手紙」より

1 かえるくんが がまくんの ところに 来た ときの ことに ついて、答えましょう。
① がまくんは どこに いましたか。六字で 書きぬきましょう。
げんかんの前
② がまくんは どんな ようすでしたか。一つに ○を つけましょう。
ア（ ）楽しそうだった。

イ（○）かなしそうだった。

ウ（ ）つまらなそうだった。

エ（ ）ねむそうだった。

2 がまくんの 「一日の うちの かなしい とき」とは いつですか。六字で 書きぬきましょう。
お手紙をまつ 時間

3 ヒント すぐ あとの 「つまり」に ちゅうもくしよう。
「かなしい 気分」に ついて、答えましょう。
① がまくんが かなしい 理ゆうは 何ですか。一つに ○を つけましょう。
ア（ ）親友が 一人も いないから。

イ（○）手紙を もらった ことが ないから。

ウ（ ）かえるくんが 家に 帰ったから。
② かえるくんが かなしい 理ゆうは 何ですか。一つに ○を つけましょう。
ア（ ）手紙を もらった ことが ないから。

イ（ ）がまくんの 手紙が なくなったから。

ウ（○）がまくんが かなしい 理ゆうを 知ったから。

4 かえるくんの 「しなくちゃ いけない こと」は、何ですか。
（れい がまくんに手紙を書く）こと。
ヒント かえるくんは、家で 何を しただろう。

じゅんび 100~101ページ
にた いみの ことば／ことばの アルバム

かきトリ 新しい かん字　星《ほし》 9かく　教科書132ページ

1 □に 読みがなを 書きましょう。
① 朝《ちょう》れいの 時間。　② 風船《ふうせん》を とばす。
③ 昼食《ちゅうしょく》に しよう。　④ 今夜《こんや》の 月。
⑤ 五センチメートルの せき雪《せつ》。

2 □に かん字を 書きましょう。
① きれいな 星空《ほしぞら》を 見る。
② 赤と 青、二色《にしょく》で ぬり分ける。

ことばの アルバム

3 文しょうを 書く ときは、どの ぶぶんを くわしく 書くと、よく つたわりますか。一つに ○を つけましょう。
ア（ ）はじめ　イ（○）中　ウ（ ）おわり

4 つぎの 文しょうを 読んで、答えましょう。

すききらいをなくす　川中めぐみ

わたしは、二年生のときにすききらいをなくすことをがんばりました。

前はすききらいが多く、きゅう食をのこすこともありました。でも、二年生になったとき、きゅう食をのこさないというもくひょうを立てました。しばらくは少しのこすこともありましたが、今ではぜんぶ食べています。

いつの間にか、すききらいがなくなったので、とてもうれしいです。

● 文しょうの かんそうを 書きましょう。
（れい）おわりに、すききらいがなくなったことについての気もちが書いてある点がよい と思いました。

にた いみの ことば

5 つぎの ことばと にた いみの ことばを あとから えらび、記ごうを 書きましょう。
① きゅうに（ウ）　② とても（イ）
③ はずかしい（エ）　④ りっぱだ（ア）
ア すばらしい　イ すごく　ウ とつぜん　エ てれくさい

6 つぎの 文の ―の ことばと にた いみの ことばを あとから えらび、記ごうを 書きましょう。
① すごい はやさで 走る。（ウ）
② へやの ドアを しめる。（ア）
③ ラケットを にぎる。（イ）
ア とじる　イ つかむ　ウ かける

7 つぎの うち、「しぜんと 耳に 入る」と いう いみの ことばは どちらですか。一つに ○を つけましょう。
ア（○）鳥の 声が 聞こえる。

イ（ ）音楽を 聞く。

---

1 ①冒頭《ぼう》から、がまくんが座《すわ》っていた場所を読み取ります。
②「どう したんだい、がまがえるくん。きみ、かなしそうだね。」「うん、そうなんだ。」という二人の会話から、がまくんの様子がわかります。

2 「一日の うちの かなしい とき」を、次の文で「つまり」という接続詞を使い、「お手紙を まつ 時間」と説明しています。

3 ①一度も手紙をもらったことがないという発言の内容から、がまくんの「かなしい 気分」の理由を読み取ります。
②かえるくんは、がまくんの話を聞いたことで、がまくんが悲しい理由を知り、がまくんと同じように「かなしい 気分」になったのです。

4 かえるくんが家に帰ってからしたことが、かえるくんの言った「しなくちゃ いけない こと」です。解答例と同様の内容を書いていれば正解です。

4 文章を読んだ感想が書けていれば、正解とします。文章のよい部分に気付き、その点についての感想が書けていれば、なおよいでしょう。
れい2 ぼくも、川中さんのように、すききらいをなくしたい

5 似た意味の言葉でも、意味がほとんど変わらないので文の中で置き換《か》えられる場合もあれば、意味が変わってしまうので置き換えられない場合もあります。例えば、③の「はずかしい」は、人前でも、その場に自分しかいない場合でも起きる感情ですが、「てれくさい」は、他人の目があるからこそ起きる感情だといえます。ですから、自分しかいない場面で「はずかしい」という言葉を「てれくさい」に置き換えてしまうと不自然です。「はずかしい」と「てれくさい」を使った文をそれぞれ三つほど作ってみると、違《ちが》いを理解しやすいでしょう。

7 「聞こえる」は、聞こうと意識しなくても、音や声が自然と耳に入ってくる状態を表す言葉です。いっぽう、「聞く」は、意識的に聞こうとして聞いていることを表す言葉です。

たしかめのテスト① 102～103ページ
ことばあそびを 楽しもう ～ ことばの アルバム

文しょうを 読んで、答えましょう。 思考・判断・表現

かえるくんは、まどから のぞきました。かたつむりくんは、まだ やって きません。

「かえるくん、どうして きみ、ずっと まどの 外を 見て いるの。」

がまくんが たずねました。

「だって、今、ぼく、お手紙を まって いるんだもの。」

かえるくんが 言いました。

「でも、来やしないよ。」

がまくんが 言いました。

「きっと 来るよ。」

かえるくんが 言いました。

「だって、ぼくが、きみに お手紙 出したんだもの。」

「きみが。」

がまくんが 言いました。

「お手紙に 何て 書いたの。」

かえるくんが 言いました。

「ぼくは、こう 書いたんだ。

『親愛《しんあい》なる がまがえるくん。ぼくは、きみが ぼくの 親友で ある ことを うれしく 思って います。きみの 親友、かえる。』」

「ああ。」

がまくんが 言いました。

「とても いい お手紙だ。」

それから、二人は、げんかんに 出て、お手紙の 来るのを まって いました。

二人とも、とても しあわせな 気もちで、そこに すわって いました。

長い こと まって いました。

四日 たって、かたつむりくんが、がまくんの 家に つきました。そして、かえるくんからの お手紙を、がまくんに わたしました。

お手紙を もらって、がまくんは とても よろこびました。

アーノルド・ローベル 作／三木 卓 やく 「お手紙」より

1 よく出る かえるくんは だれを まって いますか。七字で 書きぬきましょう。 10点
かたつむりくん

2 かえるくんが 「きっと 来るよ。」と 答えた 理ゆうを 書きましょう。 10点
（れい かえるくんが、がまくんに お手紙を出した から。）

3 よく出る かえるくんが がまくんに 書いた 手紙には どんな ことが 書いて ありましたか。 一つ10点（20点）
がまくんが、自分の 親友 で ある ことを うれしく 思って いる こと。

4 「ああ。」と 言った ときの がまくんの 気もちを 書きましょう。 一つ10点（20点）
かえるくんの 手紙を （れい とても いい）と かんじ、自分も 同じように かえるくんの ことを （親友）だと 思って いる。

5 がまくんの ようすは どう かわりましたか。1～3の ばんごうを 書きましょう。 全部できて10点
ア（3）手紙が とどいて、よろこぶ。

イ（1）手紙は 来ないと あきらめて いる。

ウ（2）かえるくんの 手紙の ことを 知る。

6 「かたつむりくん」が 手紙を とどけるのに どのくらい かかりましたか。 10点
（四日）かかった。

7 がまくんは、手紙を うけとった とき、よろこんで、何と 言ったと 思いますか。 20点
「れい お手紙を もらえて、とても うれしいよ。ありがとう。」

たしかめのテスト② 104ページ
ことばあそびを 楽しもう ～ ことばの アルバム

1 （ ）に 読みがなを 書きましょう。 一つ8点（16点）
① 新《しん》雪（せつ）が つもる。 ② 通学（つうがく）

2 □に かん字を 書きましょう。 一つ10点（50点）
① 麦茶《むぎちゃ》 ② 親友《しんゆう》と あそぶ。 ③ 鳥の 羽《はね》。 ④ 毎年《まいとし》の 春。 ⑤ 朝食《ちょうしょく》は パンに しよう。

3 たべものの 名前の しりとりを しましょう。 10点
きゅうり → （れい りんご） → ごま

4 ──の ことばが ほかとは いみが ちがう ものを 一つ えらんで、○を つけましょう。 8点
ア（ ）ジュースが 少し ある。

イ（○）ジュースが かなり ある。

ウ（ ）ジュースが ちょっと ある。

5 思考・判断・表現 一年間で 心に のこった ことを 文しょうに 書きます。「はじめ」の 文を 書きましょう。 16点
（れい わたしは、夏休みに、生まれて はじめて 海で およぎました。）

---

1 冒頭《ぼう》に「かえるくんは、まどから のぞきました。かたつむりくんは、まだ やって きません。」とあることから、かえるくんが待っているのはかたつむりくんであることがわかります。

2 このあとの、「だって、ぼくが、きみにお手紙 出したんだもの。」に着目します。「だって」は、前に言ったことに対する理由を述べるときに使います。

3 かえるくんの言葉の中の『 』の部分が、かえるくんががまくんに書いた手紙の内容です。

4 がまくんは、かえるくんの手紙の内容を受けて、「ああ。」と言っています。かえるくんの手紙を「とても いい」と感じ、かえるくんと同じ感情を持ったのです。

5 文章中の会話文からも、がまくんの様子と気持ちの変化がわかります。

6 四日という長い時間をかけて、かたつむりくんは手紙を届けてくれました。二人はそれをずっと待っていたのです。

7 がまくんが初めてもらった手紙であること、手紙を受け取って喜んでいることから考えます。そのうれしさや感謝の気持ちなどが書けていれば正解です。
れい2 ありがとう。こんどは、ぼくがお手紙を書くね。

4 「少し」と「ちょっと」は、数量が少ない様子を表す言葉です。「ジュースが○○ある。」の文の場合、「少々」や「わずかに」などと置き換《か》えることもできます。「かなり」は、「ずいぶん」や「相当(に)」などと置き換えられます。「かなり」や「ずいぶん」は、予想していたより多い、という意味を含《ふく》む場合もあります。

5 ある程度の長さの文章を書く想定で、導入に当たる「はじめ」の文を書くという問題です。何について書くかを提示する文が書けていれば正解です。一年間を振《ふ》り返り、実際に「はじめ」「中」「おわり」で構成されている文章を書いてみるよう、促《うなが》してあげてください。
れい2 わたしは、絵のコンクールで、しょうをとりました。
れい3 ぼくは、サッカーをはじめました。

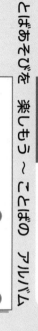

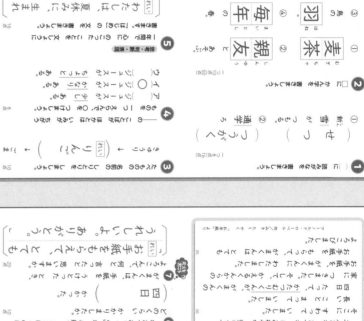

夏の チャレンジテスト

教科書 上1～107ページ

名前　　月　日

時間 40分

思考・判断・表現　／50

ごうかく80点　／100

答え 28ページ

1 （　）に 読みがなを 書きましょう。　一つ 2点(16点)

① 休み 時間（じかん）　② 風（かぜ）が ふく。

③ 心（こころ）が うごく。　④ 点線（てんせん）を かく。

⑤ 夜（よる）に なる。　⑥ 一人（ひとり）で 行く。

⑦ 計算（けいさん）を する。　⑧ 頭（あたま）を ふる。

2 □に かん字を 書きましょう。　一つ 2点(12点)

① 友《とも》だちに 会《あ》う。

② 自分《じぶん》の 家《いえ》で すごす。

③ うでを 組《く》んで 考《かんが》える。

3 つぎの ひつじゅんの かん字を 書きましょう。　一つ 2点(4点)

① 丶 一 ㇆ ノ（方）

② 一 一 ノ 乚（元）

4 つぎの ことばを つかって、みじかい 文を 作りましょう。　一つ 3点(6点)

① しぶしぶ
（れい）お気に入りだったふくを、いもうとにしぶしぶあげた。

② じゅんじょ
（れい）できごとのじゅんじょどおりに日記を書く。

5 かんさつした ことを 書く ときに 大切《たいせつ》な ことを まとめました。（　）に あてはまる ことばを □から えらんで、記ごうを 書きましょう。　一つ 2点(6点)

① （イ）、かたち、大きさなどを よく 見て 書く。

② かたちなどが （ウ） ものに たとえて 書く。

③ （ア）を つかって 書く。

ア 数字　イ 色　ウ にて いる

6 つぎの 文の 中で かたかなで 書く ことばに ――を ひき、かたかなで 書きましょう。　一つ 2点(6点)

① れもんを 二つ かいに 行く。（レモン）

② おじさんは あめりかに すんで いる。（アメリカ）

③ にわに じゃあじゃあと 水を まく。（ジャージャー）

うらにも もんだいが あります。

7 文しょうを 読んで、答えましょう。　思考・判断・表現

雲《くも》に のって 青おには、むこうの 山から、あそびに 来たので ありました。

「きみ、何だって、そんな らんぼうして いるの。」

青おにが 来て、そう 聞くと、頭を かいて 赤おには――人間と なかよくしたいと 考えて、木の 立てふだを 立てた こと、だが、人間は うたぐって、よりつかないと いう ことを みんな そっくり 話しました。

「なんだい。そうか。そんなら ぼくが これから 村に 出て いって、うんと あばれる。そこへ きみが やってきて、ぼくの 頭を ぽかぽか なぐれ。そう やれば、人間たちは 安心《あんしん》して きみの ところに やってくる。ねえ、そうだろう。はかりごとだよ。さあ、それじゃ、一足 先《さき》に ぼくが 行く。きみは 後《あと》から やってこい。」

「でも そんな こと やれないよ。なぐるなんて。」

「かまうもんか。きっと おいで。」

青おには、そう はっきりと 話を きめて、むこうに 見える ふもとの 村へ ずんずん いそいで 行きました。

青おには 村に 出て きて あばれました。後 おいかけて、赤おにが 来て、青おにの 頭を ぽかぽか、たしかに 強《つよ》く なぐったように 見えました。

村の 人たちは みんな びっくり。人たちは、もう 安心。赤おにの 家に 出かけて、おいしい おかし、おいしい お茶《ちゃ》を 食《た》べたり のんだり。そう やって おにと たがいに 話を しました。

赤おには、大よろこび。けれども、人が 帰《かえ》って しまうと、赤おにには、また、ひとりきり。ある ばん、まくらに 頭を のせると、目の 前に、あの 青おにが ぽっと うかんで 見えました。

「そうか。あれから 青くんは、一度《いちど》も 来ない。どう したか。」

浜田廣介「ないた 赤おに」令和5年度版 東京書籍「新しい 国語 二下」より

(1) 青おには、だれの ところへ あそびに 来ましたか。　5点
（赤おに）

(2) 「何だって、そんな らんぼうして いるの。」と ありますが、赤おには どんな 気もちで らんぼうして いたのですか。一つに ○を つけましょう。　5点

ア（　）青おにが 話を 聞いて くれなくて、くやしい 気もち。

イ（　）人間の いる 村に すむ ことが できなくて、かなしい 気もち。

ウ（○）人間と なかよくしたいのに うまく いかなくて、はらを 立てる 気もち。

(3) 「そんな こと」とは、どんな ことですか。　5点
（れい）青おにの頭をぽかぽかなぐること。

(4) 「人たちは、もう 安心。」と ありますが なぜ 安心したのですか。　10点
（れい）赤おにが、あばれる青おにをやっつけてくれたから。

(5) 「どう したか。」と ありますが、この とき、赤おには どんな 気もちでしたか。　10点
（れい）青おにがあれから来ないので、しんぱいする気もち。

(6) 青おには どんな せいかくだと 思いますか。あなたの 考えを 書きましょう。　15点
（れい）友だちを思いやることができるやさしいせいかくだと思う。

1 **2** ⑥「一人（ひとり）」は熟字訓です。②「家」は、字の形や筆順に注意が必要な漢字です。

3 どちらも四画の漢字です。頭の中で筆順のとおりに書くイメージをしてみて、答えられるとよいでしょう。それが難しければ、実際に書いてみて、何という字ができるか確認《にん》してもよいでしょう。いずれにしても、正しい筆順を確実に身につけるようにしてください。

4 ①「しぶしぶ」は、気が進まないことをしかたなくする様子を表す言葉です。

②「じゅんじょ（順序）」は、ある一定の基準によって決められた並び方のことです。

6 ①「レモン」は外来語です。

②「アメリカ」は外国の国名です。

③「ジャージャー」は、音を表す言葉です。かたかなでは伸《の》ばす音は長音記号の「ー」を使うので、「ジャアジャア」とは書きません。

7 (1)遊びに来た青おにが、誰《だれ》と話しているかをとらえましょう。

(2)青おにから聞かれて、赤おにが話した内容から、赤おにがどんな気持ちでいたかを読み取ります。「人間は うたぐって、よりつかない」という部分が、ウの「うまく いかなくて」に当たります。うまくいかずに腹が立ってしまい、乱暴しているのです。

(3)「でも そんな こと やれないよ。なぐるなんて。」という言葉から考えます。

(4)村の人たちは、暴れる青おにを赤おにがなぐってやっつけてくれたと思ったのです。

れい2 赤おにが、いいおにだと分かったから。

(5)「どう したか。」の直前に「あれから 青くんは、一度も 来ない。」とあることから、赤おにの気持ちを想像します。「青くん」とは、青おにのことです。

(6)青おにが、赤おにのために悪役を演じたことから考えましょう。

おうちのかたへ

「ないた赤おに」の、青おにの活躍《やく》により人間が赤おにを受け入れた場面からの出題です。優《やさ》しい赤おにには、村の人たちと仲良く暮らしたかったのに、受け入れられませんでした。赤おにと同じように優しい青おにのおかげで状況《きょう》が変わったのが、この場面です。このあと、青おには赤おにのために姿を消したことがわかります。そのシーンが、題名の由来です。

冬の チャレンジテスト

教科書 上108～下71ページ

名前　　月　日

時間 40分

思考・判断・表現 ／50　ごうかく80点 ／100

答え29ページ

1 （　）に 読みがなを 書きましょう。 一つ 2点（16点）

① 店長《てんちょう》の しごと。 ② 午後《ごご》一時 ③ 雪《ゆき》あそび ④ 本を 買《か》う。 ⑤ 夜中《よなか》に おきる。 ⑥ 海《うみ》に 行く。 ⑦ 今日《きょう》の よてい。 ⑧ 金曜《きんよう》の 朝。

2 □に かん字を 書きましょう。 一つ 2点（12点）

① 鳥《とり》が 鳴《な》く。 ② 昼《ひる》に なって 晴《は》れた。 ③ 家の 近《ちか》くの 大きな 道《みち》。

3 ――線の ことばを かん字と ひらがなで 書きましょう。 一つ 2点（4点）

① 何となく 気が ひける。（引ける） ② 森の 中を のんびり あるく。（歩く）

4 つぎの ことばの なかまと、それらを まとめて よぶ ことばを あとから えらび、記ごうを 書きましょう。 一つ 2点（8点）

〈れい〉 しお・さとう・しょうゆ・みそ → ちょうみりょう

① ハーモニカ・ピアノ・ギター・（イ） → （オ）
② けしゴム・ペン・ノート・（カ） → （ア）

ア 文ぼうぐ　イ トライアングル　ウ しょっき　エ カンガルー　オ がっき　カ えんぴつ

5 つぎの 文の 主語《しゅ》に ――線を、じゅつ語に ═線を ひきましょう。 一つ 1点（10点）

① わたしは パンを 食べます。
② 来週、友だちが 家に 来ます。
③ けさの なみは とても おだやかだ。
④ ふいて くる 風が とても つめたい。
⑤ きのう、テレビが とつぜん こわれた。

（うらにも もんだいが あります。）

6 思考・判断・表現　文しょうを 読んで、答えましょう。

わたしは、おきのしまに すんで いる 白うさぎです。どうしても 海の むこうの いなばの国《くに》に 行って みたくて たまらないので、さめを つかまえて よびかけて みました。

「わたしの なかまと きみの なかまの どちらの ほうが 多いか、くらべっこ しようよ。ずうっと つながって、ならんで ごらんよ。わたしが 数えて あげる。」

一つ、二つと ならんだ さめの せなかを とびながら、わたしは おかしくて たまりません。きしまで あと 一ぴきと いう ところまで くると、思わず、

「わあい、うまく いったぞ。」

と さけびました。

「うまく だまして やった もんだ。数なんて どっちでも よかったんだよ。海を わたりたかった だけさ。」

それを 聞いた さい後の さめの 一ぴきが、わたしを ひっつかまえると、すっかり 毛を はいで しまったのです。

あまりの いたさに ないて いた ところ、あなたの あに神《がみ》さまたちが 通《とお》りかかり、海水で からだを あらって 海風に あたるように 言ったのです。その とおりに した ところ、ますます いたくて たまらないのです。

うさぎの 話を 聞いた おおくにぬしのみことは、

「しお水で いたんだ からだを、川の 水で よく あらうのです。それから、がまの ほを しきつめて、何度《ど》も 何度も ねころがりなさい。」

と 教えて やりました。

うさぎが 言われた とおりに すると、毛は 元どおりに 生えそろいました。

「いじわるな あに神さまたちと くらべて、おおくにぬしのみことの なんと やさしい こと。」

と、うさぎは 言いました。

川村たかし「いなばの 白うさぎ」 平成27年度版 東京書籍「新編 新しい国語 二上」より

(1) 「わたし」とは だれですか。 5点
（白うさぎ）

(2) 「数えて あげる。」と ありますが、数える ふりを する ために 何を しましたか。 5点
（れい）さめを つながって ならぶように させ、さめの せなかを とんだ。

(3) 「うまく いった」と ありますが、どういう いみですか。一つに ○を つけましょう。 5点
ア（○）いなばの国に 行けた。
イ（　）さめより なかまが 多かった。
ウ（　）さめの せなかを 上手に とべた。

(4) 「さい後の さめ」に ついて こたえましょう。
① 「わたし」に 何を しましたか。 5点
（れい）「わたし」を（ひっ）つかまえて、すっかり毛をはいだ。
② なぜ ①のように したのですか。 10点
（れい）「わたし」がさめをだましたから。

(5) 「その とおりに した」と ありますが、どう しましたか。 5点
（れい）海水でからだをあらい、海風にあたった。

(6) おおくにぬしのみことが 教えた とおりに すると どう なりましたか。 5点
（れい）毛は元どおりに生えそろった。

(7) あなただったら、いたがって いる うさぎに 何と 声を かけますか。 10点
（れい）いたそうで、かわいそうです。おおくにぬしのみことにそうだんしてみてください。

1 ⑦「今日（きょう）」は熟字訓です。

2 ③「近」と「道」は、どちらも部首が「しんにょう（しんにゅう）」の漢字です。

3 ①「気が引ける」は、「相手に悪いような気がする」という意味の慣用句です。

4 ①ハーモニカ、ピアノ、ギター、トライアングルは、楽器の仲間の言葉です。
②消しゴム、ペン、ノート、鉛《えん》筆は、文房《ぼう》具の仲間の言葉です。

5 ①～⑤は、主語と述語が一つずつある文です。述語は文の最後に来ることが多いのに対し、主語は文の先頭に来ないことも多い点に注意しましょう。主語が見つけにくい場合は、まず述語を見つけ、「誰《だれ》（何）が」「誰（何）は」に当たる言葉を探すとよいでしょう。例えば④は、述語の「つめたい」をまず見つけ、何がつめたいのかを探すようにします。

6 (1)1～27行目までは、白うさぎがおおくにぬしのみことに語っている部分です。
(2)「数えて あげる。」を含《ふく》むうさぎの言葉とそのあとの部分から、うさぎの取った行動をまとめます。
(3)海の向こうのいなばの国に行ってみたくてたまらなかった白うさぎが、さめをだまして海をわたったのです。「うまく いった」とは、自分の思いどおりになったということです。
(4)「うまく だまして やった もんだ。……海を わたりたかった だけさ。」というさぎの言葉で、だまされたことを知ったさめが怒《おこ》ったのです。
(5)「その」という指示語が指す内容を、前の部分から読み取ります。
(6)「うさぎが 言われた とおりに すると」のあとから読み取ります。
(7)さめに毛をはがれ、痛がっている状況《きょう》から、うさぎにかける言葉を考えましょう。

おうちのかたへ

「いなばの白うさぎ」の話の、さめに毛をはがれた白うさぎが、泣いているわけをおおくにぬしのみことに話している場面からの出題です。途《と》中までは白うさぎの語りなので、「わたし」が白うさぎであることをおさえましょう。

23行目の「あなたの あに神《がみ》さまたち」は、おおくにぬしのみことの兄神たちのことを指します。兄神たちが白うさぎに意地悪をしたのに対し、おおくにぬしのみことは優《やさ》しく接したのです。

春の　チャレンジテスト

教科書 下72〜137ページ

名前　　月　日

時間 40分

思考・判断・表現 /50　ごうかく80点 /100

答え30ページ

1 （　）に　読みがなを　書きましょう。 一つ2点（18点）

① 鳥の　羽（はね）。
② ぶ台（たい）に　立つ。
③ 弱点（じゃくてん）が　ある。
④ 木刀（ぼくとう）を　ふる。
⑤ 下手（へた）な　うそ。
⑥ 汽船（きせん）に　のる。
⑦ 半分（はんぶん）に　切る。
⑧ 売店（ばいてん）へ　行く。
⑨ 今朝（けさ）の　できごと。

2 □に　かん字を　書きましょう。 一つ2点（16点）

① 昼食《ちゅうしょく》の　後《あと》で　あそぶ。
② 古《ふる》い　ラジオを　しゅう理《り》する。
③ 明日《あす》は　遠足《えんそく》だ。
④ 用《よう》じが　あって　電《でん》話《わ》を　する。

3 つぎの　ことばの　中から、音の　高さが　かわると　ちがう　いみに　なる　ことばには　○を、そうで　ない　ものには　×を　つけましょう。 一つ1点（5点）

①（×）たんぼ
②（○）はし
③（×）りんご
④（○）かみ
⑤（○）はる

4 つぎの　ことばと　はんたいの　いみの　ことばに　なるように、□に　かん字を　書きましょう。 一つ2点（8点）

① 小さい↔大きい
② 出る↔入る
③ みじかい↔長い
④ くらい↔明るい

5 ――線の　ことばと　にた　いみの　ことばを　あとから　えらび、記ごうを　書きましょう。 一つ1点（3点）

① ガラスの　コップを　もちいる。（エ）
② 早い　時間に　家へ　帰る。（ア）
③ この　絵は　色が　きれいだ。（イ）

ア　もどる　イ　うつくしい
ウ　おかしい　エ　つかう

©うらにも　もんだいが　あります。

6 思考・判断・表現　文しょうを　読んで、答えましょう。

十月。

木のはは　みんな　ちって　しまい、地めんに　つもりました。

「ぼく、がまくんちへ　行こうっと。にわの　しばふの　おちばを　かきあつめて　あげよう。がまくん、おどろくだろうなあ。」

と、かえるくんが　言いました。

かえるくんは、ものおきから　くま手を　とり出しました。


がまくんは、まどから　顔を　出しました。

「どこもかも　おちばだらけだよ。」

と、がまくんは　言って、もの入れから　くま手を　とり出しました。

「ぼく、かえるくんちへ　行こう。おちばを　かきあつめて　やるんだ。かえるくん、とても　よろこぶだろうなあ。」

かえるくんは、森を　かけて　いったので、がまくんと　会いませんでした。

がまくんは、ふかい　草原《くさはら》を　かけて　いったので、かえるくんと　会いませんでした。


かえるくんは、がまくんの　うちに　つきました。

まどから　のぞきこみました。

「よおし。がまくん　いないぞ。だれが　おちばかき　したか　ぜったいに　分からないよ。」

と、言いました。


がまくんは、かえるくんの　うちに　つきました。

まどから　のぞきこみました。

「よおし。かえるくん　いないぞ。だれが　おちばかき　したか　ぜったいに　当てられないよ。」

と、言いました。

アーノルド・ローベル　文／みき　たく　やく「おちば」より

(1) 「木のはは　みんな　ちって」、どう　なりましたか。 5点
（れい）地めんに　つもった。

(2) かえるくんは　がまくんの　うちに　行って、何を　する　つもりですか。 10点
（れい）にわのしばふのおちばを、かきあつめてあげるつもり。

(3) 「どこもかも」とは、どんな　いみですか。一つに　○を　つけましょう。 5点
ア（　）どこか　一かしょが
イ（○）どこも　すべてが
ウ（　）二つか　三つの　場しょが

(4) がまくんは、どこから　くま手を　とり出しましたか。 5点
（もの入れ）

(5) がまくんが　かえるくんと　会わなかったのは　なぜですか。 5点
ふかい草原を　かけて　いったので。

(6) かえるくんが、「だれが　おちばかき　したか　ぜったいに　分からないよ。」と　言ったのは　なぜですか。 10点
（れい）がまくんがいなかったから。

(7) かえるくんと　がまくんは　どんな　せいかくだと　思いますか。 10点
（れい）おたがいを思いやることができる、やさしいせいかくだと思う。

1 ⑤「下手（へた）」は熟字訓です。
⑨「今朝（けさ）」は熟字訓です。

2 ③「明日（あす）」は熟字訓です。

3 ①の「たんぼ」と③の「りんご」には標準的なアクセントがありますが、異なる言い方をしても、別の意味にはなりません。
②「はし」は、「橋」や「端」の場合は「し」を高く言い、「箸」の場合は「は」を高く言います。
④「かみ」は、「紙」や「髪」の場合は「み」を高く言い、「神」の場合は「か」を高く言います。
⑤「はる」は、「春」の場合は「は」を高く言い、「張る／貼る」の場合は「る」を高く言います。

5 ①・②は動詞どうしの類義語です。③は形容動詞（きれいだ）と形容詞（美しい）との類義語です。

6 (2)「ぼく、がまくんちへ　行こうっと。」から始まるかえるくんの言葉に、かえるくんがしようとしていることが書いてあります。設問文に「何を　する　つもりですか。」とあるので、「……つもり。」という形で答えるとよいでしょう。
(3)がまくんが言った「どこもかも」とは、「どこもかしこも」ということで、「どんなところもすべて」という意味です。
(4)熊手《くまで》を取り出したのは、がまくんは「もの入れから」で、かえるくんは「ものおきから」でした。ほかにも、「がまくん、おどろくだろうなあ。」「かえるくん、とても　よろこぶだろうなあ。」など、少しずつ違《ちが》っている部分を探してみてください。
(5)がまくんについての設問なので、がまくんの行動を答えます。かえるくんががまくんと会わなかったのは、かえるくんが森をかけていったからです。
(6)がまくんのうちの窓からのぞきこんだかえるくんが、「よおし。がまくん　いないぞ。」と言っていることから考えます。
(7)二人とも、自分のうちの周りにも落ち葉が積もってしまっているのに、まず相手のうちに行って、落ち葉をかき集めてあげようとしています。そのことから考えられる感想が書かれていれば正解です。

おうちのかたへ
下巻の教科書の付録に載《の》っている「おちば」の冒頭《ぼう》からの出題です。このあと、お話がどう展開するのか、ぜひ確かめてみてください。

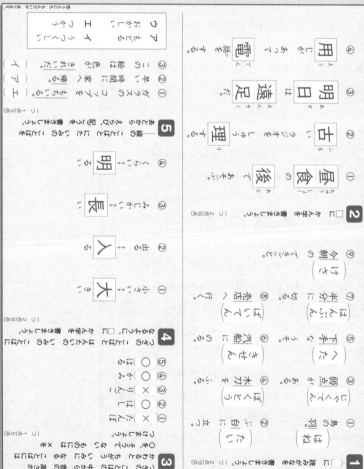

2年 国語のまとめ 学力しんだんテスト

名前　　月　日

時間 40分　ごうかく70点　／100

答え 31ページ

1 （　）に読みがなを書きましょう。　一つ1点(4点)

① 午前（ごぜん） 九時に しゅっぱつする 計画（けいかく）だ。

② 親鳥（おやどり）を よんで ひなが 鳴（な）く。

2 □にかん字を書きましょう。　一つ2点(8点)

① 星《ほし》を 見るために 電《でん》気《き》を けす。

② お寺《てら》に つづく 道《みち》。

3 〔　〕にかん字とおくりがなを書きましょう。　一つ2点(8点)

① 車が〔止まる《とまる》〕。

② 〔遠い《とおい》〕山。

③ 前を〔通る《とおる》〕。

④ 〔弱い《よわい》〕光。

4 つぎの文の□にあてはまることばを、あとから一つずつえらんで、記ごうを書き入れましょう。　一つ5点(10点)

① ページを□めくる。（ウ）

② クッキーを□こぼす。（イ）

ア ぷんぷん　イ ぽろぽろ　ウ パラパラ　エ ピタピタ

5 つぎは、くわがたのかい方についての、あきらさんのメモと作文です。読んで、もんだいに答えましょう。

・くわがたのかい方メモ
・かんさつケースの中に、土ととまる木を入れる。
・えさはりんごやさとう水。

八月十日の朝、ぼくは、お父さんと家の近くの林に行きました。一本の木に、くわがたがいました。そっと手でつかんで、つかまえました。

家に帰って、図かんでくわがたのかい方をしらべました。かうときは、かんさつケースに ㋐ 。えさは、㋑ です。さっそく用意して、かんさつケースの中にくわがたを入れました。

毎日、くわがたのかんさつができるので、とても楽しみです。

① あきらさんは、くわがたのかい方を、何でしらべましたか。　5点
（図かんで）しらべた。

② メモを読んで、㋐・㋑に入ることばを書きましょう。　一つ5点(10点)
㋐（土ととまる木を入れます）
㋑（りんごやさとう水）

③ あきらさんの気もちを書いている文をぬき出しましょう。　5点
（毎日、くわがたのかんさつができるので、とても楽しみです。）

●うらにももんだいがあります。

6 思考・判断・表現　文しょうを読んで、答えましょう。

きみは、えんぴつやはしをじょうずににぎれるかな？ まわりにいるネコやイヌを見てごらん。じつは、手で物《もの》をにぎることのできる動物《どうぶつ》は、とても少ない。

あたりまえすぎて、あまり気がつかないけれど、物をにぎることは、ヒトやサルのなかまがもつ、なかなかまねのできない、すぐれたわざなんだ。

自分の手を見てみよう。

そばにボールがあったら、にぎってみよう。ボールをしっかりにぎるには、親指《おやゆび》のはたらきがとても大切なことがわかるはずだ。

物をにぎろうとすると、親指は、人さし指のとなりから、くるりと向《む》きをかえる。そして、親指は、ほかの四本の指と向かい合う形をとる。

このように親指が、ほかの指ときちんと向かい合えるのは、ヒトだけ。ここに物をにぎるひみつがかくされているんだ。

チンパンジーやオランウータンやゴリラなど、ヒトに近いといわれるサルのなかまでも、物はつかめる。けれども、ヒトほど親指をほかの指としっかり向き合わせることはできない。

それは、手をくらべれば、はっきりする。親指のつけ根が大きくもり上がっているヒトの手。このきん肉のかたまりが、親指をくるくる動かしているんだ。

わたしたち、ヒトの手は、大きい、小さい、丸い、四角い、太い、細い、長い、短い、重い、軽い、かたい、やわらかい、どんなものでもじょうずににぎれる。

それは、よく動く親指のおかげといえる。

山本《やまもと》省三《しょうぞう》「パンダの手には、かくされたひみつがあった！」より

(1) 「くるりと向きをかえる。」とありますが、どんな向きになるのですか。一つに○をつけましょう。　7点

ア（　）親指と人さし指のよこがくっつく向き。

イ（○）親指のはらが、ほかの指のはらにくっつく向き。

ウ（　）親指のはらが、ほかの指のせにくっつく向き。

エ（　）親指のせが、ほかの指のはらにくっつく向き。

(2) 「ここ」は、どんなことをさしていますか。　7点
親指とほかの指がきちんと（向かい合える）こと。

(3) 「ヒトほど親指をほかの指としっかり向き合わせることはできない。」ということは、どんなことをいみしますか。　8点
サルのなかまは、ヒトほどしっかりと（れい 物をつかむことができないということ。）

(4) 「それ」は、どんなことをさしていますか。　8点
（れい ヒトの手が、どんなものでもじょうずににぎることができること。）

(5) 「よく動く親指」とありますが、親指がよく動くのは、ヒトの手に何があるからですか。　一つ5点(10点)
親指の（つけ根）の（きん肉）。

(6) この文しょうを読んで、かんじたことや考えたことを書きましょう。　10点
（れい 物をにぎることができるということは、とてもすごいことなのだということがよくわかった。）

3 漢字は、送りがなも一緒《いっしょ》にしっかり覚える習慣をつけてください。

4 ②「ぽろぽろ」は、粒《つぶ》状のものがこぼれ落ちる様子を表す言葉です。「ぼろぼろ」も同じように使いますが、「ぽろぽろ」のほうが軽い感じを表します。

5 ①作文の第二段落に、図鑑《かん》で調べてくわがたを飼う準備をしたことが書かれています。

②メモは常体（文末を「だ・である」とする文体）で書かれ、作文は敬体（文末を「です・ます」とする文体）で書かれています。その形に直すことに注意しましょう。

③あきらさんの気持ちは、最後に書かれています。「文をぬき出しましょう。」とあるので、途《と》中の読点《とう》や最後の句点も、すべて書き抜《ぬ》きましょう。

6 (1)直後の「親指は、ほかの四本の指と向かい合う形をとる」という状態を、実際に何かを握《にぎ》ろうとする形に手を動かし観察してみましょう。文章中には「指の腹」や「指の背」という表現は出てきませんが、握る動作は、親指の腹とほかの指の腹がくっつくように向き合う形になります。

(2)「ここ」は手や指のどこかではなく、前の文で述べられている事柄《がら》を指しています。

(3)「ヒトほど……できない」という表現は、ヒトがいちばんできて、ヒトに近いといわれるサルのなかまはそこまでできない、ということを意味しています。

(4)「それ」は、直前の内容を指しています。

れい2 わたしたちが、どんなものでもじょうずににぎることができること。

(5)「それは、手をくらべれば」で始まる第八段落から読み取ります。「大きくもり上がってい る」は「きん肉のかたまり」を指しているので、解答欄《らん》に合う字数の言葉を探します。

(6)ヒトの手、親指のはたらき、握るということなどについて、自分なりの考えが書かれていればよいでしょう。

れい2 親指がそれほど大切なはたらきをしているとは知らなかったので、おどろいた。

おうちのかたへ

東京書籍《せき》の教科書では、2年生まで分かち書きをしていますが、3年生からは分かち書きをしなくなります。この「学力しんだんテスト」も、分かち書きではない通常の表記です。この表記に慣れていくと同時に、これからもいろいろな文章に触《ふ》れるようにしていってください。

2年 国語のまとめ

学力しんだんテスト

名前　　月　日

時間 40分

ごうかく70点　／100

答え 31ページ

（切り取り線）

1 （　）に読みがなを書きましょう。　一つ1点（4点）

① 午前（　　）九時にしゅっぱつする 計画（　　）だ。

② 親鳥（　　）をよんでひなが 鳴（　　）く。

2 □にかん字を書きましょう。　一つ2点（8点）

① □《ほし》を見るために□□《でんき》をけす。

② お□《てら》につづく□《みち》。

3 【　】にかん字とおくりがなを書きましょう。

5 つぎは、くわがたのかい方についての、あきらさんのメモと作文です。読んで、もんだいに答えましょう。

くわがたのかい方メモ
・かんさつケースの中に、土ととまる木を入れる。
・えさはりんごやさとう水。

八月十日の朝、ぼくは、お父さんと家の近くの林に行きました。一本の木に、くわがたがいました。そっと手でつかんで、つかまえました。

家に帰って、図かんでくわがたのかい方をしらべました。かうときは、かんさつケースに［ア］。えさは、［イ］です。さっそく用意《い》して、かんさつケースの

このように親指が、ほかの指ときちんと向かい合えるのは、ヒトだけ。ここに物をにぎるひみつがかくされているんだ。

チンパンジーやオランウータンやゴリラなど、ヒトに近いといわれるサルのなかまでも、物はつかめる。けれども、ヒトほど親指をほかの指としっかり向き合わせることはできない。

それは、手をくらべれば、はっきりする。親指のつけ根《ね》が大きくもり上がっているヒトの手。このきん肉のかたまりが、親指をくるくる動《うご》かしているんだ。

わたしたち、ヒトの手は、大きい、小さい、丸い、四角い、太い、細い、長い、短《みじか》い、重《おも》い、軽《かる》い、かたい、やわらかい、どんなものでもじょうずににぎれる。

それは、よく動く親指のおかげといえる。

——山本《やまもと》　省三《しょうぞう》「パンダの手には、かくされたひみつがあった!」より

（切り取り線）

サルのなかまは、ヒトほどしっかりと

（　　　　　　　　）

(4)「それ」は、どんなことをさしていますか。　8点

（　　　　　　　　）

(5)「よく動く親指」とありますが、親指がよく動くのは、ヒトの手に何があるからですか。　一つ5点(10点)

親指の［　　　］の［　　　］。

(6) この文しょうを読んで、かんじたことや考えたことを書きましょう。　10点

（　　　　　　　　）

6 思考・判断・表現

文しょうを読んで、答えましょう。

きみは、えんぴつやはしをじょうずににぎれるかな？ まわりにいるネコやイヌを見てごらん。じつは、手で物《もの》をにぎることのできる動物《どうぶつ》は、とても少ない。

あたりまえすぎて、あまり気がつかないけれど、物をにぎることは、ヒトやサルのなかまがもつ、なかなかまねのできない、すぐれたわざなんだ。

自分の手を見てみよう。

そばにボールがあったら、にぎってみよう。ボールをしっかりにぎるには、親指《ゆび》のはたらきがとても大切なことがわかるはずだ。

物をにぎろうとすると、親指は、人さし指のとなりから、くるりと向《む》きをかえる。そして、親指は、ほかの四本の指と向かい合う形をとる。

(1) 「くるりと向きをかえる」とありますが、どんな向きになるのですか。一つに○をつけましょう。 7点

ア（　）親指と人さし指のよこがくっつく向き。

イ（　）親指のはらが、ほかの指のはらにくっつく向き。

ウ（　）親指のはらが、ほかの指のせにくっつく向き。

エ（　）親指のせが、ほかの指のはらにくっつく向き。

(2) 「ここ」は、どんなことをさしていますか。 7点

親指とほかの指がきちんと［　　　　　］こと。

(3) 「ヒトほど親指をほかの指としっかり向き合わせることはできない。」ということは、どんなことを、みしますか。 3点

一つ2点（8点）

① 車が（　）《とまる》。

② （　）《とおい》山。

③ 前を（　）《とおる》。

④ （　）《よわい》光。

4 つぎの文の□にあてはまることばを、あとから一つずつえらんで、記ごうを書き入れましょう。 一つ5点（10点）

① ページを□めくる。 （　）

② クッキーを□こぼす。 （　）

ア　ぷんぷん	イ　ぽろぽろ
ウ　パラパラ	エ　ピタピタ

…にくわがたを入れました

毎日、くわがたのかんさつができるので、とても楽しみです。

① あきらさんは、くわがたのかい方を、何でしらべましたか。 5点

（　）しらべた。

② メモを読んで、㋐・㋑に入ることばを書きましょう。 一つ5点（10点）

㋐（　）

㋑（　）

③ あきらさんの気もちを書いている文をぬき出しましょう。 5点

（　）

うらにももんだいがあります。